跨国经营管理人才培训教材系列丛书

中外跨国公司融资理念与方式比较

商务部跨国经营管理人才培训教材编写组　编

本书执笔　卢进勇　浦　军　杜奇华

中国商务出版社
CHINA COMMERCE AND TRADE PRESS

图书在版编目（CIP）数据

中外跨国公司融资理念与方式比较／商务部跨国经营管理
人才培训教材编写组编. —北京：中国商务出版社，2018.8
（跨国经营管理人才培训教材系列丛书）
ISBN 978-7-5103-2565-6

Ⅰ.①中…　Ⅱ.①商…　Ⅲ.①跨国公司—企业融资—
研究　Ⅳ. F276.7

中国版本图书馆 CIP 数据核字（2018）第 180675 号

跨国经营管理人才培训教材系列丛书

中外跨国公司融资理念与方式比较
ZHONGWAI KUAGUO GONGSI RONGZI LINIAN YU FANGSHI BIJIAO

商务部跨国经营管理人才培训教材编写组　编
本书执笔　卢进勇　浦　军　杜奇华

出　　版：中国商务出版社
地　　址：北京市东城区安定门外大街东后巷 28 号　　邮　　编：100710
责任部门：国际经济与贸易事业部（010-64269744　bjys@cctpress.com）
责任编辑：张高平

总 发 行：中国商务出版社发行部（010-64208388　64515150）
网购零售：中国商务出版社淘宝店（010-64286917）
直销客服：010-64269744
网　　址：http://www.cctpress.com
网　　店：http://shop162373850.taobao.com
邮　　箱：cctp@cctpress.com

印　　刷：北京密兴印刷有限公司
开　　本：787 毫米×1092 毫米　1/16
印　　张：17　　　　　　　字　　数：276 千字
版　　次：2018 年 12 月第 1 版　　印　　次：2018 年 12 月第 1 次印刷
书　　号：ISBN 978-7-5103-2565-6
定　　价：68.00 元

丛书编委会

序

党的十九大报告提出，以"一带一路"建设为重点，坚持引进来和走出去并重；创新对外投资方式，促进国际产能合作，形成面向全球的贸易、投融资、生产、服务网络，加快培育国际经济合作和竞争新优势。我们以习近平新时代中国特色社会主义思想为指导，围绕"一带一路"建设，坚持新发展理念，促发展与防风险并重，引导对外投资合作健康有序发展，取得显著成就。截至2017年底，中国在189个国家和地区设立企业近4万家，对外投资存量达1.8万亿美元，居世界第二位，已成为拉动全球对外直接投资增长的重要引擎。

习近平总书记指出，人才是实现民族振兴、赢得国际竞争主动的战略资源。新时期，做好对外投资合作工作，既需要大量熟悉国际市场、法律规则和投资合作业务的企业家和管理人才，又需要"政治强、业务精、作风实"的商务工作者。为贯彻习近平总书记重要指示精神，努力培养跨国经营企业人才，推动对外投资合作高质量发展，商务部委托中国服务外包研究中心对2009年出版的《跨国经营管理人才培训教材系列丛书》进行了增补修订。

本次增补修订后的《跨国经营管理人才培训教材系列丛书》共10本，涵盖领域广，内容丰富，注重政策性、理论性、知识性、实用性相结合，具有很强的可读性和操作性。希望商务主管部门、从事对外投资合作业务的企业家及管理人员利用好此套教材，熟悉跨国经营通行做法，提升合规经营、防范风险的意识，不断提高跨国经营能力和水平，为新时期中国进一步扩大对外开放、推动"一带一路"建设、构建人类命运共同体做出更大贡献。

商务部副部长

2018年11月23日

目　录

导　言 / 001

第一章　中外跨国公司的融资理念与战略 / 001

第一节　跨国企业国际融资概述 / 003

第二节　跨国企业的国际融资理念与战略 / 013

第三节　小结 / 017

案例1.1　阿里巴巴集团融资历程 / 018

案例1.2　亚投行助力亚洲基础设施建设 / 022

第二章　中外跨国公司的融资环境 / 027

第一节　跨国企业融资环境概述 / 029

第二节　中国跨国企业的国内融资环境 / 033

第三节　中国跨国企业的国际融资环境 / 045

第四节　小结 / 066

案例2.1　中信保承保安哥拉"卡卡项目" / 067

案例2.2　中国电力建设集团境外发行高级永续债券 / 069

第三章　中外跨国公司的融资方式 / 071

第一节　企业的常规融资方式 / 073

第二节　企业的新兴融资方式 / 103

第三节　中外跨国公司融资方式比较 / 129

第四节　小结 / 129

案例3.1　中国工商银行A+H股同步上市融资 / 130

案例3.2　双汇国际收购史密斯菲尔德 / 134

第四章　中外跨国公司的资本结构　　　/ 141

　第一节　跨国企业资本结构的内涵　　　/ 143

　第二节　跨国企业资本结构的调整及优化　　　/ 149

　第三节　中外跨国公司资本结构比较及利弊分析　　　/ 166

　第四节　小结　　　/ 177

　案例 4.1　高通公司采用高权益比例以获得财务灵活性　　　/ 178

　案例 4.2　联想收购摩托罗拉　　　/ 181

第五章　跨国公司融资风险的防范理念与方法　　　/ 187

　第一节　跨国企业融资风险及防范理念　　　/ 189

　第二节　跨国企业融资的政治风险及防范策略　　　/ 194

　第三节　跨国企业融资的汇率风险及防范策略　　　/ 196

　第四节　跨国企业融资的利率风险及防范策略　　　/ 203

　第五节　跨国企业的税务风险及防范策略　　　/ 207

　第六节　跨国企业的套期保值风险及防范策略　　　/ 215

　第七节　小结　　　/ 218

　案例 5.1　中国冶金进出口公司恰那铁矿项目融资模式　　　/ 219

　案例 5.2　英法海峡隧道项目融资风险　　　/ 222

第六章　中国跨国公司的融资策略　　　/ 231

　第一节　中国跨国企业海外融资的发展概况　　　/ 233

　第二节　中国跨国企业海外融资存在的主要问题　　　/ 235

　第三节　中国跨国企业的海外融资策略　　　/ 239

　第四节　小结　　　/ 245

　案例 6.1　网易的纳斯达克之旅　　　/ 246

　案例 6.2　中国恒大逆市"吸金"　　　/ 250

参考文献　　　/ 253

后　　记　　　/ 257

图 目 录

图 1-1　全球直接投资与间接投资的变化趋势　　　　　　　／ 004

图 2-1　安哥拉卡卡项目融资结构　　　　　　　　　　　　／ 068

图 3-1　双汇杠杆并购融资方式　　　　　　　　　　　　　／ 135

图 3-2　双汇国际资产负债率变化情况（单位:%）　　　　　／ 138

图 4-1　资本结构分析框架　　　　　　　　　　　　　　　／ 152

图 5-1　2008年10月24日英镑兑日元的波动情况　　　　　　／ 197

表 目 录

表1-1　直接投资与间接投资的优缺点比较　　　　　　　　　　/　010

表1-2　截至2017年年底亚投行提供贷款项目列表　　　　　　　/　023

表2-1　国际债券的评级与含义　　　　　　　　　　　　　　　/　051

表2-2　香港两大市场上市标准比较　　　　　　　　　　　　　/　057

表2-3　美国三大证券交易所原始股首发（IPO）的上市标准比较　/　061

表2-4　新加坡交易所主板标准　　　　　　　　　　　　　　　/　063

表3-1　各种融资方式的比较　　　　　　　　　　　　　　　　/　127

表3-2　双汇发展2010—2012年财务指标　　　　　　　　　　　/　135

表3-3　史密斯菲尔德2010—2012年财务指标　　　　　　　　　/　136

表3-4　双汇国际贷款本金偿还计划　　　　　　　　　　　　　/　137

表3-5　双汇国际并购前后部分财务指标比较　　　　　　　　　/　139

表4-1　1900—2002年世界权益风险溢价　　　　　　　　　　　/　147

表4-2　不同群体的目标函数　　　　　　　　　　　　　　　　/　159

表4-3　估计负债率：Time Warner公司　　　　　　　　　　　/　165

表4-4　中外企业融资模式比较　　　　　　　　　　　　　　　/　175

表4-5　高通公司2000年资本结构　　　　　　　　　　　　　　/　178

表4-6　高通公司2000年4月财务简表　　　　　　　　　　　　/　179

表5-1　融资过程中汇率风险的特点　　　　　　　　　　　　　/　198

表5-2　美联储的调息过程（2007年9月18日—2017年12月13日）/　203

表5-3　美元融资与比索融资的计算　　　　　　　　　　　　　/　209

表5-4　部分国家（地区）对股息征收的预提税　　　　　　　　/　211

导　言

　　伴随着中国经济越来越国际化，一批又一批的中国企业走向国外开展跨国经营和海外投资活动。在开展跨国经营和海外投资的过程中，企业不仅需要在国内融资，还需要学会如何在海外市场进行有效的融资活动。解决企业发展中的融资问题对跨国经营企业的发展至关重要。

　　在开展跨国融资活动时，中国企业既可以从国内市场融资，也可以放眼全球从国际市场融资。到底在哪里融资要依据选择的标准来确定，这个标准主要包括融资的成本、风险、规模、便利程度以及对企业治理结构的改进作用等。国内融资的环境分为商业性融资环境和政策性融资环境两个方面，商业性融资环境主要包括：商业银行融资环境、资本市场融资环境（股市与债市）以及其他金融机构融资环境（如证券公司、信托公司、基金公司、资产管理公司与保险公司等）；政策性融资环境主要是指由中国进出口银行和中国出口信用保险公司等政策性金融机构及其业务构成的企业融资环境。开展海外投资和跨国经营业务的企业不仅可以从这些机构获得融资支持，还可以从国家商务部、科技部、工信部、农业农村部和财政部等部委获得一些政策性的金融支持。

　　当国内外的融资环境基本相同时，或者国外的融资环境比国内的融资环境更为优越时，中国跨国经营企业应当积极考虑从国际资本市场融资。中国企业不仅要熟悉国际资本市场的内在规律，把握国际融资的主要方式，学会国际融资的技巧，更要对中外企业融资的理念、战略和方式等进行对比分析，借鉴中外企业成功的国际融资经验，从中找出规律，发现相同点和差异点，以便做出科学和准确的融资决策。

　　本书主要研究和介绍中外跨国经营企业的融资理念、战略、环境、方式与策略，从中外比较分析的角度对上述内容进行论述，同时在各章中还加入了相关案例研究。全书分为六章，第一章主要分析中外跨国经营企业的融资理念与战略，对国际融资的基本概念、特征与类型等进行概括性介绍；第二章重点分析中外跨国经营企业的融资环境，包括融资环境的主要内容与发展趋势、中国跨国经营企业的国内外融资环境；第三章主要介绍国际融资的方式，包括常规的和新兴的融资方式，并对每种方式的特点和操作程序等进行了详细介绍；第四章重点分析中外跨国经营企业的资本结构及其调整问题，还对中外跨国经营企业资本结构的特征、成因及利弊进行比较分析；第五章着重分析跨国经营企业融资风险的防范理念与方法，分别介绍政治风险、汇率风险、利率风险、税务风险和套期保值风险的内容及防范策略；第六章重点分析中国跨国经营企业的融资策略问题，包括海外融资的发展状况、存在的主要问题及今后应采取的融资策略。

第一章 | 中外跨国公司的
融资理念与战略

　　企业从事跨国投资和生产经营活动，首先要解决资金的来源问题，没有资金或短缺资金无疑将影响企业的国际化发展。企业解决资金问题的主要途径是借助各种方式从国内外金融或资本市场进行融资。企业选择什么样的融资模式或融资方式，与企业的融资理念和战略直接相关。

第一节　跨国企业国际融资概述

　　国际融资是企业在更高平台进行融资，在具体含义、特征等方面表现出了不同于一般融资的新特征。

一、国际融资的含义

　　国际融资有时也称跨国融资或海外融资，是指一国企业借助某些融资工具和方式从国际金融或资本市场上筹集资金的过程。客观来讲，不同的企业和经济组织为了满足本身的发展需求，往往需要融资。当资金的融通出现在不同国家的企业、经济组织和持有者之间时，国内融资就变成了国际融资。通过国际融资，资金需求方可以吸引国际闲置资金并将其导入国际投资领域。开展国际融资应遵循一定的原则，通过一定的渠道或方式进行。国际融资可以为企业提供更广阔的融资空间、更丰富的融资方式，从而扩大融资规模，推动企业更快成长。在大多数情况下，国际融资采用货币资本形态，但也有一些采用实物资本方式，如采用补偿贸易和国际租赁等方式所融通的资金大都不是货币资本，而是以机器设备、零部件等形态存在的实物资本。

二、国际融资的发展

国际融资自从12世纪伴随国际贸易的发展而产生以来，经过数百年的演变，特别是经过第二次世界大战以后几十年来的快速发展，已经形成了比较完善的体系，市场规模已经相当庞大。近年来，包含债券和股票在内的证券融资取代银行发放的贷款融资成为主要的国际融资形式，同时私人融资的数额也超过了官方融资。据国际清算银行统计，截止到2016年年底，全球国际直接投资总存量约为26万亿美元，当年全球直接投资总流量约为1.7万亿美元。近十年来，由于美国次贷危机引发的金融危机，全球直接投资与间接投资流量波动起伏。如图1-1所示，2007—2012年间，全球股权交易额占全球GDP的比重由162%逐步降至82%。随着近年来全球经济的回暖，该比重于2015年达到峰值，而2016年却下降至125%。全球跨国并购金额的变化幅度与FDI流量和全球股权交易额占GDP比重三者相吻合。全球股权交易额占全球GDP的比重与全球跨国并购金额的波动能够反映出近年来国际间接投资的变化趋势（见图1-1）。

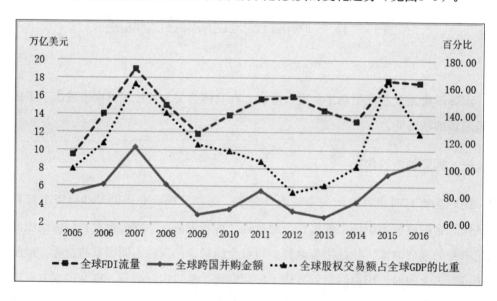

图 1-1　全球直接投资与间接投资的变化趋势

注：全球FDI流量与全球跨国并购金额以主坐标轴为参考系，全球股权交易额占全球GDP的比重以副坐标轴为参考系。

资料来源：Wind数据库

此外，风险投资业近年来迅速发展，已成为促使全球经济发展的又一重要因素。微软、苹果、腾讯等这些世界企业巨星的成功之路，几乎无一例外地留下过风险投资的足迹，风险投资对世界经济的影响正在加强。

三、国际融资的特征

与国内融资比较，国际融资除具有偿还性和生息性等一般的融资特征外，其自身还具有以下一些特征。充分认识这些特征，对于中国跨国经营企业在国际金融市场上进行有效融资具有很大的指导作用。国际融资的主要特征表现在以下几个方面：

第一，国际融资能够大量集中国际上的可用资金。国际融资是在国际金融市场上进行的一种筹资行为，是一国资金供应方向另一国资金需求方提供资金。国际金融市场具有庞大的资金吸收力和比较完善的组织力，能够大量集中国际上的可用资金，为国际范围的融资提供成熟的规则和业务流程，提升了融资的效率和国际化程度。当前，比较重要的国际融资场所包括：国际货币市场，指短期（一年以内）资金借贷市场，如短期信贷、贴现和票据等；国际资本市场，指经营期限在一年以上的资金借贷市场，如银行中长期贷款市场、股票市场和债券市场等；国际外汇市场，指不同国家外汇经营机构、企业和个人进行外汇买卖与调剂的市场。

第二，国际融资活动与跨国银行密切相关。从国际融资的发展历史来看，早期的国际融资与早期的跨国银行几乎同时产生，它们的起源可以追溯到12世纪。12世纪到18世纪是跨国银行业发展的初级阶段。进入19世纪和20世纪以后，跨国银行业进入了近现代发展阶段。早期的跨国银行和国际融资主要是为国际贸易服务的，是伴随着国际贸易的发展而发展的。当时，为国际贸易活动融资是国际融资的主要业务形式。后来，跨国公司和国际投资的大发展，使为国际投资活动进行融资成了国际融资的重要业务形式。当今，跨国银行依旧是国际融资的行为主体和主要承担者。

第三，国际融资的风险可能较国内融资更大。与国内融资相比，国际融资的优势体现在融资数量、融资方式、融资期限和融资成本等方面，但其风险可能比国内融资大。究其原因主要有三个方面：一是源于国际融资主客体的复杂性。国际融资主体包括资金需求方和供给方，涉及不同国家的企业、自然居民、经济组织以及金融和非金融机构等；国际融资的客体通常是可兑换货币，包括资金需求方所在国的货币、资金供给方所在国的货币、第三国货币及国际性货币单位（如特别提款权等）。二是外汇风险。一方面不同国家金融和资本市场之间存在政策法律差异，如外汇管制、资金冻结和税收制度等方面的不同规定，另一方面国际货币市场汇率变幻不定，这些都可能导致汇兑风险或融资成本的增加。三是国际政治与社会风险。这类风险包括战争、政变、恐怖袭击、社会动乱、员工罢工、文化冲突、宗教矛盾、国有化和征收等。国际融资往往涉及多个国家或地区，范围更大，政治与社会风险明显增加。如果融资策略选择不妥或风险防范措施不当，则可能导致较国内融资更大的损失。上述几类风险具有很大的随机性，一般难以完全预测到。尽管现在一些机构每年都会对不同国家进行风险评估和预测，但到现在为止，这个问题还是没法完全控制与解决。这说明：企业在开展国际融资时，必须树立风险意识，采取风险防范措施，对风险进行控制。

专栏1-1　跨国银行

一、跨国银行概念

跨国银行（Transnational Bank）也称多国银行或金融业跨国公司，一般是指以经营跨国货币信贷业务为主，由设在母国的总行和设在东道国的诸多分支机构组成的国际性银行。一般除在国外设办事处、代理处、分支行或其他附属机构外，跨国银行还以参加合营企业、组织银团和金融公司等方式在国际金融市场上从事国际银行业务活动。

二、跨国银行特征

跨国银行的主要特征有：①拥有众多的国外分支机构，营业网络广泛。②由母国的总行实行集中统一的控制，在国内外统一调度资金。③资金实力雄厚，能为各类企业提供品种丰富、成本更为低廉的资金支持与服务。

三、跨国银行与国际融资的关系

跨国银行与国际融资活动关系密切，大量的国际融资活动都是由跨国银行参与完成的。跨国银行经营的业务主要有以下几项：①消费者信贷业务，即向个人或家庭提供小额贷款，如住房贷款等；②商业银行业务，即向工商企业或政府提供贷款；③货币市场方面的业务，即向其他银行或中间金融机构拆放资金或在公开证券市场投资；④为企业的国际投资活动、跨国公司的国际业务和项目开发提供贷款等资金支持；⑤为国际贸易业务提供资金，一般是提供进出口信贷；⑥财务管理业务，即经管别人的资金，经办外汇市场交易，充当投资顾问等。跨国银行凭借现代化的电讯设备和交通工具，与其他金融机构密切配合，把重要的金融中心连接起来，提供各方面的服务，推动国际贸易和国际投资的发展，为世界经济的繁荣做出贡献。

四、世界上最大的跨国银行

根据英国《银行家》杂志（The Banker）的排名，中国工商银行（中国工商银行（INDUSTRIAL AND COMMERCIAL BANK OF CHINA，简称ICBC，工行）于2012年以1606.46亿美元的一级资本超越美国银行（Bank of America），成为世界最大的跨国银行。中国工商银行成立于1984年1月1日，总部设在北京，是中国的大型国有银行。中国工商银行在服务中国经济建设的同时，也不断地在全球范围内进行扩张，建立并发展了数以百万计的银企关系。截止到2017年12月，中国工商银行一级资本达2812.62亿美元，其资产排行蝉联6年世界第一。

近年来，中国工商银行在海外大型资本扩张活动如下：2005年10月，中国工商银行将华比银行（Belgian Bank）并入。2007年10月，中国工商银行收购标准银行（Standard Bank）20%的股权，成为该行第一大股东；同年，中国工商银行和印尼哈利姆银行股东签署收购协议，工行收购后者90%的股权。2009年7月，中国工商银行澳门分行与澳门诚兴银行合并，更名为中国工商银行（澳门）股份有限公司。2010年4月，中国工商银行收购泰国ACL银行。2011年8月，中国工商银行与阿根廷标准银行签署了股份买卖协议，收购后者80%的股权。2011年1月，中国工商银行收购美国东亚银行（The Bank of East Asia）80%的股权。2012年5月，美联储（The Federal Reserve System）宣布通过工行收购东亚银行在美业务。2017年3月22日，中国工商银行在莫斯科开设人民币清算中心。境外网络已扩展至42个国家和地区，包揽全球578.4万家公司客户和5.3亿个个人客户，中国工商银行成为在全球范围内涉及金融领域方方面面业务的银行巨头。

四、国际融资的主要类型

根据不同的标准，可以将跨国经营企业的融资活动划分为以下几种类型。

（一）按资金是否来源于企业内部可划分为内源融资与外源融资

1. 内源融资

即在企业内部解决融资问题，是指企业通过内部积累的方式筹集资金，也就是将本企业的留存收益和折旧转化为投资的过程。内源融资不需要企业实际对外支付利息或者股息，不会减少企业的现金流量；同时，由于资金来源于企业内部，不会发生融资费用，因而内源融资的成本要远远低于外源融资。所以内源融资是企业首选的一种融资方式。企业内源融资能力的大小取决于企业的利润水平、净资产规模和投资者预期等因素。只有当内源融资仍无法满足企业资金需要时，企业才会转向外源融资。在市场经济中，企业融资方式总的来说有两种：一是内源融资，二是外源融资。从动态的角度看，企业发展的初始阶段一般由内源融资开始，而后转向外源融资。当企业发展壮大到一定程度，又可能会通过成立内部财务公司或企业银行等机构发展内部融资，以减少风险，降低融资成本。

2. 外源融资

简单讲就是到企业外部去解决融资问题，是指企业通过一定的途径或借助某种金融工具获得其他经济主体的资金，并转化为自己投资的过程。例如，企业通过银行借贷、发行股票或债券等方式筹集资金。各国的企业制度安排、金融机构组成和金融市场的发育程度等存在差异，使得各国企业的融资模式不尽相同。随着技术的进步和生产规模的扩大，单纯依靠内源融资很难满足企业的资金需求，外源融资逐渐成为企业获得资金的重要方式。一般说来，外源融资分为两种：直接筹资方式和间接筹资方式。企业外源融资究竟是以直接融资为主还是以间接融资为主，除了受自身财务状况的影响外，还受国家融资体制等的制约。从国际上看，英美等发达国家的企业主要依靠市场的直接融资方式获取外部资金，直接融资占企业外源融资总额的50%~60%；日本、德国、韩国等国企业则主要依靠银行的间接融资获取外部资金，间接融资占外源融资的比重一般为70%~80%。近年来，这种情况发生了一些变化，英美企业增加了间接融资的比重，而日德企业则增加了直接融资的比重。

（二）按是否通过金融中介机构融资可划分为直接融资与间接融资

1. 直接融资

直接融资是指资金供应方（通常是居民）向资金需求方直接提供资金而无须经过金融中介机构的融资方式。例如，作为资金需求方的经济主体通过发行股票或债券提供给居民购买而获得资金。在直接融资方式中，有时虽然有证券公司在其中发挥作用，但它们的作用仅是证券买卖的经纪人，既不是融资主体，也不承担风险，而是通过收取佣金提供发行或经销服务。

2. 间接融资

间接融资是指通过金融中介机构（商业银行、保险公司或投资公司等非银行金融机构）进行的资金融通。金融中介机构借助吸收存款、保险金或信托投资金等手段从资金供给方汇集资金，同时通过发放贷款或购买原始有价证券等方式将所汇集的资金转移到融资需求方，从而起到调剂资金余缺的作用。金融中介机构尤其是商业银行，能够在很大程度上克服直接融资中存在的各种限制和不足，使资金的运用突破时间、地点、期限、资金数量和融资双方信贷方向等局限。

在现代市场经济中，直接融资与间接融资是并行发展且相互促进的。直接融资与间接融资各有优缺点，下面我们借助表1-1对它们的优缺点进行比较。

表1-1　直接投资与间接投资的优缺点比较

	优点	缺点
直接融资	1.资金供求双方联系紧密，有利于资金快速合理配置 2.资金使用效率较高 3.筹资的成本较低	1.资金供需双方在时间、地点、数量、期限等方面受到限制 2.使用的金融工具流通性较间接融资弱，兑现能力较低 3.直接融资的风险较大
间接融资	1.灵活方便 2.安全性高 3.提高融的规模经济	1.资金供求双方的直接联系被割断了，会在一定程度上降低投资者对企业生产的关注与筹资者对使用资金的压力和约束力 2.中介机构提供服务收取费用，一定程度上增加了筹资成本

（三）按投资者与融资企业间是否有产权关系可划分为股权融资与债权融资

1. 股权融资

股权融资是指资金不通过金融中介机构，而是借助股票这一载体直接从资金盈余部门流向资金短缺部门，资金供给者作为所有者（股东）对企业享有控制权的融资方式。股权融资不需要偿还，属于权益性融资，但是会稀释融资企业现有的股权，且融资成本较高。它具有以下几个特点：长期性，即股权融资筹措的资金具有永久性，无到期日；不可逆性，即企业采用股权融资无须还本，投资人欲收回本金，需借助于流通市场出售股票；无负担性，即股权融资没有固定的股利负担，股利的支付与否和支付多少视公司的经营状况与需要而定。

2. 债权融资

债权融资也称债务融资，是指企业通过举债筹措资金，资金供给者作为债权人有权到期收回本息的融资方式。债权融资的成本一般低于股权融资，且不会稀释现有的股权。尽管通过债权融资可以获得资金且又不会丧失企业控制权，但是债权融资到期必须还本付息，风险和压力比较大，一旦企业无法到期偿还债务，就可能出现债务危机，甚至被迫破产倒闭。相对于股权融资，它具有以下几个特点：时间性，即债权融资筹集的资金具有使用上的时间性，需到期偿还；可逆性，即企业采用债权融资方式获取资金，负有到期还本付息的义务；负担性，即企业采用债权融资方式获取资金，需支付债务利息，从而形成企业的固定负担。

（四）按融资期限长短可划分为短期融资和中长期融资

1. 短期融资

它指期限在1年之内的资金融资。这种融资的周转期较快，如银行短期借款、短期证券、商业信用等。

2. 中长期融资

它指期限在1年以上的资金融资，如发行股票、发行中长期债券、中长期银行借款、吸收直接投资、融资租赁等。一般而言，期限在1～5年之间的为中期融资；期限在5年以上的为长期融资，长期融资期限最长可达50年。

（五）按融资目的可划分为项目融资、贸易融资和其他融资

1. 项目融资

它指为具体的投资项目或承包工程项目等融通资金。这类项目包括：工业项目（如化工、机械设备、汽车、石化企业的建设）、商业项目（如大型酒店、商场、旅游、娱乐项目）、基础设施项目（如交通、电力、管道建设）和矿业项目（石油、煤炭、天然气、铁矿、有色金属）等。项目融资的资金需求量大，专款专用，通常需要担保，一般都是中长期融资。在实施中，一般须成立一个具有独立的法人资格的项目公司，这个公司成为项目贷款的直接债务人。项目所需资金的大部分来自项目融资贷款，项目融资贷款的偿还资金来自项目收入和项目本身的资产。由于项目融资金额较大，通常由多家银行组成的银团提供资金。

2. 贸易融资

它指与国际贸易业务有直接联系的融资。出口商和进口商在进出口过程中，通常都需要融通资金。这种融资行为可以看作是对国际贸易的金融支持，其短期行为表现为对进出口商的短期贸易融资，如商业信用、银行信用等；其中长期行为表现为对进出口商的中长期贸易资金融通，时间一般在一年以上，较典型的形式就是出口信贷，分为提供给出口商的卖方出口信贷和提供给进口商的买方出口信贷。

3. 其他融资

它指那些既不与投资项目或承包工程项目相关，又不与进出口贸易有直接联系的融资。如为了调剂外汇资金、弥补国际收支逆差、维持货币汇率稳定等而提供的资金。其他融资的供给方和需求方（融资主体）可以是企业，也可以是一国政府或国际金融机构。

五、国际融资的成本

融资成本是资金所有权与资金使用权分离的产物，融资成本的实质是资金使用者支付给资金所有者的报酬。企业融资成本实际上包括两部分：融资费用和资金使用费。融资费用是企业在资金筹资过程中发生的各种费用；资金使用费是指企业因使用资金而向其提供者支付的报酬，如股票融资向股东支付股息、红利，发行债券和借款支付的利息，借用资产支付的租金等。

一般情况下，融资成本指标以融资成本率来表示：

融资成本率=资金使用费÷（融资总额-融资费用）

这里的融资成本即是资金成本，是一般企业在融资过程中着重分析的对象。但从现代财务管理理念来看，应该从更深层次的意义上来考虑融资的几个其他相关成本，如企业融资的机会成本、风险成本以及支付代理成本等。

六、国际融资与跨国投资的关系

通俗来讲，融资就是筹钱，投资就是花钱，国际融资就是到国际金融或资本市场上去筹钱，也就是企业到国外去筹资。国际融资与国际投资是两个密切相连的概念，融资是为了投资，融资是筹措投资资金的一个手段，投资是融资的目的和结果。当然，一家企业或经济组织没有融资活动也可以进行投资，但规模将受到限制。而一旦有了融资活动，投资规模可以成倍地扩大。

国际融资是企业跨国经营活动的重要内容之一，对企业的国际化发展具有重要作用。国际融资对投资者来说，是其闲置资金转移的过程，是投资者的投资过程；对融资者即融资主体来说，是其吸收、利用他人资金的过程。就生产经营性国际投资而言，它经历着资本的筹集与形成、分配与使用、回收与增值三个阶段的循环周转运动，而融资正是这一循环周转运动的第一个环节，是投资的起点。

第二节　跨国企业的国际融资理念与战略

一项运作成功的融资活动离不开企业高瞻远瞩的融资理念与战略，本节将对这一问题展开具体分析。

一、跨国企业的国际融资理念

企业实施走出去战略，开展跨国经营活动，需要到国际金融市场上解决资金问题。跨国经营企业在开展国际融资业务时首先要确立正确与科学的融资理念。融资理念不仅直接影响企业的融资战略、融资决策和融资过程，还会影响企业的国际融资效果，甚至会导致融资目标无法实现。因此，当一家跨国经营企业计划进行融资时，首先要分析一下自己的国际融资理念是否正确和科学。

国际融资理念主要是指企业或经济组织对待国际融资的态度、指导思路和战略设计。融资理念体现在国际融资的整个过程和各个环节之中，体现在融资决策和融资方式选择等各个方面。其内容主要有：是否进行国际融资、通过什么方式进行国际融资、融资的规模与结构、融资的地点选择、融资的时机确定、融资的目的和融资的具体策略等。

就中国跨国经营企业而言，正确的国际融资理念可以用五个词加以概括：科学决策、方式恰当、关注结构、内外兼修和防范风险。

第一，科学决策。科学决策非常重要，决策不科学将会埋下失败的种子。企业应在从事海外融资前认真调查，慎重思考，权衡利弊，谨慎决策，确保决策的准确性。

第二，方式恰当。要熟悉常规和新兴的国际融资方式，在选择企业采用的融资方式时，一方面要考虑自身的情况，另一方面也要分析资金供应方的特点，力争采用最恰当和最有效的国际融资方式进行融资，并为企业发展壮大服务。另外，应对现有的国际融资方式进行创新，丰富融资品种，综合利用各种融资方式与手段以实现目标。

第三，关注结构。企业从事跨国融资至少会遇到四方面的结构问题，如内源与外源结构、直接与间接结构、股权与债权结构、期限结构和方式结构等。企业应对各种结构进行通盘考虑，注意各种结构的合理布局，注意优化结构。

第四，内外兼修。对于开展跨国直接投资和对外承包劳务业务的中国企业来说，当遇到资金短缺时，可以到国际金融市场上寻找资金，但不应完全忽视或放弃国内金融市场，应做到国内国外两个市场并举，内外兼修，从融资成本与风险、要求与监管等多方面进行对比分析，权衡利弊，趋利避害，择机决策。

第五，防范风险。金融市场的风险无处不在，一般而言，国际融资的风险可能大于国内融资的风险，所以企业必须要有风险防范意识。在国际融资中，最有可能遇到的风险是：政治风险、汇率风险、利率风险、税务风险等；对于这些风险，一是采取措施尽可能规避远离它们，二是采取各种有效措施加以防范。

二、跨国企业的国际融资战略

国际融资战略是企业财务管理战略的一个重要组成部分。现代企业财务活动包括资金筹集、使用、回收与分配等环节，资金筹集是企业财务活动的起点，是企业投资的起点，直接影响到企业后续经营活动的开展和企业经营目标的实现。企业国际融资战略是指在正确的国际融资理念指导下，企业对未来一段时期国际融资活动的系统安排与计划。国际融资战略是为企业的长期发展战略服务的，所要解决的问题就是对融资系统进行合理规划，以便有效地筹措资金，为企业的跨国经营活动提供充足的资金保证。

（一）国际融资战略的目标

跨国经营企业国际融资战略的目标有三个：

第一，在实现企业价值最大化的总目标指引下，力争实现融资成本最小化。在当今的国际金融与资本市场上，由于存在多种人为与非人为因素的影响，市场尚未达到完全统一，仍然细分为众多的差异化市场。不同市场上的资金，因风险不同、政府补贴或缴纳税负等因素的影响，其融资成本并不相同，从而为进行跨国经营的企业实现融资成本最小化的融资目标提供了机会。现代财务管理理论认为，企业财务管理的目标是实现企业价值最大化。而经验证明，企业资金成本达到最低的时候，企业价值就达到最大，其基本公式是：企业总价值=预期息税前盈余÷加权平均资金成本。这样，融资活动与企业财务管理目标发生了直接的联系。只要实现融资成本的最小化，就可以实现企业价值的最大化。

第二，避免和降低各类融资风险。海外融资承担着信用风险、汇率风险、利率风险、政治风险和税务风险等。例如，企业融资在本质上是一种信用风险，表现在：对于向股东的融资，如果股东对股利不满意，则会要求更换企业管理人员或者卖出股票，从而对企业造成不利影响；对于向贷款和债券等债权人的融资，企业则需按期还本付息。在开展海外融资时，跨国经营企业应采取各种有效手段避免与降低融资风险，将其控制在企业可以承受和应对的范围之内。

第三，满足企业国际化经营的资金需求。满足企业资金需求是跨国企业融资的基本目标。企业应根据自身的经营战略和经营计划，根据企业对资金规模和期限的需求，制定相应的融资战略，保证资金的充足供应和有效利用。

在实际操作过程中，上述几个目标是相互联系的，跨国经营企业融资决策的目标必然是多元化的。只有在权衡这些目标下所做出的资本结构安排，才可能更符合企业的利益，才能实现企业经济效益的最大化（包括利润最大化、股东财富最大化和企业价值最大化）。

（二）制定国际融资战略的原则

跨国经营企业制定国际融资战略时应坚持以下几个原则：

第一，遵守政策法规原则。即开展海外融资业务时，企业应遵守相关国家有关融资方面的政策法规。

第二，相互匹配原则。相互匹配原则的含义有两方面：一是融资战略与企业的发展战略和企业面临的内外部环境相匹配，二是所融来资金的使用期限与所投资项目的期限相匹配。长期稳定投资由长期稳定资金支持，临时性流动投资由短期借款等临时性资金支持。这样做可以减少资金期限不协调的风险。

第三，择机而动原则。企业应当选择在最佳的融资机会（即有利于企业融资的一系列因素所构成的融资环境和时机）出现时进行融资。企业融资决策要有预见性，要及时把握国内外政治环境、金融环境与经济政策等方面的变化，寻找最佳融资时机和融资方式。

第四，因地制宜原则。海外融资应根据地点选择融资方式：在美国和加拿大等国，由于存在高度发达的证券市场，应以直接融资为主要的融资手段；在欧洲，由于商业银行业比较发达，信贷融资应为主要的融资手段；在日本，由于银行和证券市场的融资功能不同，企业不同用途的资金需求必须从不同渠道获取。

（三）国际融资战略的内容

跨国经营企业国际融资战略的内容包括：

第一，融资动机确定。即企业在融资之前要清楚地知道融集资金的用途，是否必须融资，这是整个融资战略的支撑点。只有明确了资金的用途才能使资金得到有效的利用，并推动企业的发展。因此，制定融资战略应先从分析自身的发展现状和发展战略着手明确融资动机。

第二，融资方式选择。不同的融资方式在获得条件、成本与风险、期限与规模、所受管制和办理手续等方面有不同的特点与要求。跨国企业应依据自身发展战略和资金用途来选择最合适的融资方式或融资方式组合，以实现相应的融资动机。

第三，融资结构安排。融资结构是融资战略的核心，合理而优化的融资结构是好的融资战略的标志。融资结构也称资本结构，它是指企业由不同渠道取得的资金之间的有机构成及其比例关系，包括属性结构、期限结构和控制权结构三种。属性结构是指不同属性资本的比例关系，如股权资本与债权资本的比例关系；期限结构指的是不同期限资本的比例关系，如中长期贷款与短期贷款的比例关系；控制权结构的含义是：企业在融资时应考虑融资与控制权的关系，因为有些融资会导致企业控制权和所有权的部分丧失，如股权融资。总之，融资（资本）结构决策应体现理财的终极目标，即追求企业价值最大化。

第四，融资成本控制。海外融资的成本包括融资费用和使用费用。前者是企业在融资过程中发生的各种费用，如委托金融代理机构发行股票、债券而支付的手续费；后者是公司因使用资金而向资金提供者支付的报酬，如股票融资向股东支付的股息与红利，发行债券和借款支付的利息，使用租赁设备支付的租金等。由于融资成本直接抵消企业的最终投资收益并影响企业的现金流，因此在制定融资战略时，企业应在同等条件下争取尽可能低的融资成本。

第五，融资本息的偿还。获取收益后，企业需要偿还本息给资金提供者。当然，对于股东出资，企业不需要按期还本付息，但同样需要以一定的经营业绩和分红来回报投资者。因此，企业在开始融资之初，就应制订相应的偿还或回报计划，避免因资金链断裂和财务状况恶化而影响企业的正常发展。

三、跨国企业的国际融资决策

国际融资决策是企业根据国际融资战略进行对外融资活动的一种具体的决定或实施方案。从一定意义上讲，融资决策是对融资战略的具体执行。在准备进行国际融资决策的过程中，跨国企业需要做好以下几方面工作：深入分析和判断国际融资环境、评估企业自身的目标和资源、选择融资渠道和资金市场、确定最佳融资结构和科学预测汇率的未来变化。

国际融资决策的程序一般包括三个环节：可行性研究环节、决策环节和实施环节。可行性研究这个环节从企业产生融资构想开始到形成粗线条的决策目标为止，其主要任务是为最终决策提供依据，通常应完成三方面具体工作：企业内部因素分析、企业融资目标分析和海外融资环境因素分析。这个环节结束时，应提交供融资决策参考的可行性研究报告。决策环节从粗线条的决策目标确立到具体融资方案确定为止。这个环节需要做的主要工作就是形成融资决策，制订出具体的实施操作方案。实施环节从确定融资方案到检查评估效果为止。实施环节一般包括三个方面的工作内容：融资计划的编制、计划的执行和实施效果的评估与检查。如果说前两个环节是海外融资方案的设计过程，那么第三个环节就是融资方案的执行过程。

第三节　小　结

融资是跨国公司扩大经营的一种重要手段，而融资理念与战略的设定直接关系到未来企业发展的可持续性。只有把融资理念和战略与公司发展战略相结合，才能实现融资效益的最大化。这其中涉及融资平台和融资方式的选择、融资结构的安排以及融资风的险规避等，需在很大程度上与公司发展战略相契合。

· 案例 ·

1.1　阿里巴巴集团融资历程

一、案情介绍

阿里巴巴集团（以下简称"阿里集团"）是马云带领的创业团队于1999年3月在杭州创办的互联网企业，主要为中小企业的创新和业务拓展提供网络平台。十几年来，阿里集团不断发展壮大，以"让天下没有难做的生意"为公司使命，在发展电子商务的基础上扩展了多元化互联网业务。2014年9月19日，阿里集团在美国纽约证券交易所正式挂牌上市，股票代码为"BABA"，刷新了VISA的197亿美元的历史纪录，成为美国股票市场上有史以来规模最大的IPO，市值高达2314.39亿美元，成为全球第二大互联网公司。阿里巴巴集团设立以来历次融资情况如下：

（1）1999年10月，以高盛公司为主，联合新加坡汇亚基金、瑞典银瑞达集团、新加坡TDF基金等基金公司共向阿里集团投资500万美元，且投资人不直接参与阿里集团的运营。

（2）2000年，软银、富达投资集团、汇亚资金、新加坡TDF、瑞典银瑞达共向阿里集团投资2500万美元，软银作为主力军投入2000万美元。

（3）2004年2月，阿里集团获得8200万美元的巨额投资。其中，软银出资6000万美元，富达、新加坡TDF等投资公司出资2200万美元。经过以上三轮融资后，马云及其创业团队仍然是第一大股东，持股比例为47%。

（4）2005年8月，阿里集团收购雅虎中国，同时雅虎以10亿美元的巨额投资得到了阿里集团39%的股权，这也使马云团队将第一大股东地位让给雅虎。雅虎将5%的投票权委托给了马云团队，为马云团队在2010年10月前保障控制权。

（5）2007年11月6日，阿里集团旗下名为"阿里巴巴网络有限公司"的B2B电子商务平台在香港联交所主板挂牌上市，股票代码"01688. HK"，发行价为13.5港元，首日开盘价为30元。在此次全球发售过程中，阿里巴巴网络有限公司共发行8.59亿股，融资高达15亿美元。当时，阿里巴巴市值达280亿美元，成为中国互联网行业第一个市值超过200亿美元的公司。

（6）2011年9月，阿里集团再次进行了大额融资。银湖资本、俄罗斯DST、新加坡淡马锡以及中国的云峰基金共向阿里集团投资近20亿美元。2012年2月，阿里集团对阿里巴巴网络有限公司董事会提出私有化要约，拟以股份回购的方式保障阿里创业团队的控制权。同年5月，回购计划正式执行，阿里集团以71亿美元的价格回购雅虎拥有的20%的阿里股权。交易完成后马云团队彻底掌握董事会权利。2012年6月20日，"01688.HK"正式从香港证券交易所退市，退市价仍为13.5港元。

（7）2012年8月，为支付回购股权所需的71亿美金，阿里集团向国家开发银行贷款10亿美金，并向一系列私募股权投资和主权财富基金出售了价值共42.88亿美元的普通股（26亿美元）和可转换优先股（16.88亿美元），其中普通股每股15.5美元，可转换优先股每股1000美元。中投公司、中信资本、博裕资本、国开金融等国内机构纷纷助力阿里集团，此外银湖资本、俄罗斯DST、新加坡淡马锡进一步增持。

（8）第二次上市，2013年8月，阿里集团向香港证券交易所申请了以合伙人制度上市的意向。但香港证监会认为合伙人制度不符合香港证监会对投资者利益的保护原则，经讨论认定不能修改香港上市规则。2014年3月16日，阿里集团宣布决定赴美上市，并于6月26宣布决定在美国纽约证券交易所挂牌上市。阿里巴巴于同年9月19日在美国纽约证券交易所正式挂牌交易，股票为"BABA"。首个交易日，"BABA"开盘溢价36.32%，以92.70美元开盘，其总市值达2314.39亿美元。此次IPO交易刷新了美国股票市场纪录，成为美国股票市场有史以来规模最大的IPO。

二、案情分析

（一）融资金额与股权的权衡

在阿里巴巴集团的多次融资中，马云及其创业团队对集团的控制权极其重视，以至于2014年在港交所还是纽交所的选择中，港股因不能满足阿里集团以合伙人制度上市而被放弃。在美股上市前阿里集团的内部股权结构中，雅虎和软银分别拥有36%与24%的股权，而马云仅仅持有10%的股权，前者的投票权已经达到60%。因此，马云的管理团队积极探索出一条新的控制权解决方案，那就是合伙人制度。美林、高盛、摩根等大型投资银行都实行这种管理制度。阿里巴巴的合伙人制度与这些公司的制度有些差异，在其上市后，阿里巴巴合伙人（共28人都是资深高管）享有半数以上的董事提名权，且在被否决的情况下可以重新提名己方董事。合伙人有任命临时董事的权力，即无论股东是否同意，被合伙人提名的董事都将进入董事会，以确保马云团队超过半数的控制权。

（二）分步融资且目的明确

阿里巴巴的发展也如众多上市企业一样，经历了初创期（第一、第二次融资）、成长期（第三次融资）、快速扩张期（第四至六次融资）、上市期阶段（2013年至今）。企业在不同时期的融资目的不尽相同，企业不能盲目地确定很低的融资额度，更不能确立鞭长莫及的融资目标。在初创期，阿里巴巴的融资目的并非只是要满足基本业务的发展，还要走向海外市场，夺得海外大型投资者对阿里的关注。在企业的成长期及快速扩张期，阿里巴巴团队更注重的是如何能引入更多资源。它们成功判断了全球电子商务会有更好的发展趋势，几笔巨额融资为阿里发展电子商务提供了强有力的资金支持，也帮助阿里集团撑过互联网行业熊市的大萧条和全球性金融危机。值得注意的是，该阶段阿里集团并非一味地追求巨额融资。巨额融资所带来的大量的股权交易也意味着马云及其创业团队控制权的稀释。马云团队曾多次拒绝更大金额的投资，并以协定投票权和回购股权等方式保障阿里创业团队的控制权。上市期阶段，阿里集团需要一个高速、健康、稳定的融资渠道。在该阶段，企业不仅需要积极扩展融资空间、拓宽直接融资渠道来为企业清扫融资的障碍，还需更进一步地在全球范围内引发公众的关注和讨论。阿里巴巴在美上市改变了其以往只从大型风投、基金、投资公司融资的单一渠道，升级为面向全球投资者的更加多元化、公众化、便捷化的融资方式，吸引了全球的大、中、小投资者对阿里巴巴集团生产经营质量和股票价格的持续关注，延续了人们对阿里巴巴集团的关注热度。

（三）注重长期合作

1. 选择优质的合作者与专业的中介机构

良好的合作者与专业的中介机构能为企业的发展发挥举足轻重的作用，为企业提供合理的建议；相反不合格的合作者可能会拖延融资、上市的进程，从而增加融资的中间费用。马云及其团队在成立阿里巴巴初期即使面临着巨大的资金困难也没有盲目地进行融资，先后拒绝了38家投资商，最终选择了高盛等世界顶级投资公司，此举使阿里出现在全球投资商的视野范围内，得到了软银集团董事长兼总裁孙正义的关注，进而与阿里集团开展了接二连三的合作。阿里巴巴2014年5月公布了六家上市承销商，分别是德意志银行、瑞士信贷银行、摩根士丹利银行、花旗银行、高盛银行和摩根大通银行，审计机构选择的会计师事务所是普华永道，这些专业机构在整个IPO中发挥着至关重要的作用，并充分运用各自的专业力量，帮助阿里巴巴集团清除在美国资本市场上市相关法律上的障碍，避免因为不知晓上市地的政策法规而遭到监管部门的处罚。

2. 重视长期合作

与专业中介机构的长期合作也是阿里集团成功上市的因素之一。阿里集团选择上述六家投行进行IPO不是偶然的，高盛银行早在1999年通过天使基金一次性给了阿里集团500万美元的投资，也是这次证券发行的稳定市场代理人，主要职能作用就是托盘。瑞士信贷银行曾为美国雅虎调研过阿里集团的投资事宜，和阿里集团早有接触。花旗和瑞信也是2012年为阿里集团提供银团贷款的银行之一。作为21世纪最大规模的IPO，自然也需要摩根大通和摩根士丹利银行这类华尔街老牌交易行家的坐镇并参与发行。高盛等优质的投资商不仅成了阿里巴巴新智囊团，还充当了承销商的角色，利用其强大业务能力以及公司信誉为阿里集团顺利上市奠定了良好的销售渠道。

3. 选择合适的上市平台

面对港交所的不妥协，阿里巴巴并没有放弃自己的上市之路，而是转战美国纽交所，成功地克服"合伙人制"和"双股权结构制度"的障碍。在全球资本化的今天，如果企业在上市过程中遇到无法跨越的障碍，拟上市的企业也不必执意于在某个资本市场上市，而是应该放眼全球的资本市场，诸如香港联合证券交易所、美国纽约证券交易所和纳斯达克证券交易所等。不同国家和地区的资本市场对于企业的上市要求不一样，阿里集团在选择赴美上市时也注重学习和遵守纽约证券交易所的法律法规。美国纽交所对于上市企业的盈利要求、公众持股数量、公司治理结构也与国内证券市场明显不同，企业需要了解这些上市规则并且善于利用这些规则。

三、总结与启示

1. 融资方案要服务于企业长期发展战略

企业长期发展战略决定了企业能否在激烈的市场竞争中存活下来，企业在进行融资时，不能为了短期经济行为而破坏公司的长远规划。以阿里巴巴为例，为了保证未来创业团队对集团的控制能力，其宁愿放弃在香港上市的机会，后来阿里巴巴的快速成长也证明其当时的决策是正确的。

2. 企业发展要树立国际平台大视野

国际平台能够为企业提供更好的发展机会。具体来讲，国际市场使企业拥有更多的服务对象，国际竞争与合作者为企业提供更好的发展思路，国际生产要素资源为企业提供更高的技术水准。阿里巴巴正是充分把握了平台，紧抓与各大知名专业中介机构的合作，才成为国际融资的成功实践者。

· 案例 ·

1.2 亚投行助力亚洲基础设施建设

一、案情介绍

亚洲基础性建设银行（以下简称"亚投行"）正式成立于2015年年底，该银行由中国倡导成立，旨在促进亚洲地区加强区域合作，注重电信、交通等相关基础设施建设。亚投行的建立是践行"一带一路"倡议的重要举措，通过提供全范围金融的战略服务，从而引领中国企业走出去。

亚投行的成立是亚洲各国基础设施完善的需要。亚洲经济占全球经济总量的1/3，是当今世界最具经济活力和增长潜力的地区，拥有全球六成人口。但因

023

第一章 中外跨国公司融资理念与战略

建设资金有限，一些国家铁路、公路、桥梁、港口、机场和通信等基础建设严重不足，这在一定程度上限制了该区域的经济发展。可以说，亚投行是经济发展的自然产物。截至2017年年底，亚投行已为23个项目提供贷款（见表1-2）。

表1-2 截至2017年年底亚投行提供贷款项目列表

批准时间	所属地区	项目名称
2016年6月24日	塔吉克斯坦	杜尚别－乌兹别克斯坦边境道路改善项目
2016年6月24日	孟加拉国	配电系统升级和扩建项目
2016年6月24日	巴基斯坦	国家高速公路M-4项目
2016年6月24日	印度尼西亚	国家贫民窟改造项目
2016年9月27日	巴基斯坦	塔贝拉水电站5扩建工程
2016年9月27日	缅甸	敏建电厂项目
2016年12月8日	阿曼	杜克姆港口商业码头和运营区开发项目
2016年12月21日	阿塞拜疆	跨安纳托利亚天然气管道项目（塔纳普）
2017年3月22日	印尼	区域基础设施发展基金项目
2017年3月22日	印度尼西亚	大坝运行改善和安全项目第二阶段
2017年3月22日	孟加拉国	天然气基础设施和效率改进项目
2017年5月2日	印度	安得拉邦全天候供电项目
2017年6月15日	格鲁吉亚	巴统绕道公路项目
2017年6月15日	印度	印度基础设施基金
2017年6月15日	塔吉克斯坦	努列克水电站修复项目（一期）
2017年7月4日	印度	古吉拉特邦农村公路（MMGSY）项目
2017年9月4日	埃及	第二轮太阳能光伏电网计划
2017年9月27日	印度	输电系统强化项目
2017年9月27日	亚洲	国际金融公司亚洲新兴基金
2017年9月27日	菲律宾	马尼拉大都会洪水管理项目
2017年12月8日	印度	班加罗尔地铁项目－R6线
2017年12月8日	阿曼	宽带基础设施项目
2017年12月8日	中国	北京空气质量改善和煤炭替代项目

资料来源：亚洲基础性建设银行官网

亚投行是助力中国企业走出去的高效平台。经过30多年的发展和积累，中国在基础设施装备制造方面已经形成完整的产业链，同时在公路、桥梁、隧道、铁路等方面的工程建造能力在世界上也已经是首屈一指。中国基础设施建设的相关产业期望更快地走向国际，但亚洲经济体之间难以利用各自所具备的高额资本存量优势，缺乏有效的多边合作机制，缺乏把资本转化为基础设施建设的投资，而亚投行的成立完美地解决了这一发展障碍。

二、案情分析

中国企业走出去主要面临以下几方面的挑战。

（一）中小企业融资受限

企业走出去面临着许多风险，单纯地依靠企业自身积累是远远不够的，还需要一定的资金保障，使企业可以长期高效运转。因此，帮助企业以合理的成本取得外部融资是企业目前亟须解决的问题之一。首先，企业自有资金相比于融资需要大量的时间积累。近几年，越来越多的中小型企业尝试走出去，在许多方面无法与大型的国有企业相比，尤其是自有资金方面，它们在申请相关贷款时往往会遇见诸多困难，严重阻碍中小企业的发展积极性。其次，企业走出去在时间与资金上均受到困扰。时间方面，由于所需资金数目大，整个贷款过程耗费时间长。资金方面，中小企业不仅仅承受较大数额的资金贷款，还要承担所带来的高额利息。最后，审批流程过于麻烦，影响了中小企业利用外部资金的积极性。

（二）中资银行国际化程度不足

与发达国家相比，中资银行的国际化程度偏低，远远不能满足走出去企业的基本需求。加之金融行业飞速发展，中资银行在金融产品创新等相关服务方面并没有做出相应调整，缺乏明确的市场定位。另外，中资银行走出去所受限制较多，不论在规模上还是数量上均无法达到预期目的。甚至在一些区域内已经形成分配不均等情况。例如，中资银行在非洲地区的覆盖率为6.7%，在亚洲的覆盖率则高达44.9%。因此，相较于其他行业，银行企业走出去不单单存在时间方面的因素影响，还受到区域分布不均匀、相对落后的因素影响。

（三）国际金融风险分担机制不成熟

企业走出去不是意味着走出国门不受限制，相反整个过程中还会受到法律、经济等相关因素的制约。中国企业在选择对外投资目标时，大多集中在亚洲、非洲、南美洲等地区，主要原因在于上述地区经济发展程度较弱，有巨大的发展空间。但与此同时，还将会面临更大的风险与不确定性。因为中国企业海外经营与金融风险分担机制还不够完善，面临许多问题。倘若企业在该地区发生风险，无法及时得到补偿以帮助企业渡过难关，那么会直接增加企业走出去的隐形成本。对此，海外投资安全是企业切实保障的核心利益，不仅仅需要对东道国的法律环境、政治制度展开研究，企业自身也要做好相关的协调工作，保证企业与政府层面做好及时的沟通，避免因政治问题影响企业发展。

三、总结与启示

亚投行的建立在很大程度上为中国企业走出去提供了重要的资金支持。

（一）为企业缓解融资难问题

亚投行本着与亚洲开发银行、世界银行合作互补的宗旨，推动政府建设相关的运行机制，为世界金融市场的发展贡献一份力量。此外，作为一个新型的开放投资平台，亚投行可以提供相关的资金保障，有效地将储蓄转化为投资。根据亚开行调查研究显示，直至2020年，亚洲进行基础性设施投资总需求缺口将高达7万亿美元，这对于一些亚洲国家而言，是无法达到的高度。只有通过一些国际投资机构的支持，才能帮助它们更好地发展。相较于亚洲开发银行、世界银行，亚投行的建立可以有效缓解亚洲地区相关国家贷款难等问题，保障社会效益与经济效益协调发展，帮助中国企业借机走出去。此外，亚投行的贷款条件宽松，可以解决许多中小型企业走出国门期间面临的融资难等问题。亚投行的任务，不单纯是提供相关的融资资金，还可以帮助一些技术先进、实力雄厚但缺乏相关经验或平台的企业走出去。

（二）为企业分担融资风险

中国企业走出去将要面临许多复杂多变的风险。早期中国内企业走出国门期间，受到战争、政治动荡等相关因素的影响，许多企业遭受重大损失。而亚投行的成立，可以帮助企业尽量减少类似事情的发生，为保证企业核心利益提供切实保障。亚投行将亚洲各地区的资金供给融合在一起，按照一定的比例分配，不仅仅可以吸进较多闲散资金，还可以吸引其他商业银行投资。这就意味着亚投行的资金支持模式不会受到外部力量的干扰，从而保证中国企业的利益。与此同时，亚投行不单单承受着企业走出去的相关风险，还扮演信息平台的角色。对亚投行的资金与信息资源进行合理利用，可以帮助中国企业进行合理投资，切实保证企业海外经营效益，更好地维护企业的核心竞争力。

（三）发挥桥梁纽带作用

中国企业走出去需要与境外投资者保持良好的协调关系，并提高企业在国际市场上的知名度。亚投行为中国企业走出去提供便利的同时，还为众多国家发挥多边区域性金融机构的投融资作用。为各国企业和相关机构开展基础设施建设提供优惠贷款，不仅增强亚洲各国基础设施及投资商之间的互联互通，也使得亚投行拥有较高的国际地位，并有机会参与境内外相关监管机构的协调沟通工作，促进政策沟通，为中国企业提供更高层次的合作平台。

第二章　中外跨国公司
的融资环境

融资作为一种重要的经济活动，是在一定的社会经济环境中进行的。融资主体的融资活动既然不能孤立地存在，那么其融资意向、融资决策、融资行为、融资效益等就必然会受到各种外部环境因素的直接或间接影响。融资环境包括与一定的融资项目相关的政治、经济、文化和社会等各方面的因素，是这些因素相互交织、相互作用、相互制约而形成的有机整体。中国跨国经营企业的海外融资活动也必然受到国际融资环境的影响。

第一节　跨国企业融资环境概述

研究任何一种融资或投资活动，都是在一定的环境中进行的。国际融资环境是指所有存在于国际融资活动周围的条件及影响其发展的外部因素的总和。这些因素可能会直接或间接影响到国际融资市场结构、信贷结构和融资主体的融资意向、融资决策及行为等。从宏观上来看，融资环境的内容包括政治环境、经济环境和社会文化环境等方面。

一、融资环境的主要内容

（一）政治环境

政治环境是指东道国政治方面的各种状况、结构和条件。具体来讲，政治环境是特定政治主体从事政治生活所面对的各种现象和条件的总和，可相对地划分为政治体系内环境（包括政治制度、政治稳定性、政策连续性等）和政治体系外环境（包括自然环境、国际环境等）。政治环境是国际融资主体首先应该考虑的因素之一，它直接决定着国际融通活动的实现和安全问题。政治环境主要包括五方面内容：

1. 政治制度

它指有关政体的制度，即居于统治地位的一定社会阶级采取何种形式组织政权。对一国政治制度进行考察，要注意的方面有：该国包括哪些政治利益团体，各团体之间的利益关系如何，国家政权中各政治团体的力量如何，政权是如何施政的，政府的政治倾向如何等。不同的政治制度下，会有不同的经济政策与措施，政治导向一定程度上决定了经济的发展。各国的政治背景、历史发展、现实条件都是不同的，因此最终形成的民主化程度也会不同。在比较发达的市场经济国家，政府的政策制定和执行都会透明化一些，对外来投融资者的态度也会比较开放；而在一些比较落后的发展中国家，政府的决策透明度低，对外来投融资者的态度也比较难以把握。

2. 政治稳定性

它指一国政权的持续性状况如何，有没有可能被推翻或颠覆。政治稳定性受多种因素的影响：政治制度是否稳定，社会的经济发展状况如何，不同政治利益团体之间的力量是否达到相互制衡状态，来自国外的对国内政治的冲击如何等。政治的稳定性一旦不能得以保证，国际融资就如同纸上谈兵，随时都有可能变成泡沫而无法实现。

3. 政策连续性

它指一国的政策在受到经济冲击或政权更迭等变化时，保持不变的可能性。一般而言，政策的连续性取决于政治制度的稳定性。有了稳定的政治制度，即使政权更迭或领导人更换，或者经济形势发生重大变化，但基本政策也还会保持连续性。政策是连续的，才能保证融资业务不会受到牵连。

4. 自然环境

自然环境主要是针对一些突发事件，包括未曾事先预料到的对社会正常运行造成重大影响的事件，如战争和天灾等。突发事件的发生会导致一国经济或社会无法正常运作，进而对融资产生意外的风险。在国际融资中，一定要尽可能对相关国家发生突发事件的可能性做出预测和评估，这样才能保证融资的安全性。

5. 国际环境

从广义上来讲，国际环境是指国家之间的相互联系、相互作用、相互制约、相互促进的关系；从狭义上来讲，国际环境是指影响企业从事各项经营活动的机遇与挑战。本书中提到的国际环境主要是从狭义上来讲的。企业从事国际融资活动的不仅仅要掌握一国的经济政策，同时还要掌握国际融资规则以及不同国家的法律法规要求。这就对企业的国际融资活动提出了更高的要求。因此，为了能够抓住更好的机遇，企业在进行国际融资过程中，一定要熟悉国际环境。

（二）经济环境

经济环境是指影响国际融资经济方面的因素，主要包括经济状况、经济政策、国际贸易和国际收支结构、金融市场状况、经济制度和市场体系完善程度等。经济环境是国际融资中仅次于政治环境的一个十分重要的因素。

1. 经济状况

它是指一国的经济发展水平、发展速度和经济稳定情况等方面的相关信息。

2. 经济政策

任何一个国家在对经济活动进行管理时都会制定出各种政策措施和法律规定，以保证经济的持续增长和稳定发展。经济政策包含的内容十分丰富，主要的政策有：外资政策、产业政策、税收政策、金融政策、资本市场政策、外汇政策和贸易政策等。

3. 国际贸易及收支结构

包括进出口数额、进出口产品结构及地区分布、对外贸易的依存度、国际收支状况等情况。了解一国的贸易及国际收支情况可以为国际融资需求方提供相关的融资信息，并有利于需求方做出融资方式、融资规模和融资地点等方面的正确选择。

4. 金融市场状况

金融市场是企业融资的场所，金融市场的发展水平直接影响到企业的融资规模、融资成本、融资结构以及融资的风险。东道国金融市场环境包括当地的金融市场状况、金融机构状况、金融监管体系状况和金融法规状况等。

5. 经济制度和市场体系完善程度

国际融资是在一定的市场发育程度下进行的，国际融资市场存在经济发展程度不同的国家。是否具有成熟的资本市场，国际融资是在怎样的经济制度下进行的，都会对国际融资造成比较大的影响。只有充分了解相关国家的经济制度和市场健全度，才能准确把握国际融资资源和保障相关利益，才能保证国际融资的顺利完成。

（三）社会文化环境

从全球范围内来看，每一个国家都有自己特殊的文化、历史、社会背景，绝不会有文化完全相同的两个国家。这种特殊性会影响一国的政策、社会的偏好、个体成员的消费情况和投资情况、生活状况、企业的运作流程等各个方面。相关的文化因素主要包括：语言、宗教、教育水平、社会心理和社会习惯、国民情绪、家庭情况等。

值得注意的是，社会文化环境往往是一个难以捕捉其具体发展程度的因素，对于企业的融资往往能够产生不可估量的影响。因此，在国际融资活动中，一定要多熟悉当地的人文社会环境，把握当地人群处理经济活动的态度，只有这样才能规避一些不必要的融资风险。

二、融资环境的发展趋势

进入21世纪以后，经济的信息化和全球化成为越来越明显的发展趋势，科技的发展导致经济发展模式、产业结构、社会习惯、金融市场监管、国际融资方式等都发生了巨大的变化。这些变化对国际融资的影响表现在：

第一，国际融资规模不断扩大。从全球范围来看，经济发展的潜力正在被逐步地释放出来，尤其是一些发展中国家，这些国家对融通资金的需求处于上升阶段。越来越多的国际融资需求方和供给方加入到国际融资中来，并且随着融资活动网络化的发展，国际融资的规模将扩大，国际融资市场将逐步走向一体化。

第二，国际融资高效化。随着信息产业的发展和科技的进步，网络应用技术日益成熟，越来越多的国际融资行为通过网络进行处理，效率得到了极大的提高，全球化融资网络也正在逐步形成中。效率化主要体现在三个方面：一是科技的进步所带来的便捷化，如网络的应用；二是无形化和扩大化所带来的国际融资流动性的提高，主要表现在国际融资市场上融通资金的增加、全天候的交易市场、价格的稳定、交易处理的程序化等方面，这些都大大提高了流动性；三是融资费用一定程度的降低，成熟的国际融资市场上存在的自由竞争以及网络技术带来的便捷化都使融资成本降低，减少了融资者费用支出。

第三，国际融资方式多样化。当前越来越多的企业参与到国际融资活动中，为国际融资方式的创新提供了机遇。从传统意义上来讲，国际融资方式主要是指增加企业负债（债券融资）和增加企业权益（股权融资），具体包括发行国际债券、发行股票、向国际机构和当地政府贷款等。伴随着企业融资需求的不断提高，国家融资方式逐渐突破传统方式的限制，向更高水平进行探索与创新，如国际项目融资、战略结盟式融资、结构融资、设立产业投资基金、组建国际银行财团等，从而为企业发展提供更好的融资平台。

第四，国际融资主体多元化。在发展初期，能够开展国际融资的企业主要是来自发达国家的大型企业。但随着经济的发展，国际融资主体越来越多元化，主要体现在两方面：一是来自于新型经济体的企业逐渐加入国际融资的行列；二是中小型企业也日益开展国际融资活动。由此可见，国际融资已被企业视为一种普遍的融资活动。这一变化得益于两方面：一方面全球化发展为企业提供更多的发展机遇，使得企业的国际融资由被动发展为主动；另一方面参与国际融资也是企业实现全球化的一个重要途径。

第二节　中国跨国企业的国内融资环境

国内良好的融资平台是中国企业走出去的助推器。习近平在中国共产党第十九次全国代表大会上的报告中指出："创新对外投资方式，促进国际产能合作，形成面向全球的贸易、投融资、生产、服务网络，加快培育国际经济合作和竞争新优势。"因此，中国必须加快国内融资平台的建设，为跨国企业的海外发展提供良好的融资环境。

一、国内商业性融资环境

（一）国内商业性融资环境分析

国内商业性融资环境是指由以银行为主体的商业性金融机构及其开展的融资业务所构成的市场融资环境。中国跨国经营企业开展对外投资和承包劳务等业务需要大量资金，资金的来源一个是国内金融市场，另一个是国际金融市场。在国内金融市场上解决融资问题，商业性融资渠道是主要的渠道，政策性融资渠道是辅助的渠道。国内的商业性融资市场环境主要由三类金融机构构成：商业银行、证券交易所、其他金融机构（如基金管理公司等）。

在这三类金融机构中，与跨国经营企业联系比较广泛的是商业银行，但其他两类金融机构的作用正在提升。总体来看，国内商业性金融机构近年来对企业开展海外直接投资和承包劳务等跨国经营业务的支持力度不断加大，提供的融资品种逐步增多。下面简要介绍中国工商银行、中国建设银行和中国人寿保险集团为中国跨国经营企业所提供的商业性融资服务。

（二）中国工商银行开展的融资业务

中国工商银行成立于1984年，是目前中国最大的商业银行，其全称是"中国工商银行股份有限公司"。工商银行有近1.7万家境内外机构（其中境外机构达112家），形成了覆盖中国大部分大中城市、主要国际金融中心和中国主要经贸往来地区的全球化服务网络。工商银行还与国内及122个国家和地区的1400多家银行建立了代理行关系。近几年，工商银行综合化经营与国际化发展战略实施迈出新步伐。随着2007年金融租赁公司的成立，工商银行的非银行牌照类业务已延伸到投资银行、基金和租赁等市场领域。

专项融资部是中国工商银行全球投融资领域的专业化经营机构，也是工商银行服务走出去战略的重要平台。以海外投融资和跨境资本运作为核心，在全球电力、全球交通与基建、全球制造与租赁、全球资源、国际银团与资产交易等领域，"一站式"解决企业走出去的各类金融需求。牵头完成一批在国际资本市场颇具影响力的重大项目，业务覆盖全球六大洲50多个国家和地区，成为中国企业走出去的重要合作伙伴。随着"一带一路"倡议逐渐落地实施，中国企业走出去进入新的发展阶段，也给全球投融资业务带来战略性的历史机遇。专项融资部依托"ONEICBC"集团优势，支持和引领企业走出去，为推动国际产能合作和装备出口贡献力量。

下面介绍中国工商银行的主要专项融资业务：

1. 出口信贷

（1）出口买方信贷：指在中国出口信用保险公司提供覆盖政治险和商业险且赔付比例不低于95%的保险的前提下，向国外买方、买方银行或政府机构提供的中长期贷款，用于购买中国出口货物或服务。其适用范围有出口货物为国家鼓励出口的资本货物，金额在500万美元以上；出口货物来源于中国的比例不低于70%；贷款金额不超过商务合同金额的85%。

　　（2）出口延付合同再融资：指在中国出口信用保险公司提供覆盖政治险和商业险，且赔付比例不低于95%的保险的前提下，由中国工商银行无追索权地买断出口商务合同项下的中长期应收款，主要用于解决出口商的资金压力。

　　（3）境外应收账款融资：指中国出口商或承包商将中国工商银行可以直接接受的境外应收账款或者中信保保险项下境外应收账款卖断给工商银行，以降低出口商的负债率和汇率风险，按出口商责任可分为有追索权、无追索权和部分追索权。

　　（4）国际商业贷款：指中国工商银行直接接受境外信用较好的大型公司、银行、政府的风险，以它们为借款人或者担保人而提供的中长期融资，用于支付中国企业的机电产品货款或工程款回款；一般与出口买方信贷结合使用，用于支付商务合同的预付款、建设期利息、保费。境外企业所在国通常为主权评级较高、政治经济环境相对稳定的新兴发展中国家；国家评级一般具有或相当于标普/穆迪外币长期信用评级BB-以上。

　　2. 全球电力融资

　　全球电力融资业务主要是为中资客户全球电力投资、工程承包、设备出口等提供金融服务。其适用范围为具有行业内较高知名度和综合实力较强的企业或财务状况良好、流动性及盈利能力较强的企业。该业务设有专属项目财务顾问（包括交易撮合、交互式财务模型、项目关键路径优化、风险矩阵分析、辅助商务谈判等），可针对客户的不同需求提供个性化的金融服务方案。

　　3. 全球资源融资

　　全球资源融资是指境外借款人与国内企业签订资源产品长期购销合同，以购销合同项下资源销售收入作为主要还款来源，向借款人提供的结构性融资。其适用范围为借款人或其母公司是资源储量丰富、销售量较大的国际资源、能源生产商；国内主要资源采购商是其销售合同境外交易对手；借款人或其下属相关企业的工程承包项目授予中国企业为佳。该业务可满足借款人中短期大额资金需求，广泛适用于油、气、煤及各类金属、资源。

　　4. 跨境并购融资

　　跨境并购融资是主要用于满足并购方在跨境并购交易中用于支付并购交易价款的需要，以并购后企业产生的现金流、并购方综合收益或其他合法收入为还款来源的融资。

其适用范围：①中国企业在境外进行产业相关的战略性并购，包括企业整合与资源整合；②主业突出、经营稳健、在行业或一定区域内具有明显竞争优势和良好发展潜力的企业；③与目标企业之间具有较高的产业相关度或战略相关性，并购方通过并购能够获得目标企业研发能力、关键技术与工艺、商标、特许权、供应或分销网络等战略性资源以提高其核心竞争能力；④并购交易依法合规，涉及国家产业政策、行业准入、反垄断、国有资产转让等事项的，应按适用法律法规和政策要求，取得或即将取得有关方面的批准。

5. 国际银团贷款

国际银团贷款是指由获准经营贷款业务的一家或数家银行牵头，多家银行与非银行金融机构参加而组成的银行集团，采用同一贷款协议，按商定的期限和条件向同一借款人提供融资的方式。一般具有贷款金额大、期限长（多用于交通、石化、电信、电力等行业）特点。

其适用范围：①并购融资、资源项目融资、基础建设项目融资、公司融资等；②具有较高的行业内知名度和综合实力的公司；③财务状况良好、流动性及盈利能力较强的公司；④有长期、大额贷款资金需求的公司。

6. 基础设施项目融资（含境外工程承包）

基础设施项目融资是指在有限追索或无追索权基础上就境外项目提供的信贷支持，以项目本身的收益作为信用基础，并结合保险、第三方担保等工具和信用增级措施进行的融资，主要应用于电力、水利、城市供水及污水处理厂、路桥、隧道、铁路、机场等投资规模大、具有长期稳定收入的大型基建项目。

7. 全球制造与租赁融资

全球制造与租赁融资是基于全球大型制造厂商或租赁公司的综合信用，通过管理设备租赁所产生的现金流，再结合保险、抵押、质押、保证等信用增级措施设计的结构化融资产品，主要适用于全球大型制造商、全球大型租赁公司及其SPV，设备涵盖能源、交通、电信、医疗、工程机械等领域。

8. 其他融资

中国工商银行为全球航空公司、飞机制造商、租赁公司提供长期稳定的金融支持，满足客户在飞机建造、购置、租赁、维修方面的大额资金需求；为目前船舶制造业、航运业、海工设备等领域的优质企业提供专业化、全方位的金融服务。

（三）中国建设银行开展的融资业务

中国建设银行股份有限公司（以下简称"中国建设银行"）是一家中国领先的大型股份制商业银行，在英国《银行家》杂志按照一级资本排序的2016年全球银行1000强榜单中，位列第二。中国建设银行在29个国家和地区设有商业银行类分支机构及子公司，共拥有境外各级机构251家。

中国建设银行发展重点强调"产业合作"以及"跟随实体经济发展"，在为企业提供融资服务方面旨在回归金融本质。其国际化人才战略以及前沿的海外业务定位，在涉及较大金额的海外并购融资项目中，建设银行占有很大优势。

建银国际（控股）有限公司（简称"建银国际"）是中国建设银行旗下的全资附属投资银行旗舰，代表中国建设银行对外开展多元化的投资银行业务。其公司业务围绕Pre-IPO、IPO与Post-IPO三大环节形成涵盖众多产品的完整投行产业链，为全球优质企业提供包括保荐与承销、财务顾问、企业收购兼并及重组、上市公司增发配售及再融资、直接投资、资产管理、证券经纪、市场研究、投资咨询及环球大宗商品交易等全方位的投行服务。建银国际依托中国建设银行境内1万多网点、境外近30家机构网络资源、400万对公客户和3亿多个人客户资源，以及丰富的产品资源，发挥协同优势，为客户合规实现"产业链上下游""产业与资本""商行与投行""境内与境外"四个打通。

建银国际主要提供企业融资及财务顾问服务，团队由拥有相关财金专业资格及丰富行业经验的专业人员组成，凭借其广泛的专业知识及经验，为客户提供全面及专业的企业融资及财务顾问服务。在企业融资和资本市场服务方面，以多种角色为数百家公司在全球资本市场融资，融资金额累计超过2万亿港币。

（四）中国人民保险集团开展的融资业务

中国人民保险集团股份有限公司（简称"中国人保"）的前身中国人民保险公司，于1949年挂牌成立，旗下拥有中国人民财产保险股份有限公司、中国人保资产管理有限公司等10多家专业子公司，业务领域涵盖财产保险、人寿保险、健康保险、资产管理、保险经纪以及信托、基金等领域，形成了保险金融产业集群和综合经营集团架构，为社会公众和机构团体提供完善的保险金融服务。

中国人民保险公司主要是服务于实体经济（如"一带一路"建设项目等），为企业提供风险保障。其业务主要包括两大部分：一是寿险，业务占比相对较大；二是财险，主要服务于走出去的财产险、工程险，重点是要保障中资利益。

但随着业务发展以及市场需要，中国人民保险集团业务在国内融资市场不断创新。中国人保以支农融资业务基本模式为基础，通过产品创新和机制创新，探索出"政府政策支持+保险资金融资+保险风险保障"的"政融保"金融精准扶贫模式，助力贫困地区和贫困户加快产业脱贫步伐。政融保是人保财险积极探索创新的"保险+融资"联动机制，相比于传统的银行抵押融资，保险支农融资方式更灵活，流程更简便。它为农业大户、家庭农场、专业合作社和农业企业提供全面的保险保障，提高其抵御各类风险的能力。通过保险公司支农融资资金投放和撬动其他金融机构资金投放两种方式，可解决"融资难、融资贵"问题，为"三农"提供全面的金融服务。

二、国内政策性融资环境

为了推动走出去战略的实施，加快中国企业跨国经营的步伐，国家建立和完善了支持企业走出去的政策性金融机构体系，制定了相关法规，对于企业开展跨国经营给予多方面政策性金融支持，国内政策性融资环境已经初步形成。国内政策性融资环境是指由政策性金融机构及其业务构成的企业融资环境。目前，为中国跨国经营企业提供政策性融资服务的金融机构主要有国家开发银行、中国进出口银行、中国出口信用保险公司等。下面简要介绍国内主要的政策性融资平台。

（一）国家开发银行

国家开发银行（以下简称"国开行"）成立于1994年，是直属中国国务院领导的政策性金融机构，2008年12月改制为国家开发银行股份有限公司。2015年3月，国务院明确国开行定位为开发性金融机构。国开行主要通过开展中长期信贷与投资等金融业务，为国民经济重大中长期发展战略服务；它是全球最大的开发性金融机构，中国最大的对外投融资合作银行、中长期信贷银行和债券银行。

国开行积极发挥开发性金融的引领作用，通过"投棋布子"主动拓展国际业务，引导和支持中资企业扩大对外投资合作。业务模式包括：①公司融资。即以企业客户为融资主体，通过提供贷款、投资、债券发行、租赁、IPO等金融产品，为企业客户开展日常业务经营、单体项目开发建设以及并购等具体业务提供金融服务。②项目融资。以特定项目作为融资对象，以项目未来收益作为还款来源，项目相关的资产、收益权等作为抵押，并享有一定追索权的融资模式。③政府合作。以合作国主要政府部门或其指定融资机构（或平台）作为融资主体，按照商业化原则，通过提供投融资业务服务，支持合作国重点、热点项目建设实施，帮助合作国提升社会经济发展水平及自我发展能力。④金融合作。通过国开行遍布全球的业务网络布局，与区域、次区域金融机构，合作国中央银行、开发性金融机构、主力商业银行，以及国际知名金融机构开展授信转贷、银团贷款、联合贷款等金融产品合作。

在产业转型升级领域，国开行主动践行"一带一路"倡议，着力推进国际产能和装备制造合作，重点推进重大项目实施，助力钻井平台等高端装备制造走出去。

（二）中国进出口银行

中国进出口银行成立于1994年，是直属国务院领导的、政府全资拥有的国家政策性银行，其国际信用评级与国家主权评级一致。中国进出口银行总部设在北京，目前在国内设有29家营业性分支机构和香港代表处，在境外设有巴黎分行、东南非代表处、圣彼得堡代表处、西北非代表处，与境外300多家银行建立了代理行关系。

中国进出口银行的主要职责是：贯彻执行国家产业政策、外经贸政策、金融政策和外交政策，为扩大中国机电产品、成套设备和高新技术产品进出口，推动有比较优势的企业开展对外承包工程和境外投资，促进对外关系发展和国际经贸合作，提供政策性金融支持。该行既是中国外经贸政策支持体系的重要力量和政策性融资主渠道，也是外国政府贷款的主要转贷行和中国政府对外优惠贷款的承贷行，为促进中国开放型经济的发展发挥着重要的作用。

中国进出口银行支持领域主要包括外经贸发展和跨境投资，"一带一路"建设、国际产能和装备制造合作，科技、文化以及中小企业走出去和开放型经济建设等。

为了更好地发挥官方出口信用机构的海外投资促进职能，运用综合的政策性金融手段为企业服务，中国进出口银行于2004年开办了海外投资咨询业务，创办了《海外投资与出口信贷》杂志，成为一个为中国企业海外投资提供从融资、担保到信息服务（包括金融信息、行业信息、国别信息、政策法规信息）、投资咨询、融资顾问等多种手段结合的综合性海外投资促进机构。

下面介绍几种中国进出口银行提供的与对外直接投资和经济合作相关的融资贷款业务：

1. 境外投资贷款

境外投资贷款是指中国进出口银行对中国企业在境外投资的各类项目所需资金发放的本、外币贷款。境外投资项目主要包括：境外资源开发项目；带动国内设备、技术、产品等出口的境外加工贸易项目、境外投资建厂项目和基础设施项目；提高国内企业产品研发能力和出口竞争能力的境外研发中心、产品销售中心和服务中心项目；开拓国际市场、提高企业国际竞争能力的境外企业收购、并购或参股项目等。

贷款对象为：凡在中国工商行政管理部门登记注册，具有独立法人资格的境内中资企业，或凡在境外合法登记注册具有独立法人资格的境外中资企业，均可向进出口银行申请境外投资贷款。

贷款申请条件：①借款人经营管理、财务和资信状况良好，具备偿还贷款本息的能力；②项目预期经济效益良好；③项目所在国投资环境良好，经济、政治状况基本稳定；④借款人为境外中资企业，境外投资项目须整体风险较小、投资收益稳定且贷款本息偿还有充分保证；⑤借款人为非境内企业控股的境外中资企业（新设立特殊目的公司或项目公司除外），贷款使用和担保符合国家外汇管理制度相关规定；⑥提供进出口银行认可的还款担保（如涉及）；⑦在进出口银行认为必要时投保海外投资保险；⑧进出口银行认为必要的其他条件。

2. 对外承包工程贷款

对外承包工程贷款是指中国进出口银行对中国企业承接的能带动国产设备、施工机具、材料、工程施工、技术、管理出口和劳务输出的境外工程承包项目所需资金发放的本、外币贷款。中国使用世界银行或亚洲开发银行等国际金融组织的贷款、外国政府贷款的国内项目采取国际招标，国内企业中标的承包工程项目也在该种贷款支持范围内。

贷款对象为：支持对象包括中方借款人和外方借款人。中方借款人指在中国工商行政管理部门登记注册、具有独立法人资格、符合《对外承包工程管理条例》（国务院令第527号）规定的对外承包工程企业，或者是在境外注册、符合项目所在国家或地区法律法规规定的资质要求的中资企业或中资控股企业。外方借款人指境外金融机构、进口国财政部或进口国政府授权的机构，以及其他境外业主。进出口银行向外方借款人发放的对外承包工程贷款业务的承包商应为中国境内的独立企业法人或其控股、参股（参股比例应不低于30%或可相对控股）的境外子公司或其参与的联营体。

贷款申请条件：针对不同类型的借款人，中国进出口银行做出了不同的规定。

作为总承包企业向中国进出口银行申请贷款的中方借款人应具备以下条件：①境内总承包企业符合《对外承包工程管理条例》（中华人民共和国国务院令第527号）规定，境外总承包企业应具有相应资质；②借款人经营管理、财务和资信状况良好，具备偿还贷款本息的能力；③如借款人可按现行办法进行信用等级评定，借款人在进出口银行信用等级一般应在BB级（含）以上，其中申请多个商务合同合并流动资金贷款的，借款人在进出口银行信用等级一般应在BBB级（含）以上，银行、战略客户提供全额保证担保或以变现能力强的抵押物、质物提供担保的，借款人信用等级可放宽至BB级；④对外承包工程商务合同已签订，必要时需经国家有关审批机关批准；⑤对外承包工程项目带动国产设备、材料、技术以及劳务、管理、设计、审计、咨询等相关服务的总出口额占项目合同总金额的比例不低于15%；⑥对外承包工程商务合同金额（或合并申贷多个商务合同总金额）应不低于100万美元，预付款比例一般不低于15%，对预付款比例达不到上述要求的，应根据项目业主或付款人信誉、借款人履约能力、担保方式等具体情况做出分析和判断；⑦项目具有良好的经济效益、社会效益；⑧项目业主或付款人具有相应的经济实力、信誉较好；⑨项目所在国的政治、经济状况相对稳定；⑩必要时投保出口信用险；⑪提供进出口银行认可的还款担保（如涉及）；⑫进出口银行认为必要的其他条件。

向进出口银行申请对外承包工程贷款的外方借款人应具备以下条件：①借款人所在国经济、政治状况相对稳定，或其所在国国别风险可控；②借款人资信状况良好，具备偿还贷款本息能力；③如借款人可按现行办法进行信用等级评定，借款人在进出口银行信用等级一般在BB级（含）以上，其中，主权客户和境外金融机构客户在进出口银行信用等级一般在B级（含）以上（已投保中国出口信用保险公司出口信用保险的主权贷款或主权担保贷款可不作评级准入要求）；④对外承包工程项目带动中国设备、施工机具、材料、工程施工、技术、管理出口和劳务输出一般不低于合同金额的15%；⑤借款人提供进出口银行认可的还款担保（如涉及）；⑥在进出口银行认为必要时投保出口信用险；⑦借款人为国际多边金融机构时，如其成员国中有未与中国建交的国家，申请前应取得进出口银行同意；⑧借款人为境外金融机构时，其相关资信材料可通过银行家年鉴、全球银行与金融机构分析、穆迪等专业信息渠道获得；⑨进出口银行认为必要的其他条件。

3. 国际经济合作贷款

国际经济合作贷款指进出口银行为贯彻实施"一带一路"、国际产能和装备制造合作、人民币国际化等，为中国企业走出去创造有利条件，促进国际经济金融合作，提升中国经济金融国际影响力，本着互利共赢的原则，对境外借款人实施的具有较大国际或区域影响力的项目或其他相关资金需求提供的本、外币贷款；或为进一步促进中国产品、技术和服务出口，进出口银行向境外借款人发放的可与出口买方信贷配套使用的本、外币贷款。

贷款对象：凡在境外登记注册、具有独立法人资格的境外金融机构、境外企业和境外项目公司，以及外国政府授权的机构。

申请条件：①借款人或其主要发起人（指合计持股比例达到项目公司总股本60%（含）以上的前若干股东，下同）所在国经济、政治状况相对稳定，或项目所在国国别风险可控；②借款人或其主要发起人生产、经营管理、财务和资信状况良好，具备偿还贷款本息能力；③承诺采购的中国产品、技术及服务符合中国及进口国有关规定（如涉及）；④中方出口企业向进出口银行书面推荐（如涉及）；⑤借款人提供进出口银行认可的还款担保（如涉及）；⑥借款人为国际多边金融机构时，如其成员国中有未与中国建交的国家，申请前应取得进出口银行同意；⑦借款人为境外金融机构时，其相关资信材料可通过银行家年鉴、全球银行与金融机构分析、穆迪及其他专业信息渠道获得；⑧进出口银行认为必要的其他条件。

（三）中国出口信用保险公司

2001年11月，根据当时政府对金融业"分业经营，分业监管"的管理理念，出口信用保险业务从中国进出口银行和中国人民保险公司中剥离出来，由两家单位的出口信用保险部门共同组建成中国出口信用保险公司，专门负责出口信用保险业务，为中国商品出口和海外投资提供政策性信用保险服务。

中信保积极支持国家"一带一路"倡议，把"服务区域经济""振兴实体经济""推动对外投资和经济合作"三大主攻方向与"一带一路"建设这一核心精准对接，有的放矢地投放国家政策性信用保险资源，有效拉动了中国外经贸发展。尤其在"推动对外投资和经济合作"与"一带一路"建设对接方面，中国信保顺应国际工程投建营一体化的趋势，不断探索推出个性化融资保险方案，积极支持银企在国际工程领域的深入合作。一是扩大项目融资业务保险覆盖面，提高商业风险赔付比例。二是通过海外投资保险，保障中国企业、金融机构的海外股权/债权项下的投入及收益安全。三是以内保外贷的方式，为国内企业提供担保，发挥信用增级作用，帮助企业获得境外低成本资金，降低融资成本。2013年至2017年11月，中国信保累计承保中国企业面向"一带一路"沿线国家的工程承包、海外投资超过1700亿美元。目前，中国出口信用保险公司开展的政策性融资保险与担保业务主要分为以下几类：

1. 中长期出口信用保险

主要为出口企业收回延期付款及融资机构收回贷款本金和利息提供风险保障，承保业务的信用期限一般为1～15年，包括出口买方信贷保险、出口卖方信贷保险、再融资保险和海外融资租赁保险。其中，再融资保险是在金融机构无追索权地买断出口商务合同项下的中长期应收款后，中国信保向金融机构提供的、用于保障其资金安全的保险产品；海外融资租赁保险是为出租人提供租赁项目所在国政治风险及承租人信用风险的风险保障。

2. 短期信用保险

主要为以信用证、非信用证方式从中国出口的应收账款提供收汇风险保障，承保业务的信用期限一般为一年以内，包括企业投保、银行投保、出口特险、国内贸易信用保险、进口预付款保险。

3. 海外投资保险

主要为投资者因投资所在国发生的征收、汇兑限制、战争及政治暴乱、违约等政治风险造成的经济损失提供风险保障，承保业务的信用期限一般为1～15年，包括海外投资（股权）保险和海外投资（债权）保险。其中，海外投资（股权）保险是中国信保为鼓励中国企业的对外投资而提供的承担投资项下股东权益损失的保险产品；海外投资（债权）保险是中国信保为鼓励中国企业为其海外投资项目提供股东贷款、金融机构为中国企业海外投资项目提供贷款以及中国信保认可的其他投融资形式，向企业或金融机构提供的、承担其债权损失的保险产品。

4. 担保业务

包括融资类担保和非融资类担保。融资类担保是为企业向银行、政府部门等申请出口信贷或专项基金支持提供担保，包括海外投资项目中的海外建厂项目融资担保和海外资源开发项目融资担保；非融资类担保主要用于涉及出口或对外承包工程的商务合同的正常执行。

（四）中国进出口银行管理的中拉合作基金

中拉合作基金，是一支由中国进出口银行和国家外汇管理局共同发起的，专门针对加勒比以拉美地区的，"政府指导、市场化运作"的私募股权投资基金，于2016年1月正式投入运营。

中拉合作基金重点支持领域有：能源资源、基础设施、农业、制造业、科技创新、信息技术，并在适当情况下可向其他领域延伸。此外，该基金可用于不同发展阶段的项目，既可投资于新建项目，也积极参与处于扩张及成熟期企业的参股或并购活动。

项目投资要求：①对单个项目投资实施限额，且一般不超过1亿美元；②投资项目须含有中国元素，即中资企业为投资项目人、承包商、设备出口商等，或产品出口中国等；③对股权份额的规定，中拉合作基金作为财务投资人，一般不寻求控股权，投资额不超过30%；④基金只能投资一级市场；⑤原则上，投资以美元结算，但其他币种也可考虑；⑥基金投资的退出方式有股东回购、股权出售、上市等。

（五）国内其他融资平台与融资机制

"一带一路"银行间常态化合作机制。该机制于2017年5月在"一带一路"国际合作高峰论坛期间建立，其成员单位已扩展至53家。该合作机制明确常态化合作近、远期目标，吸纳更多成员加入合作机制；同时以机制促业务，带动银行间资产交易、清算结算、双边本币融资等业务增长，深化成员单位间的务实合作，为优化"一带一路"金融服务供给结构、整合沿线国家金融资源、促进当地经济增长贡献了中国智慧和中国方案。

上海合作组织融资平台。金融合作是上海合作组织经济合作的重要组成部分，它为区域经济合作的拓展和深入创造了良好的条件，同时成员国间贸易、投资规模的不断扩大也对上海合作组织金融合作提出了更高的要求。资金运用的主要目的不再是为贸易结算服务，而是表现为投资、贷款等资本输出，输出的方式以开发性金融为主。近年来，上合组织金融合作取得了显著成效，如货币合作顺利开展、银联体合作稳步推进、金融机构间合作更加密切等。

丝路基金。丝路基金是由中国外汇储备、中国投资有限责任公司、中国进出口银行、国家开发银行共同出资，按照市场化、国际化、专业化原则设立的中长期开发投资基金，重点是在"一带一路"发展进程中寻找投资机会并提供相应的投融资服务。

亚洲基础设施投资银行。该行的成立旨在：推动区域内发展领域的公共和私营资本投资，尤其是基础设施和其他生产性领域的发展；利用其可支配资金为本区域发展事业提供融资支持；鼓励私营资本参与投资有利于区域经济发展，尤其是基础设施和其他生产性领域发展的项目、企业和活动，并在无法以合理条件获取私营资本融资时，对私营投资进行补充。

（六）国家各部委在政策性融资中的作用

为拓宽企业融资渠道、统一企业本外币境外放款规模以及加强贸易背景真实性审查，《中国人民银行关于全口径跨境融资宏观审慎管理有关事宜的通知》（银发〔2017〕9号）和《国家外汇管理局关于进一步推进外汇管理改革完善真实合规性审核的通知》（汇发〔2017〕3号）调整了企业在办理跨境融资、内保外贷、直接投资、出口贸易融资等跨境交易的相关政策。上述文件规定，企业需在全口径宏观审慎的管理模式下借入外债，出口企业可将境内外汇贷款结汇使用，企业可将内保外贷项下资金调回境内使用，企业在自贸区注册银行开立的NRA账户可结汇。

为实现对外投资事前、事中、事后全流程的管理，推进对外投资健康规范可持续发展，更好地服务"一带一路"建设和对外开放大局，商务部、人民银行、国资委、银监会、证监会、保监会、外汇局共同发布了《对外投资备案（核准）报告暂行办法》（商合发〔2018〕24号，以下简称《办法》）。《办法》作为新时代对外投资管理的重要基础性制度，在备案（核准）报告信息统一汇总、事中事后监管等方面推出了一系列创新性改革举措。

第三节　中国跨国企业的国际融资环境

国际融资环境是指中国跨国经营企业到海外融资时所面对的金融市场环境，主要包括货币市场环境、信贷市场环境与证券市场环境（含债券市场和股票市场环境）等。要想从海外金融市场上顺利地融到资金，除了企业自身应具备一定的条件外，还要全面把握海外融资环境中的金融机构、市场类型、法律规则、程序渠道、监管规定、中介机构等。

一、国际货币与信贷市场的发展

（一）国际货币市场

国际货币市场是国际金融市场的重要组成部分，主要功能是为短期资金在国际间的融通提供渠道。国际货币市场通常是指从事期限在一年以内（含一年）的短期资金融通的市场。世界各国的资金盈余者可以将其短期资金投放到国际货币市场上加以充分的运用，以获取最大的收益；而各国的资金短缺者在遇到临时性或季节性资金周转困难时，也可以利用这个市场来满足资金短缺的需要。根据不同的借贷方式，一般可将国际货币市场分为以下三类市场：

1. 银行短期信贷市场

银行短期信贷市场是由国际银行同业间的拆借与对工商企业提供短期信贷资金而形成的市场。目前，银行短期信贷市场业务主要以银行同业拆借为主，由持有多余头寸的银行将其头寸拆借给头寸不足的银行。同业拆借业务具有以下特点：交易期限短（最短的仅仅是隔夜，多则一周或三个月，最长的不超过一年）、交易金额大（如伦敦同业拆借市场每笔交易以25万英镑为最低限额）、交易手续简便（银行同业拆借通常不需要签订协议，也不需要提供担保品）、交易利率的非固定性和双向性。目前，在国际同业拆借市场乃至整个国际金融市场中最有影响的利率是伦敦同业拆借利率（LIBOR）。这是伦敦市场上第一流的银行相互间进行拆借的利率。在贷款协议中议定的LIBOR通常为指定的几家参考银行在规定时间（一般是伦敦时间上午11：00）利率报价的算术平均数。LIBOR现已成为国际金融市场浮动利率贷款的基准利率，一般都是在伦敦同业拆借利率的基础上，再加上一定的百分点（如LIBOR+0.05%）来确定。

2. 短期有价证券市场

短期有价证券交易市场是指在国际间进行短期有价证券的发行和买卖活动的市场。在这种业务中，交易的对象是各种期限在一年以内（含一年）的可转让流通的信用工具。政府、工商企业等可以通过发行或转让短期信用票据筹措资金，投资者则可以通过买卖短期信用票据而运用资金获取利益。各国的短期有价证券种类繁多，主要包括国库券、商业票据、银行承兑汇票、大额可转让定期存单。

3. 票据贴现市场

贴现市场是对未到期票据按贴现方式进行融资的交易市场。所谓贴现是指持票人将未到期的票据按贴现率扣除自贴现日到票据到期日的利息后，向贴现行换取现金的一种活动。通过贴现，持票人可以提前获得现款，贴现行等于是向持票人提供了一笔事先收取利息的贷款，所以贴现是短期资金市场上融通资金的一种重要方式。贴现业务的主要经营者包括经营贴现业务的商业银行和专门经营贴现业务的贴现公司。贴现的票据均为一年以内（含一年）的短期票据，包括商业承兑票据、银行承兑票据、国库券以及其他短期债券。持票人向贴现行办理贴现后，贴现行还可持票据再向中央银行进行再贴现。

（二）银行中长期信贷市场

银行中长期贷款的期限一般为1～5年或5～10年，有的甚至更长。借款方大多是世界各国私营或国营企业、社会团体、政府机构或国际组织；贷款方主要是商业银行。依据商定的贷款条件，借贷双方一般都要签订贷款协议，有的贷款还要借方国家的主要金融机构或政府担保。如果借款金额大、时间长，贷款方往往需要由几家、十几家，甚至几十家不同国家的银行组成银行集团，通过其中的一家或几家银行牵头共同向借款人提供贷款。这种银团贷款方式也称辛迪加贷款，目前这种提供巨额资金的贷款方式已成为国际中长期信贷的主要方式。

由于中长期贷款期限较长，利率的趋势较难预测，借款人和贷款人都不愿承担利率变化的风险，因此通常采用浮动利率，即每3个月或半年根据市场利率的变化进行一次调整。双方确定利率时，大多以伦敦市场银行间同业拆借利率（LIBOR）为基础，再加一定的加息率为计算标准。加息率的大小，一般因贷款金额的大小、期限长短、市场资金的供求及借款国和借款人的资信状况而有所不同。近年来，加息率最高达1.75%，最低为0.26%。有一点需要注意，贷款除还本付息外，还有其他的一系列费用，如承担费、管理费、代理费和杂费等。所以在筹措中长期银行贷款时，不能只考虑利率的高低，还要考虑它的综合成本，也就是利率加费用成本。

银行中长期贷款的方式主要有两种：独家银行贷款和银团贷款。独家银行贷款又称双边中期贷款，它是一国贷款银行对另一国银行、政府、公司企业提供的贷款，每笔贷款少则几千万美元，多则上亿美元，期限为3～5年。银团贷款一般是由几家银行联合向借款人提供资金的一种贷款方式，其主要特点是融资量大、风险小和专款专用。

二、国际证券市场及证券交易所

（一）国际证券市场的形成与发展

国际证券市场由国际证券发行市场和流通市场两部分组成，证券发行市场一般称为"初级市场"或"第一市场"，证券流通市场通常被称为"次级市场"或"第二市场"。由于股票是目前国际证券市场上交易量最大的有价证券，所以人们通常所称的证券市场一般是指股票市场。国际证券市场历史悠久，最早可以追溯到17世纪创立的荷兰阿姆斯特丹证券交易所。19世纪70年代以后，以股票为中心的证券交易所如雨后春笋般地发展起来，尤其是第二次世界大战以后，股票和债券交易量的大幅度增加，使世界上形成了诸如纽约、伦敦、东京、香港等许多著名的国际证券交易所。国际证券市场可以吸收大量社会闲散资金并使其在国际间进行合理的配置。国际证券市场已成为当代国际金融市场的重要组成部分。

（二）国际证券发行市场

国际证券发行市场是向社会公众招募或发售新证券的场所与渠道。由于发行市场卖出的是新印发并第一次出售的证券，所以被称为"一级市场"。证券发行市场由发行人、购买者和中间人组成。证券市场上的发行人一般是资本的使用者，即政府、银行、企业等；证券的购买者多为投资公司、保险公司、储蓄机构、各种基金会和个人等；中间人主要包括证券公司和证券商等。证券发行市场一般有固定的场所，证券既可在投资公司、信托投资公司和证券公司发行，也可在市场上公开出售。证券发行的具体方式有两种：一种是在证券公司等金融机构的协助下由筹资企业自行发行。另一种是由投资银行等承购商承购，然后由承购商通过各种渠道再分销给社会各阶层的销售者进行销售。当新证券发行完毕后，该新证券的发行市场也就自行消失。

（三）国际证券流通市场

国际证券流通市场是指转让和买卖那些已由投资者认购了的证券的市场，因此它也被称为"二级市场"。证券的发行市场是创造证券的市场和为融资者筹资的市场，它是流通市场产生的基础；而流通市场为投资者提供了转让和买卖证券的机会，满足了投资者渴求资本短期收益的欲望，从而起到了引导投资导向和变现的作用。证券流通市场一般有四种形式，即证券交易所、柜台交易、第三市场和第四市场。

1. 证券交易所

证券交易所是属于有组织的规范化的证券流通市场，这里的投资者必须通过经纪人按法定的程序从事证券的交易活动。交易所内买卖的证券也必须是经有关部门核准上市的证券。交易所内的证券交易集便利、迅速、公平、合法于一体（详细分析见其他部分）。

2. 柜台交易

柜台交易是指在证券交易所以外进行的交易活动，亦称场外交易。柜台交易的证券多属可以公开发行，但未在证券交易所登记上市的证券。柜台交易的数量没有起点和单位限制，不通过竞价买卖，交易者可以不通过经纪人直接买卖证券，而是按协议成交。柜台交易也有固定的场所，一般在证券经营商的营业处进行。由于柜台交易满足了不同类型和不同层次的证券投资者的需求，因而得以迅速发展。

3. 第三市场

第三市场是指非交易所会员从事大量上市股票买卖的市场，也就是说，交易的证券已经上市，但在交易所以外进行交易。第三市场是20世纪60年代出现的一种市场。在第三市场进行证券交易的投资者可以节省在交易所内应缴纳的佣金等交易费，因而这种市场的交易额占各种证券市场交易额总和的比重不断提高。目前，一些投资公司、基金会、保险公司等在第三市场上从事证券交易活动。

4. 第四市场

第四市场是指各种机构或个人不通过经纪人，直接进行证券买卖交易的市场。它实际上是通过计算机网络进行大量交易的场外市场。在第四市场上进行交易，不仅可以保持交易者的身份信息秘密和节省佣金等交易费用，而且成交迅速。第四市场上的交易活动，交易者往往互不知道对方的身份，通过将信息输入电脑来寻找客户。双方通过电脑进行磋商，最后达成交易。

（四）证券交易所

1. 证券交易所的组织形式

证券交易所是买卖和转让已核准发行的债券、股票等有价证券的交易场所，是一种大型的和有高度组织的交易机构。证券交易所属于二级市场，且是二级市场的主体。当前，世界上证券交易所的组织形式主要是公司制形式，以前存在的会员制形式已基本消失。公司制证券交易所是由投资者以股份有限公司形式设立的以营利为目的的法人机构，公司制证券交易所相当于一个以营利为目的的自负盈亏的私人公司，其收益主要来自发行证券的上市费和证券交易的手续费，目前世界各国的交易所多数属于公司制证券交易所。

2. 证券交易所的证券商

由于只有证券交易所的会员才能进入交易大厅进行证券买卖，因此对于大众投资者来说，他们没有资格进入交易所大厅进行证券买卖，只有委托证券商作为其经纪人代为买卖。在现代证券交易所中，证券商大致有以下六类：佣金经纪人（代理经纪人）、二元经纪人（交易所经纪人）、专家经纪人、债券经纪人、证券自营商和零股交易商。

3. 证券交易所交易的基本程序

在证券交易所进行证券交易的大多数投资者是通过经纪人买卖证券的。目前，国际上主要的证券交易所的交易程序大都经过以下几个步骤：①选择证券经纪人。证券投资者应首先在某一家证券公司选择一个经验丰富的符合自己要求的经纪人。②开立账户。即投资者到选定的经纪人公司办理开户手续。③委托。开立账户以后，投资者便可委托经纪人买卖证券，委托可以当面委托，也可以通过电话、电传或信函等形式进行委托，委托须填写委托书。④成交。经纪人接到委托指令后，马上到交易台前执行委托，在了解了行情以后，便可进行讨价还价。报价和竞价的方式目前主要有三种：即口头、填单和电脑。⑤清算。清算就是买卖双方在成交以后，通过证券交易所的清算公司将双方交易的数量和价格等进行核对并计算出差额的过程。⑥交割。交割即卖方交票、买方付款的过程。⑦过户。过户是办理证券所有权变更的过程。在成交以后，如果买方不打算在短期内卖出便可办理过户，过户仅限于记名的证券；如果买方买进是为了卖出，以赚取买卖差价，则不必办理过户手续。

三、国际主要债券市场及债券的发行制度与程序

从市场归类的角度来讲，国际债券市场属于国际证券市场的一部分，但是债券市场又有相对的独立性，债券的评级、发行和交易等有一些特殊的地方需要加以单独分析。

（一）国际债券的评级

国际债券评级是指由专门从事债券研究、统计和咨询的机构，根据债券发行者的请求，对债券发行企业支付的可能性和信用度进行等级评定。目前，国际上比较著名的债券评级机构有标准普尔、穆迪和惠誉国际。这些机构的评级规则大同小异，一般

是将债券分为三等，每一等中又分三级，即三等九级（见表2-1）。

表2-1　国际债券的评级与含义

债券评级	含义
AAA	等级中的最高级，表明债券发行企业的还本付息能力极高
AA	属高级，表明还本付息的能力很高
A	属中高级，表明还本付息的能力较强
BBB	属中级，表示具有一定的还本付息能力，但需要一定的保护措施
BB	属中低级，本金和收益缺乏足够的保障
B	属于较低级，本金和收益保障很小
CCC	属于低级，本金和利息没有保障
CC	经常违约，具有较高的投机性
C	属于最低级，不能承担还本付息的义务

在上述等级中，A级及以上表示信用较好，可进行投资；B级表示信誉一般或较差，BBB级在采取一定保障措施后尚可进行投资，BB级及B级最好不要购买；C级表示信誉很差至极差，属于根本不可投资的债券。债券评级的目的就是将发行者的信誉和偿债的可靠度公诸于投资者，使投资者可据此做出投资选择，以保护投资者的利益。债券评级是根据债券发行者的自愿申请而进行的，但未经评级的债券在国际证券市场上是难以找到销路的。在美国债券市场上，BBB级及BBB级以上级别的债券，能够被批准进入美国的扬基市场，也受投资者的欢迎。而BB级及BB级以下级别的债券，不会被批准进入美国的债券市场。

（二）国际主要债券市场

国际债券市场是发行和买卖国际债券的市场。国际债券市场也分为一级和二级市场。国际债券一级市场是新债券的发行市场，是各国政府、银行以及工商企业等为筹措资金，向社会发行债券的市场；国际债券二级市场是债券买卖的市场，亦即债券流通市场。债券二级市场的活动并不增加发行者的筹资额，却增强了债券的流动性和变现能力，二级市场对推动各类新债券的发行、活跃债券市场起到了重要的作用。当前，国际上主要的债券市场包括：

1. 美国债券市场

美国债券市场上发行的债券主要包括联邦政府债券、市政债券、公司债券和外国债券等几大类，这些债券分布在不同的债券市场，并通过各个证券交易所和场外自动报价系统进行交易。联邦政府债券市场分别由美国财政部和美国联邦代理机构发行，短期国库券、中期国库券和长期国库券是这种债券的主要品种。市政债券是由美国的州、县、城镇市政当局或其他公共机构，为筹措资金主要用于平衡当地政府预算，建设大型项目，兴建公共设施而发行的债券。公司债券顾名思义就是美国企业发行的债券，可以细分为固定和浮动利率公司债券、可转换公司债券、附权公司债券等。

外国债券即通常所称的"扬基债券"，是由外国筹资人在美国发行以美元为面值并还本付息的债券。这种债券的发行人为外国政府、外国企业或某些国际性组织。外国筹资者在美国证券市场发行债券，一般须向美国证券交易管理委员会注册，提供有关文件、资料，并须经过债券信用评级机构的信用评级。

美国是世界上最大的债券市场，不仅发行量很大，而且上市种类也很多，目前仅在纽约证券交易所上市的债券就有几千种。各类债券的交易主要通过场外自动报价系统和各交易所的债券交易系统进行，通过这些系统交易的债券的金额目前已占到全部债券交易额的90%以上。目前，美国债券市场的总规模大约是40万亿美元，而美国股市总规模是25万亿美元。在美国债券市场，美国国债是其最大的组成部分，总规模约为12万亿美元；第二大组成部分是公司债券，大约为9.7万亿美元。

美国债券市场具有以下几方面特点：①发行额大，流动性强；②期限长；③债券的发行者为机构投资者，如各国政府、国际机构、外国银行等；购买者主要是美国的商业银行、储蓄银行和人寿保险公司等；④无担保发行数量比有担保发行数量多；⑤由于评级结果与销售有密切的关系，非常重视信用评级。

2. 日本债券市场

日本债券的种类包括：国债、地方债、政府关联机构债、金融债、公司债和外债等。日本的外债实际上分为日元外国债券和外汇外国债券。

（1）日元外国债券，包括：①武士债券。武士债券是国外发债人在日本国内发行的以日元为面值的债券，一般来说，日元外债指的是武士债券。武士债券与其他外债不同之处是：这种外债与国内债同样要受到国内法律的约束。因此，买卖武士债券与其他国内债的交易方法没有什么不同之处。武士债券的一个显著特征就是全部为无担保发行。②欧洲日元债券。欧洲日元债券是指欧洲发行的日元债券，发债人不仅有海外的发行主体，也有日本的企业。欧洲日元债券的交易方法与外汇外国债的手续相同，不同之处是结算不用外汇而全部用日元，这点与国内债相同。目前欧洲市场日元债券的发行额仅次于美元债券。③大名债券。大名债券是武士债的一种，但其结构与欧洲日元债相同。从法律上讲大名债券属于国内债券，但其发行与交易的方法却以欧洲日元债为基准。发债人只限于有日本参加的国际组织，如世界银行、亚洲开发银行、非洲开发银行、美洲开发银行等。大名债券的显著特点是可以在欧洲金融市场上结算，从而使日本的非居民便于向日本债券投资。大名债券也可以说是国内债和欧洲日元债券的复合债券，它增强了日元外债的流动性。

（2）外汇外国债券。所谓外汇外国债券就是非居民发债人以日元以外的货币发行的债券，根据发行市场和货币种类可以分为以下几种：①国内市场发行的外汇外国债券。这种债券通常被称为"将军债券"。②国外市场发行的外汇外国债券。这种债券的发行主体有政府、金融机构、公司企业和国际机构等。日本国外市场实际上就是其他国家的国内市场。③外汇日本债券。外汇日本债券是日本发行主体如企业等在国外发行的外汇债券。这种债券始于1870年日本政府发行的英镑国债。日本政府现已在美国市场、欧洲市场、德国马克市场和瑞士法郎市场等世界主要国家市场发行外汇日本债券。

日本的债券发行市场由需求资金的债券发行人、供给资金的债券投资者、认购公司和受托公司等构成。日本的国债市场发行比较便利，但日本的公司债发行市场尚存在灵活性不足和成本较高等问题。日本债券的交易市场主要是以场外交易为中心的市场。场外交易占到债市交易的95%左右，而交易所的交易则只占5%。

3. 欧洲债券市场

欧洲债券市场包括以当地货币为本位的债券和以美元债券为主的欧洲离岸债券市场。在欧洲债券结构中，主要有欧洲美元债券、原西德马克债券、欧洲瑞士法郎债券、欧洲荷兰盾债券等。

欧洲美元债券是指在美国境外发行的以美元为面额的债券。欧洲美元债券在欧洲债券中所占的比例最大。欧洲美元债券市场不受美国政府的控制和监督，是一个完全自由的市场。欧洲美元债券的发行主要受汇率、利率等经济因素的影响。欧洲美元债券没有发行额和标准限制，只需根据各国交易所上市规定，编制发行说明书等书面资料。和美国的国内债券相比，欧洲美元债券具有发行手续简便、发行数额较大的优点。欧洲美元债券的发行由世界各国知名的公司组成大规模的辛迪加认购团完成，因而较容易在世界各地筹措资金。

欧洲日元债券是指在日本境外发行的以日元为面额的债券。欧洲日元债券的发行不需经过层层机构的审批，但需得到日本大藏省的批准。发行欧洲日元债券不必准备大量的文件，发行费用也较低。

欧洲马克债券是指在德国境外发行的以马克为面额的债券。欧洲马克债券在欧洲债券总额中的比重也呈不断提高的趋势，其原因主要是因为德国经济实力的日益增强和马克的日益坚挺。

欧洲债券市场的特点有：①债券的发行者、债券面值和债券发行地点分属于不同的国家。②债券发行方式以辛迪加为主。③高度自由，债券发行一般不需经过有关国家政府的批准，不受各国金融法规的约束。④不影响发行地国家的货币流通。⑤货币选择性强。发行欧洲债券，既可在世界范围内筹资，同时也可安排在许多国家出售，而且还可以任意选择发行市场和债券面值货币，筹资潜力很大。⑥债券的发行条件比较优惠。其利息通常免除所得税或者不预先扣除借款国家的税款。此外，它的不记名的发行方式还可使投资者逃避国内所得税。⑦安全性较高，流动性强。欧洲债券市场的主要借款人是跨国公司、各国政府和国际组织。这些借款机构资信较高，故对投资者来说比较安全。同时该市场是一个有效的和极富有活力的二级市场，持券人可转让债券取得现金。⑧市场反应灵敏，交易成本低。⑨金融创新持续不断。欧洲债券市场是最具有活力的市场之一，它可以根据供求情况，不断推出新的或组合产品，并以此把国际股票市场、票据市场、外汇市场和黄金市场紧密地联系在一起，有力地推动国际金融一体化与世界经济一体化。

4. 瑞士外国债券市场

瑞士外国债券是指外国机构在瑞士发行的瑞士法郎债券。瑞士是世界上最大的外国债券市场，其主要原因是：①瑞士经济一直保持稳定发展，国民收入持续不断提高，储蓄不断增加，有较多的资金盈余；②苏黎世是世界金融中心之一，是世界上最大的黄金市场之一，金融机构发达，有组织巨额借款的经验；③瑞士外汇完全自由兑换，资本可以自由流进流出；④瑞士法郎一直比较坚挺，投资者购买以瑞士法郎计价的债券，往往可以得到较高的回报；⑤瑞士法郎债券利率低，发行人可以通过互换得到所需的货币。

　　瑞士法郎外国债券的发行方式分为公募和私募两种。瑞士银行、瑞士信贷银行和瑞士联合银行是发行公募债券的包销者。私募发行没有固定的包销团，而是由牵头银行公开刊登广告推销，并允许在转手市场上转让。但是至今为止，瑞士政府不允许瑞士法郎债券的实体票据流到国外，必须按照瑞士中央银行的规定，由牵头银行将其存入瑞士国家银行保管。

（三）主要西方国家的债券发行制度及程序

1. 债券发行的制度

　　世界各国的证券主管机关对债券发行都采取审核制度。审核方式主要有两种：一种是核准制，一种是注册制。

　　（1）核准制。核准制是按照"实质管理原则"，由主管机关规定若干核准条件，其中包括：发行人的性质，管理人员的资格和能力，发行人的资产负债结构，发行中介机构所得的报酬，债权人和债务人的权利与义务，募集资金投向，资料公开是否充分和真实等。发行人在符合债券发行基本条件的同时，每笔债券发行都需报请主管机关批准，按核准条件审查许可后，债券才能发行。

　　（2）注册制。注册制即按照公开原则，只要符合由主管机关规定的债券发行的法定条件，并依照法定程序注册的，主管机关就必须认可该债券的发行。登记注册须经主管机关审查；如发现有严重失实、遗漏、虚报，则发出终止命令，终止其注册；如属一般情节，则通知注册人加以纠正。未予注册或自动生效日之前，发行人不得发行债券。

2. 债券发行的程序

　　债券发行的程序分为政府债券的发行程序和公司债券的发行程序。下面重点介绍公司债券的发行程序。

　　公司债券的发行程序以发行人和承销商谈判为界，可以分为两个大阶段：第一阶段为债券发行的准备阶段，主要是公司内部就发行债券的金额、用途等问题进行研究决策；第二阶段为债券发行的实施阶段。

　　（1）公司债券发行的准备阶段。一方面需要制定发行文件，在文件中说明债券发行所筹资金的用途、期限、利率、发行范围、发行方式、公司现有资金、收益分配状况、筹资项目的可行性研究或经济效益预测、还本资金来源等；另一方面还要由公司董事会通过决议，而且要由2/3以上董事出席以及超过半数的出席董事通过方有效，董事会的决议应决定公司债券发行的总额、券面金额、发行价格、利率、发行日、偿还期限和偿还方式等内容。

（2）公司债券发行的实施阶段。发行债券的公司在董事会就发行的主要事项形成原则性决议之后，开始进入债券发行的实施阶段。一般需经过以下几个步骤：①债券的信用评级。公司发行债券首先要由债券评级机构对其所发行的债券进行评级。②发行人与承销商就承销问题举行谈判，确定发行的主要问题：发行债券的总额；债券的发行方式，是公募发行还是私募发行；就发行条件达成协议，包括发行数量、债券到期日、票面利率及承销商的报酬等；确定承销方式。③组织承销团。如果发行债券的数量大，承销商将组成承销团。④申报发行及办理各种发行手续。在多数国家，公司发行债券都须向主管部门申请注册，未经批准不得发行债券。申报发行包括呈报债券发行申报书、印制债券认购申请书、撰写并公布债券发行公告等环节。⑤向公众出售债券。

（四）国际债券清算机构与清算程序

目前，国际上有两大债券清算机构，即欧洲清算系统和塞德尔国际清算机构。欧洲清算系统成立于1968年，总部在布鲁塞尔，它是一个股份制机构，现有股东125个，主要从事债券的清算、保管、出租和借用，并提供清算场所等业务，该系统还在世界上16个国家和地区设立了分支机构。塞德尔国际清算机构也是一个股份制机构，它成立于1970年，总部设在卢森堡，它与欧洲很多国家的银行建立了清算代理关系，其业务范围与欧洲清算系统大致相同。上述两家清算机构均有各种现代化的设施。目前国际债券交易的清算，绝大部分是通过这两个机构进行的，它们已发展成为当今世界两家最大的清算机构。

国际债券的清算大致有以下几个程序：

（1）开立债券清算账户和货币清算账户。申请加入清算系统的银行或证券公司必须开立债券清算账户和货币清算账户。债券清算账户是用于债券面额的转账，而货币清算账户是用于买卖债券时，按市场价格和生息后计算出的总额转账。因为国际债券交易既转移所有权，还要按以市场价格计算出的等值货币支付。

（2）发送债券清算指示。债券买卖成交以后，买卖双方分别向其清算机构发送清算指示。清算指示主要包括清算机构名称、买入或卖出债券的种类、买入或卖出对象、成交日期、结算日期、债券的面额和币种、成交价格、生息与否、货币总额、清算指示发送者名称和发送日期等。

（3）核对清算机构发回的有关交易细节的报告，以便及时纠正。

（4）在结算日进行内部账务处理。

（5）核对清算机构的对账单，如有不符，可立即向对方和清算机构查询，如无异议，应制作对账平衡表。

四、国际主要股票市场及上市标准与步骤

（一）香港联合交易所

香港联合交易所有限公司（简称"香港联交所"）是香港交易所旗下全资附属公司，有主板和创业板两个市场。主板主要吸纳规模较大、成立时间较长、具备一定盈利记录的公司。创业市场是1999年11月新设立的一个股票市场，主要为高速增长但可能缺乏盈利记录的公司提供融资机会。要想在这两个市场申请上市，必须满足香港联交所制定的不同上市标准和上市步骤。

1. 上市标准

香港主板市场和创业板市场的上市标准具体比较如表2-2所示。

表2-2　香港两大市场上市标准比较

项目	创业板	主板
接受注册地区	中国香港地区、百慕大、开曼群岛及中国内地	中国香港地区、百慕大、开曼群岛及中国内地
业务记录	2年活跃记录	3年
业务目标声明	有须公布"业务目标声明"的要求	无此要求
业务范围	必须有主营业务，综合性企业、投资公司及单位信托基金不容许上市	可允许综合性企业、投资公司及单位信托基金上市
盈利要求	没有最低盈利要求	最低盈利要求：首两年合计3000万港元；最近一年2000万港元
盈利预测	并非必须做出盈利预测	无此要求，但鼓励公司做出盈利预测，而公司一般编制此项预测
最低公众持股量	市值不超过40亿港元，公众持股最低为25%，且不少于3000万港元；市值超过40亿港元，最低为20%，或公众持股市值达10亿港元	25%或5000万港元，两者取其高（如市值超过100亿港元，联交所可接受15%～25%之间较低百分比）

续表

项目	创业板	主板
业务竞争	控股股东如拥有与上市公司竞争的业务须全面披露	控股股东如拥有与上市公司竞争的业务，一般认为不适合上市
包销	非必须进行包销	必须包销
上市后资料披露	年度报告：3个月内公布	年度报告：5个月内公布
	中期报告及月度报告：45天公布	中期报告：3个月内公布，无季报
	在上市首两个财政年度内，发行人需在年报/中期报告中把在上市文件列明的业务目标及发展进度做一比较	
公司管治	2名独立非执行董事	2名独立执行董事（至少1名常居于香港）
	1名香港会计师公会或其认可的有资格的会计师行使监督公司财务、会计及内部监督的职能	无此要求
	1名执行董事为监察主任	需要2名执行董事常居于香港
	成立审核委员会，有1名独立非执行董事出任主席，其大部分成员应为独立人士	成立审核委员会，成员中最少2名非执行董事，其中大部分应为独立董事
上市后保荐人的聘用	发行人须于上市后至少两年内保留1名保荐人；保荐人须符合下列条件：（1）根据公司条例注册成立或登记的有限公司；（2）已获香港证监会发出的投资顾问或证券商执照；（3）实缴资本及非可供分派储备至少达到1000万港元；（4）3年内不曾受监管机构谴责	须遵守保荐人标准守则，并为联交所认可；公司上市后，保荐人工作完成（H股发行人须于上市后至少1年内保留1名保荐人）
其他	至少拥有2名全职主要主管，每人在业内具有5年有关主板上市经验及曾为至少2家公司申请上市；至少拥有2名全职助理主管，每人须具备3年企业财务经验；主要主管及助理主管均须向证监会分别注册为投资顾问/证券交易商及投资顾问代表/证券交易商代表	

一般而言，创业板市场的上市标准比主板市场的标准相对宽松，其中最大差别是不设盈利要求。当然，创业板市场也有一个特殊要求，就是必须主营一项业务，主板市场则没有这项要求。

2. 上市步骤

第一步：委任保荐人及其他专业顾问。委任有经验的专业顾问团队是新股成功上市的关键。专业顾问一般包括保荐人及包销商、外国及本地律师、会计师等。上市申请人须于提交上市申请前至少两个月委任保荐人，并于委任后5个营业日内书面通知香港交易所。公司必须征询专业顾问团队的意见，以商讨公司是否适合上市、上市所需时间和费用及在上市后将面对的问题、挑战与持续责任。

第二步：筹备上市流程。专业顾问对公司进行尽职审查，并协助拟备招股章程（此阶段的招股章程拟稿亦称"申请版本"）。招股章程须载有一切所需资料，能让投资者做出有根据的投资决定。

第三步：向上市部提交上市申请（"A1"，包括申请版本）。假若A1的资料大致完备，上市部会确认收悉，并在网站登载中英文申请版本。

第四步：上市部审阅申请。上市部其后会对A1进行详细审核，评估公司是否符合上市资格、是否适宜上市、业务是否可持续、公司是否遵守规条以及做出充分披露。首轮意见会于接获申请后10个营业日内发出。上市时间并没有一个预设的时间表，主要取决于公司回复的时间及质量。

第五步：上市委员会聆讯。上市委员会审阅新上市申请，确定申请人是否适合进行首次公开招股。（在创业板上市没有这一步）

第六步：推广期。包销商一般会协助公司筹备推广活动，包括投资者教育及新股路演。

第七步：在香港联交所上市。成功定价及分配股份给机构投资者和散户后，公司便会在香港联交所上市及进行买卖。

中国内地企业赴香港特别行政区（以下简称"香港"）上市的国内程序（以主板市场为例）。中国内地企业赴香港上市，除了要遵守上述的程序外，还要报中国证券监督管理委员会（以下简称"中国证监会"）审批。国内审批程序主要包括以下两个方面的内容：

第一，公司申请境外主板市场上市须报送的文件：①申请报告。内容应包括：公司演变及业务概况，重组方案与股本结构，符合境外上市条件的说明，经营业绩与财务状况（最近三个会计年度的财务会计报表、本年度盈利预测及依据），筹资用途。申请报告须经全体筹委会成员签字，公司或主要发起人单位盖章。同时，填写境外上市申报简表。②所在地省级人民政府或国务院有关部门同意公司境外上市的文件。③境外投资银行对公司发行上市的分析推荐报告。④公司审批机关对设立股份公司和转为境外筹集公司的批复。⑤公司股东大会关于境外募集股份及上市的决议。⑥国有资产管理部门对资产评估的确认文件，以及国有股权管理的批复。⑦国有资源管理部门对土地使用权评估确认文件，以及土地使用权处置方案的批复。⑧公司章程。⑨招股说明书。⑩重组协议、服务协议及其他关联交易协议。⑪法律意见书。⑫审计报告、资产评估报告及盈利预测报告。⑬发行上市方案。⑭中国证监会要求的其他文件。

第二，申请及批准程序：①公司在向境外证券监管机关或交易所提出发行上市初步申请（如向香港联交所提交A1表）3个月前，须向中国证监会报送上述第一点中①到③文件一式五份。②中国证监会就有关申请是否符合国家产业政策、利用外资政策以及有关固定资产投资立项规定会商国家发展与改革委员会和商务部。③公司在确定中介机构之前，应将拟选中介机构名单书面上报中国证监会备案。④公司在向境外证券监管机构或交易所提交发行上市初步申请5个工作日之前，应将初步申请的内容（如向香港联交所提交A1表）报中国证监会备案。⑤公司在向境外证券管理机构或交易所提交上市正式申请（如在香港联交所接受聆讯）10个工作日前，须向中国证监会报送上述第一点中④到⑭文件一式两份。中国证监会在10个工作日内予以审核批复。

（二）纽约证券交易所、纳斯达克交易所和美国证券交易所

在海外证券交易所上市也是中国企业海外融资的一个重要途径。中国证监会规定，中国公司申请海外上市必须符合如下条件：净资产不少于4亿元人民币，过去一年税后利润不少于6000万元人民币，并有增长潜力，按合理预期市盈率计算，筹资额不少于5000万美元；公司内部管理完善，组织结构规范，有可靠的外汇来源来支付股息和红利。

在美国的十多家证券交易所中，纽约证券交易所（NYSE）、纳斯达克交易所（NASDAQ）和美国证券交易所（AMEX）是主要的三大证券交易所，也是美国股市的基本构成单位。下面介绍在这三大证券交易所上市的基本标准和在纳斯达克上市的主要步骤。

1. 上市标准

美国三大证券交易所在上市标准方面有所差异，具体参见表2-3。

表2-3　美国三大证券交易所原始股首发（IPO）的上市标准比较

	NASDAQ小型资本市场	NASDAQ全国资本市场	美国证券交易所	纽约证券交易所
资产状况	股东权益达500万美元，或股票市值达到5000万美元，或持续经营的业务利润达75万美元（最近3年中的2年或最近1年）	股东权益达1500万美元（准则1），股东权益达3000万美元（准则2），不适用（准则3）	股东权益达400万美元	不适用
税前盈利	无	100万美元（准则1），不适用（准则2），7500万美元（准则3）	75万美元	1亿美元（最近2年内每年不少于2500万美元）
最低公众持股量	100万股	110万股	50万股	250万股
公众持股总市值	500万美元	800万美元（准则1），1800万美元（准则2），2000万美元（准则3）	300万美元	1亿美元
最低招股价	4美元	5美元	3美元	无要求
做市商数量	3个	3个（准则1），3个（准则2），4个（准则3）	3个	无要求
公众持股人数	300个	400个	400个或800个	5000个
经营年限	1年或市值5000万美元	不适用（准则1），2年（准则2）不适用（准则3）	无要求	无要求
公司治理	有要求	有要求	有要求	有要求

资料来源：根据www. nasdaq-amex. com；www. amex. com；www. Nasdaq. com；www. nyse. com等网站资料整理。

2. 上市步骤

对于中国公司而言，在美国上市有两种途径：一是直接上市，即首次公开在美国证券市场发行股票（IPO），这种程序比较复杂，要求较高；二是间接上市，即通过买壳或借壳上市。下面以直接上市为例介绍在美国纳斯达克市场上市的主要步骤：

第一步：企业做出上市融资决议。企业应召开董事会会议，并由董事会批准上市决议。

第二步，取得法律认可。根据中美已达成的上市备忘录，要求上市公司提供在中国有执业资格的律师事务所出具的法律意见书，这意味着上市公司必须取得国内主管部门的法律认可。

第三步：组建上市顾问团队。在董事会做出上市融资决议后，企业应组建一个包括证券公司（有协助过该行业的其他公司上市的经验以及销售能力）、法律顾问（具有美国的执业资格且有证券业务方面的丰富经验）和会计师（应对中国的会计准则有全面了解，以便调节若干数据以符合美国会计准则的报表要求）在内的上市顾问团队。

第四步：开展尽职调查。公司将在上市顾问团队的协助下进行公司的管理、运营、财务和法务方面的全方位、深入的尽职调查。尽职调查将为公司起草注册说明书和招股书以及路演促销等奠定基础。

第五步：提出申请进行注册审批。由上市公司、公司选任的会计师和律师、承销商（券商）律师等共同准备注册说明书的初稿，向美国证券交易委员会（SEC）及上市所在州的证券管理部门提出上市申请。美国证券法要求，证券在公开发行之前必须向美国证券交易委员会提交注册说明书进行注册登记，并且向大众投资人提供一份详尽的招股书。美国证监会在30天内审查注册说明书。如是首次注册的公司，证监会往往会要求多次修改。美国证监会审查批准注册说明书的最后一稿后，将宣布注册说明书生效。对第一次的注册人来说，从第一次递送到宣布生效，需要4~8周的时间。

第六步：提交正式招股书。在这一时期，公司不得向公众公开招股计划及接受媒体采访，否则董事会、承销商及律师等将受到严重惩罚。当公司再将招股书报送美国证券交易委员会两三周后，就可得到上市回复。

第七步：路演与定价。在得到美国证券交易委员会的上市回复后，公司就可准备路演，进行招股宣传和定价。路演的目的是激发投资人的投资兴趣，一旦路演结束，最终的招股书将印发给投资人。最终定价一般是在招股的最后一天确定，主要由承销商和公司两家商定，其依据主要是可比公司的市盈率。

第八步：招股与上市交易。定价结束后就可向机构投资者公开招股，几天之后股票即可在纳斯达克市场挂牌交易。

（三）新加坡交易所

新加坡交易所的前身是新加坡证券交易所，成立于1973年5月24日。1999年12月1日与新加坡国际金融交易所合并，更名为新加坡交易所。新加坡交易所市场有两个板块，即第一级（主板）和新加坡自动报价与交易系统SESDAQ（二板）。由于新加坡主板市场和二板市场设立的目的有所差异，外国公司要想在这两个市场上市，应遵守不同的操作程序。

1. 上市标准

（1）新加坡主板上市标准。无论是在新加坡本地还是在外国注册的公司，如果寻求在新加坡交易所主板上市只需要满足以下三项标准的任何一项（见表2-4）：

表2-4 新加坡交易所主板标准

	标准1	标准2	标准3
税前盈利	最近3年的累计税前利润超过750万新元，同时该3年每年的税前利润均超过100万新元	最近一年或2年的累计税前利润超过1000万新元	无
市场总值	无	无	根据发行价格，在公开发行时的资本总市值至少为8000万新元
业务经营记录	3年	无	无
股东人数	第一上市有不少于1000名的公众股东；如果是第二上市，全球股东至少2000名		
股东分布	市值相等或不超过3亿新元：占已发行股本的25%；市值介乎于3.01亿新元至4亿新元：占已发行股本的20%；市值介乎于4.01亿新元至10亿新元：占已发行股本的15%；市值超过10亿新元：占已发行股本的12%		
股权禁售期	上市发起人的全部股份在上市后的6个月内不得出售（条件1和条件2）而在其后6个月内，最少为原持股量的50%（条件3）		
财政状况及流动资金	财政稳健，营运资金充裕；董事和主要股东及其控制的公司所欠的所有债务必须结算		
董事及管理层	至少要有两名与发行人没有任何重大业务和财务往来的独立非执行董事；如属海外发行人，最少要有两名独立董事，其中一名必须在新加坡居住；须设立审核委员会		
财务报告	新加坡、美国、国际会计准则		

（2）新加坡创业板上市标准。新加坡创业板始于1987年，是为了帮助有潜力的中小型公司在股票市场募集资金而设立的。这一市场的上市标准具体包括：

第一，税前利润：无要求，但业务具备可行性、营利性并具有发展潜力。

第二，已缴资本：无要求。

第三，营业记录。没有营业记录的公司必须证明其募集资金是用于项目或产品开发，该项目或产品必须已进行充分研发。

第四，售股量及其股权分布。发行不少于15%股份或50000股份（两者取较高者）。有不少于500名的公众股东。

第五，健全的财务状况，充足的营运资金。

第六，在特殊的情况下，短期或毫无营业记录的公司亦可挂牌上市。

第七，管理层的延续性。

第八，至少委任两名与公司营业及财务方面毫无往来的独立董事。

（3）新加坡二板市场向主板市场转移的条件。从上文可以看出，新加坡主板上市的三个标准都比创业板的条件严格得多。如新加坡创业板对税前利润几乎没有要求，而且对股东分布等也没有要求。新加坡证券交易所定期对二板市场向主板的转移进行考察，已符合主板上市资格的二板上市公司需向交易所递交书面申请，在符合以下条件后即可转至主板上市：

第一，在SESDAQ市场已上市至少两年。

第二，符合主板上市公司关于最小股本和盈利记录的要求。

第三，公司需要增加发行股本和实收股本比例，已符合主板最小股东方面的要求。

第四，股东分布符合要求，且无须再对其股份作市场销售，公司可在向股东寄发公告之后宣布其股份转入主板交易。

第五，公司需要在其转入主板时交纳主板上市年费。

第六，公司必须向交易所提供遵守主板有关要求的政策保证书。

2.上市步骤

（1）新加坡主板上市流程。第一步，聘用主理银行。拟上市公司需指定一个在新加坡的金融机构担当保荐人和主理银行，一般情况下若某银行愿意成为主理银行，则上市的成功率会大大增加。

第二步，筹备、验证。主理银行就新加坡交易所上市要求给予建议并帮助准备上市。主理银行在这一阶段主要负责的工作包括：确定上市目标，解决主要的税务及重组课题，拟定时间表，提名及成立简报和工作小组，准备招股说明书，全面审核及财务稽核。

第三步，送件、报批。主理银行代表公司递交上市申请表给新加坡交易所并负责与新加坡交易所接洽，同时与公司和其他专业人士回答新加坡交易所的询问。如申请资料大致齐全，新加坡交易所会在4~5个交易周批准申请。复杂个案可能需要较长时间。

第四步，售股准备。得到新加坡交易所批准后，首先，主理银行与公司一起研究公司的市场定位，作为宣传的参考；其次，规划并实施上市路演，拜访具有影响力的投资者；最后，将招股书呈交给公司注册局。上述工作需要2～3周时间。

第五步，公开认购。留5个工作日供公众认购，在公众认购后进行抽签和分配股票。在认购截止两天后，公司股票正式上市交易。

（2）新加坡创业板上市流程。第一步，开展申请上市前的准备工作。这个阶段大概需要4个月。该阶段的工作包括拟定上市计划，实施公司重组，相关中介机构展开尽职调查，发现公司存在的上市障碍并提出解决方案，制作上报新加坡交易所和金融管理局的文件等。

第二步，申请上市。完成准备工作后，由经理人代表公司向新加坡交易所申请上市。在提呈申请书时，必须附上一些文件，这些文件包括由律师起草的招股书和由新加坡的会计师事务所按照新加坡或国际会计准则起草的会计报告。会计师报告一般应涵盖3个财政年度的财务资料。新加坡交易所审查处理上市申请需要4～6周时间。在此期间，经理人与公司其他专业人士应回答交易所的问题。

第三步，新加坡交易所批准。新加坡交易所进行认真审查后，其答复可能有三种：一是不批，公司可以重新申请，但需针对不批理由进行改组，前提是经理人对公司还有信心；二是有条件批准，公司要满足条件后再报新加坡交易所；三是批准。

第四步，公开发售前的准备。获得新加坡交易所审批通过后，即开始公开发售前的准备工作。这一阶段大约需要两周，其中主要工作是经理人及公司决定公开发售价，签署包销或私下发售股票协议，提呈售股计划书草稿供交易所和金融管理局批阅，向公司注册局注册售股计划书，以及为公开售股进行宣传。

第五步，公开发售股票。通常公开招购时间为7个交易日。发行结束后公布中签情况和分配股份。股份的交易通常在发行结束后的第二个交易日开始。

已经在新加坡境外证券交易所上市的外国公司可以在新加坡证券交易所作第二上市。这类公司也需要指定一家新加坡公司做其经理人。假如该公司要公开发售证券，其上市程序和申请第一上市的程序类似。如果该公司不需要公开发行证券，其上市要求将放宽，对其审核的期限也较短，但公司在上市时需要提供一份信息备忘录，而不是上市招股书。

第四节　小　结

融资环境是一个复杂的生态圈，里面涉及了政治、经济、法律等诸多要素。所属范围不同，融资环境也会存在很大的差异。根据前面三节对国内外融资环境的比较得出以下结论：

第一，相比于国内融资环境，国际融资环境更为复杂。国内融资环境仅涉及单一国家，企业对当地经济环境熟悉，融资程序操作起来相对容易；而国际融资环境涉及多方经济体，具体融资程序烦琐且复杂。

第二，相比于国际融资环境，国内融资环境更容易受到政府政策的干扰。国内融资环境存在一定的政策导向，企业融资的难易程度受政策左右；而国际融资环境则更像一个市场经济，各大主体相互制约，融资环境难易度比较容易预测。

· 案例 ·

2.1　中信保承保安哥拉"卡卡项目"

一、案情介绍

2015年6月，中国葛洲坝集团承建的安哥拉卡古路·卡巴萨水电站（以下简称"卡卡项目"）项目成功签约，并于2017年8月正式开工。该项目是目前中资企业在非洲承建的最大规模水电站项目，中国出口信用保险公司（以下简称"中信保"）为其承保金额达63.26亿美元。

卡卡项目堪称"非洲三峡工程"。卡卡水电站建成后将满足安哥拉50%以上的用电需求，库区形成后可大幅改善水资源利用条件，建设高峰期也将为当地提供近万个就业岗位。同时，"卡卡项目"也是中国葛洲坝集团和中信保积极响应"一带一路"倡议的重要标志。

二、案情分析

在准备承接卡卡项目的过程中，中国葛洲坝集团面临着时间紧迫、外部竞争激励的双重压力。但在中信保的大力协助与支持下，葛洲坝集团最终获得了该项目的承建权。

第一，项目融资前期，中信保启动海外市场开发机制，成立专门从事海外市场整体开发的融资机构，协助葛洲坝集团与安哥拉财政部签署了框架合作协议。期间，中信保精心设计对安哥拉合作项目的支持方案，多次派员远赴安哥拉与客户商洽融资保险条件。

第二，项目融资后期，中信保积极与葛洲坝集团及相关银行反复研究商务和融资结构，形成了各方接受的合作方案。最终在中信保为葛洲坝集团提供出口买方信贷保险的前提下，葛洲坝集团获得了该项目的承建权。

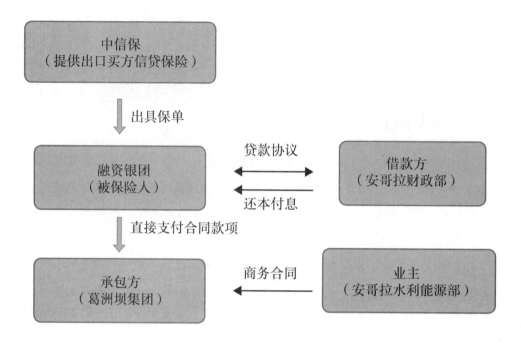

图 2-1　安哥拉卡卡项目融资结构

三、总结与启示

中国葛洲坝集团在承建安哥拉卡卡项目过程中，积极利用中国国内政策性融资，对于企业发展及海外融资业务的开拓创新具有深远的意义。第一，加深了中安两国的友谊，并为后续中国企业在安哥拉甚至非洲开展投资业务提供了更好的合作平台。第二，该项目是中国政策性保险公司的一个重要尝试。在卡卡项目的整个融资过程中，中信保由被动变主动，积极参与并努力配合葛洲坝集团制订财务融资方案，有力推进了该项目的融资进程。同时，该案例也显示出了国内政策性金融机构正积极做出调整，以更好地服务于中国企业海外融资活动。

· 案例 ·

2.2　中国电力建设集团境外发行高级永续债券

不同于国内融资，境外融资可直接用于境外项目投资建设，不受跨境汇款的外汇管制限制，资金调度灵活，后期管理成本低。2017年6月，中国电力建设集团有限公司成功在境外发行5亿美元高级无抵押永续债券。

一、案情介绍

随着中国海外投资企业日益增多，境外资金需求也越来越大。据统计，中国带资承包项目约占国际工程承包市场的65%。对于将海外业务重点设在发展中国家的中国电力建设集团（以下简称"中国电建"）来说，境外资金需求更是不容小觑。

考虑到在中国进行融资会面临较高的融资成本，中国电建积极进行海外筹资，成为中国企业布局海外资本的先行者。2017年6月，在建银国际的协助下，中国电建于境外发行5亿美元高级无抵押永续债券。

二、案情分析

1. 编制工作计划。主要通过沟通发债事项、确定发债形式和成立发债小组三步完成。

2. 发债事项的审批与备案。债券发行涉及公司层级审批与备案9项、政府主管部门审批与备案5项（发改委备案与登记1项、外管局登记1项、国资委登记1项、商务部备案1项、香港联交所审批1项）。

3. 组建中介机构团队。

4. 尽职调查。在整个债券发行的过程，主承销商、信托人、承销商律所、发行人律所对发行主体及担保主体进行了持续的尽职调查，直至债券交割完成。

5. SPV注册。根据安排，中国电建海投公司选择英属维尔京群岛为注册地，设立发债（SPV）公司。SPV公司除了正常的债券发行、资金拨付、还本付息外，无其他业务，还本付息后该公司注销。在日常维护方面，聘用专门律所负责法律维护，除维护机构存续所需的少量法律费用外，无专职人员及经营场所等管理费用开支。

6. 评级。聘请穆迪公司和惠誉国际各自开展评级工作。

7. 商签交易文件。

8. 路演定价。

三、总结与启示

第一，精准把握市场机遇。中国电建积极抓住2017年美联储加息周期下的小窗口，保证在完成境外融资的同时降低资金成本、减少财务压力；境外美元永续债更适合海投公司发展，在保证公司低成本资金建设需求的同时，可有效降低资产负债率。

第二，与承销商紧密配合。在整个融资过程中，融资策略的制定离不开承销商的积极配合。在这一境外筹资过程中，建银国际作为联席全球协调人、联席账簿管理人及联席主承销商在协助中国电建在境外发行债券过程中提供了巨大的支持与帮助。

第三，坚持稳健中带有积极的营销策略。在路演过程中，中国电建加强与投资者的互动，使投资者充分了解集团海投业务发展情况和财务状况，以公开透明的方式赢得投资者的信任。

第三章 中外跨国公司的融资方式

　　融资已经成为世界各类企业特别是跨国公司成长壮大和开展经营活动的重要基础与手段。近年来，随着经济全球化的深入和科学技术的飞速发展，企业跨国融资的规模越来越大，融资方式不断创新。开展跨国经营活动的中国企业，不仅要熟悉常规的企业融资方式，还要了解和把握新兴的企业融资方式，通过选择适合本企业的融资方式，开展有效的国际融资活动，加快企业的国际化进程。

第一节　企业的常规融资方式

　　企业的常规融资方式包括贷款融资、债券融资、股权融资等。本节将具体分析这一系列融资方式。

一、贷款融资

（一）贷款融资的含义

　　贷款融资最常见的形式是银行贷款融资，它指银行以一定的利率将资金贷放给资金需求者，并约定期限归还的一种经济行为。

　　在贷款融资方式下，资金提供方不是以投资者的身份，而是以债权人的形式进入资金需求方的企业或个人。债权人从某种程度上不分享企业的利润，只获取固定利息收益。银行贷款到期必须还本付息，企业利润多少、回报率高低都与银行无关。银行也不承担企业的风险。在很多国家，银行贷款在公司企业融资总额中所占比重都是最高的。如果需要一种风险低、成本小的资金，银行贷款是最合适的。

（二）**贷款融资的特点**

1. 融资速度快

银行贷款是企业与银行之间直接协商的结果，因此借款的手续比较简单，得到借款所花费的时间比较短，筹资的速度比较快。

2. 灵活性较强

企业向银行申请贷款时，企业可以与银行直接交涉，有关的条件由双方谈判协商决定。在借款期间，如果相关情况发生了变化，企业也可以与银行协商，改变借款的金额或条件。因此银行贷款具有较强的灵活性。

3. 融资成本较低

银行贷款的融资费用较低，利息较低，同时银行贷款利息可以进作为成本，取得所得税前抵减效应，从而可以减轻税负。因此银行贷款的融资成本较低。

4. 限制较多

银行为了保护自身的财产安全和降低经营风险，保证存、贷款的正常流转，一般都要制定相应的保护型条款，这自然就构成了对企业使用贷款的约束。

5. 借款数量有限且有财务风险

企业利用银行贷款融资，贷款金额受到限制，只能从银行筹措到一部分资金。同时银行贷款融资还将带来一定的财务风险。如果企业经营不善，大量的负债将加大企业破产的机会。

（三）**贷款融资的程序**

1. 借款人提出贷款申请

借款人直接提出书面申请，填写贷款申请书。申请书的内容应当包括贷款金额、贷款用途、偿还能力及还款方式，同时还须向银行提交以下材料：

（1）借款人及保证人基本情况；

（2）财务部门或会计师事务所核准的上年度财务报告，以及申请贷款前一期财务报告；

（3）原有不合理占用贷款的修正情况；

（4）抵押物、质物清单和有处分权人的同意抵押、质押的有关证明文件；

（5）项目建议书和可行性报告；

（6）银行认为需要提供的其他有关材料；

（7）固定资金贷款要在申请书后附可行性研究报告、技术改造方案或经批准的计划任务书、初步设计和总核算。

2. 银行审批

（1）立项。调查人员确认审查目的，选定主要考察事项，制订并开始实施审查计划。

（2）信用评估：调查人员根据贷款人的领导人素质、经济实力、资金结构、履约情况、经营效益和企业发展前景等因素确定贷款人的信用等级。这种评估由银行信贷具体负责人或者有关部门批准的评估机构进行。

（3）可行性分析：调查人员对发现的问题探究原因，确定问题性质及可能影响的程序。其中，对企业财务状况的分析最为重要。

（4）综合判断：审查人员对调查人员提供的材料进行核实，判断企业目前状况及中长期的发展、盈亏状况，重新推测贷款的风险度，提出意见，按照规定权限审批。

（5）贷前审查：通过直接调查、侧面调查等方式最后进行贷前审查。审查结束后由银行经办人员写出贷款审查报告并明确注明能否给予贷款并提交上级领导审批。

3. 签订借款合同

若银行对借款申请进行审查后，认为各项均符合规定，并同意贷款，即可与借款人签订借款合同。双方在借款合同中约定贷款的种类、用途、金额、利率、期限、还款方式、借贷双方的权利和义务、违约责任、纠纷处理及双方认为需要约定的其他事项。借款合同自签订之日起即发生效力。

4. 贷款的发放

借款合同签订后，双方即可按合同规定核实贷款。借款人提款时，由借款人填写银行统一制定的提款凭证，然后到银行办理提款手续。银行贷款从提取之日起开始计算利息。提款人取得借款后，必须严格遵守借款合同的条款。

5. 银行贷后检查

贷后检查是指银行在借款人提取贷款后，对其贷款提取情况和有关生产、经营情况、财务活动进行监督和追踪调查。

6. 贷款的收回与延期

贷款到期时，借款人应按借款合同按期足额归还贷款本息。通常银行在短期贷款到期前1个星期、中长期贷款到期前1个月，向借款人发送还本付息通知单。借款人应及时筹备资金，主动开出结算凭证，交银行办理还款手续。对于贷款到期而借款人未主动还款的，银行可采取主动扣款的办法，从借款人的存款账户中收回到款本息。

借款人如因客观原因不能按期归还贷款，应按规定提前的天数向银行申请展期，填写展期金额及展期日期，交由银行审核办理。

（四）抵押、质押与担保

1. 抵押与质押

（1）抵押与质押的含义。抵押是指债务人或者第三人不转移对《担保法》第34条所列财产的占有，将该财产作为债权的担保。当债务人不履行债务时，债权人有权依法以抵押财产折价或以拍卖、变卖抵押财产的价款优先受偿。质押是指债务人或第三人将其动产移交债权人占有，将该动产作为债权的担保，当债务人不履行债务时，债权人有权依法就该动产卖得价金优先受偿。

（2）抵押与质押的作用。企业可通过不动产抵押，动产、货权质押，应收账款质押，权利质押，外汇抵押等方式从银行获得贷款。

2. 担保

（1）担保的含义。担保是为了担保债权实现而采取的法律措施。从中国担保法的内容看，债的担保应当说是指以当事人的一定财产为基础的、能够用以督促债务人履行债务、保障债权实现的方法。担保法上的担保，又称债权担保、债的担保、债务担保，是一个总括的概念，内涵丰富，外延极广。中国的立法上并未对此下一个明确的定义。

（2）担保的性质：

①附属性：合同与担保之间的关系是从属关系，即担保附属于合同。

②选择性：中国合同法设立了担保制度，但并未规定当事人必须设立担保。

③保障性：保障合同的履行是担保的最根本特征。

（五）贷款融资的评价

1. 贷款融资的优点

（1）融资成本低。融资成本是指企业筹集和使用资金所需要支付的各种费用，包括用资费用和筹资费用。银行贷款由于筹资费用较低，银行利率较低，同时利息可以税前抵扣，取得税前抵减效应，因此贷款融资成本较低。

（2）融资速度较快。通过银行借款手续比较简单，得到借款所花费的时间较短，不需通过严格复杂的审批，因此融资速度较快。

2. 贷款融资的缺点

（1）融资规模受限。企业通过银行贷款融资，其贷款金额往往会受到银行信贷规模的限制，无法一次筹集到较大规模的资金。

（2）融资风险较大。银行贷款融资属于债权融资方式，所筹集到的资金到期必须还本付息，融资风险较大。银行贷款过多会增大经营不善的企业破产的风险。

（3）融资主体自由度低。融资主体自由度是指融资主体受外界约束的程度。银行贷款由于存在信用风险，因此银行对贷款融资规定了严格的约束条件，银行对于资金的支配受到一定限制。

二、国际债券融资

（一）国际债券的含义

国际债券是一国政府、金融机构、工商企业或国家组织为筹措和融通资金，在国外金融市场上发行的以外国货币为面值的债券。

国际债券的发行者和投资者属于不同的国家，筹集的资金来源于国外金融市场。国际债券的发行和交易，既可用来平衡发行国的国际收支，也可用作发行国政府或企业引入资金从事开发和生产。

（二）国际债券的特征

国际债券是一种跨国发行的债券，涉及两个或两个以上的国家，同国内债券相比，具有一定的特殊性。

1. 偿还性

债券一般都规定偿还期限，发行人必须按约定条件偿还本金并支付利息。

2. 流通性

债券一般都可以在流通市场上自由转让。

3. 安全性

与股票相比，债券通常规定固定的利率。与企业绩效没有直接联系，收益比较稳定，风险较小。此外，在企业破产时，债券持有者享有优先于股票持有者对企业剩余资产的索取权。

4. 收益性

债券的收益性主要表现在两个方面：一是投资债券可以给投资者定期或不定期地带来利息收入；二是投资者可以利用债券价格的变动，买卖债券赚取差额。

5. 资金来源广

国际债券是在国际证券市场上筹资，发行对象为众多国家的投资者，因此其资金来源比国内债券要广泛得多。通过发行国际债券，发行人可灵活和充分地为其建设项目提供资金。

6. 发行规模大

发行国际债券，规模一般都较大，这是因为举借这种债务的目的之一就是要利用国际证券市场资金来源的广泛性和充足性。同时，由于发行人进入国际债券市场必须由国际性的资信评估机构进行债券信用级别评定，只有高信誉的发行人才能顺利地进行筹资，因此在发行人债信状况得到充分肯定的情况下，巨额借债才有可能实现。

7. 存在汇率风险

发行国内债券，筹集和还本付息的资金都是本国货币，所以不存在汇率风险。发行国际债券，筹集到的资金是外国货币，汇率一旦发生波动，发行人和投资者都有可能蒙受意外损失或获取意外收益，因此国际债券很重要的一部分风险是汇率风险。

8. 有国家主权保障

在国际债券市场上筹集资金，有时可以得到一个主权国家政府最终付款的承诺保证。若得到这样的承诺保证，各个国际债券市场都愿意向该主权国家开放，这也使得国际债券市场具有较高的安全性。当然，代表国家主权的政府也要对本国发行人在国际债券市场上借债进行检查和控制。

9. 以自由兑换货币作为计量货币

国际债券在国际市场上发行，因此其计价货币往往是国际通用货币，一般以美元、英镑、欧元、日元和瑞士法郎为主。这样，发行人筹集到的资金是一种可以通用的自由外汇资金。

（三）国际债券的分类

国际债券从不同的角度可分为不同的类别，现对其中主要类别介绍如下。

1．外国债券和欧洲债券

外国债券是指借款人在其本国以外的某一个国家发行的、以发行地所在国的货币为面值的债券。外国债券是传统的国际金融市场的业务，已存在几个世纪，它的发行必须经发行地所在国政府的批准，并受该国金融法令的管辖。在美国发行的外国债券（美元）称为扬基债券；在日本发行的外国债券（日元）称为武士债券。

欧洲债券是借款人在债券票面货币发行国以外的国家或在该国的离岸国际金融市场发行的债券。欧洲债券是欧洲货币市场三种主要业务之一，因此它的发行不受任何国家金融法令的管辖。

2．公募债券和私募债券

公募债券，是向社会广大公众发行的债券，可在证券交易所上市公开买卖。公募债券的发行必须经过国际上公认的资信评级机构的评级，借款人须将自己的各项情况公之于众。

私募债券，是私下向限定数量的投资人发行的债券。这种债券发行金额较小，期限较短，不能上市公开买卖，且债券息票率偏高；但发行价格偏低，以保障投资者的利益。私募债券机动灵活，一般无须资信评级机构评级，也不要求发行人将自己的情况公之于众，发行手续较简便。

3．一般债券、可兑股债券和附认股权债券

一般债券，是按债券的一般还本付息方式所发行的债券，包括通常所指的政府债券、金融债券和企业债券等，它是相对于可兑股债券、附认股权债券等债券新品种而言的，后两种债券合称"与股权相联系的债券"。

可兑股债券，是指可以转换为企业股票的债券。这种债券在发行时，就给投资人一种权利，即投资人经过一定时期后，有权按债券票面额将企业债券转换成该企业的股票，成为企业股东，享受股票分红待遇。发行这种债券大多是大企业，近年来在国际债券市场上可兑股企业债券发展得很快。

附认股权债券，是指能获得购买借款企业股票权利的企业债券。投资人一旦购买了这种债券，在该企业增资时，既有购买其股票的优先权，还可获得按股票最初发行价格购买的优惠。发行这种债券的也多为大企业。

4．固定利率债券、浮动利率债券和无息债券

固定利率债券，是在债券发行时就将债券的息票率固定下来的债券。浮动利率债

券，是指债券息票率根据国际市场利率变化而变动的债券。这种债券的利率基准和浮动期限一般也参照伦敦同业拆放利率。发行这种债券有一定的利率风险，但倘若国际利率走势明显低浮，或借款人今后的资金运用也采取同样期限的浮动利率，利率风险则可以抵免。

无息债券，是指没有息票的债券。这种债券发行时是按低于票面额的价格出售，到期按票面额收回，发行价格与票面额的差价，就是投资人所得的利益。发行这种债券对借款人来说，可以节省息票印刷费用，从而降低筹资成本；对投资人来说，可以获得比有息票债券更多的利益。

5. 双重货币债券和欧洲货币单位债券

双重货币债券，是指涉及两种货币的债券。这种债券在发行、付息时采用一种货币，但还本时付另一种货币，两种货币间的汇率在发行债券时就确定了的。发行这种债券的最大优点是可以防止和避免创汇货币与借款货币不一致所带来的汇率风险。欧洲货币单位债券，是以欧洲货币单位为面值的债券，价值较稳定，近年来这种债券在欧洲债券市场上的比重逐年增大。

（四）国际债券的发行程序

国际债券的发行分公募发行和私募发行。公募发行是通过中介机构的承包包销公开向社会募集资金；而私募发行则是在中介机构的协助下，向有限的特定投资者募集资金。国际债券的发行程序大致如下：

1. 发行人确定牵头经理人（一般为证券公司或银行），在接到发行人的授权书后，牵头经理人开始工作。

2. 牵头经理人帮助发行人向发行地国家政府提出发行债券的申请，报经该国政府相关管理部门批准许可。

3. 向国外权威的债券评级机构申请评级。

4. 发行人与牵头经理人商定发行债券的基本条件（包括债券的形式、发行市场、发行数量、币种、利率、价格、期限以及发行的报酬等），并拟订条款。

5. 发行人与牵头经理人签订订购协议。

6. 牵头经理人与承销人签订承销协议或与推销人签订推销协议。

7. 发行人通过承销人向广大投资人提交招募说明书、介绍和宣传债券。

8. 债券发行到投资者，即承销人将债券出售给广大投资人。

（五）国际债券融资的评价

1. 发行国际债券的优点

（1）资本成本低。债券的利息可以税前列支，具有抵税作用；另外债券投资人比股票投资人的投资风险低，因此其要求的报酬率也较低。故公司债券的资本成本要低于普通股。

（2）具有财务杠杆作用。债券的利息是固定的费用，债券持有人除获取利息外，不能参与公司净利润的分配，因而具有财务杠杆作用，在息税前利润增加的情况下会使股东的收益以更快的速度增加。

（3）所筹集资金属于长期资金。发行债券所筹集的资金一般属于长期资金，可供企业在1年以上的时间内使用，这为企业安排投资项目提供了有力的资金支持。

（4）资金来源广泛，债权人分散。发行者可根据自己的需要发行不同币种、面值的债券，不会受到任何形式的干扰，不接受任何附加条件。在贷款的形式中，由于债权人较集中，他们十分关心贷款的安全，常对借款者的活动进行不同程度的干预，也常伴有一些附加条件。

（5）债券偿还办法灵活，发行者处于主动地位。发行者在债券到期前，如欲偿还贷款，可到二级市场购回；如欲延期偿还，可在债券未到期前再发行新债券来更替。

（6）还款期限较长，利率较稳定。债券的偿还期一般在10年以上，美国债券市场偿还年限曾达25年，而中长期商业贷款偿还期在10年以上就比较少见。债券的利率一般略低于贷款的利率，这对筹款者是有利的。

（7）发行国际债券可提高发行者的国际声誉，又可能取得在较优惠的条件下连续发行的机会。发行者信誉越高，偿还能力越强，以后发行债券就越容易。如能连续发行，发行费用就可能降低，能在国际市场上发行债券，是发行者信誉高、偿还力强的表现。

2. 发行国际债券的缺点

（1）财务风险大。债券有固定的到期日和固定的利息支出，当企业资金周转出现困难时，易使企业陷入财务困境，甚至破产清算。因此筹资企业在发行债券来筹资时，必须考虑利用债券筹资方式所筹集的资金进行投资项目的未来收益的稳定性和增长性的问题。

（2）限制性条款多，资金使用缺乏灵活性。因为债权人没有参与企业管理的权利，为了保障债权人债权的安全，通常会在债券合同中设置各种限制性条款。这些限制性条款会影响企业资金使用的灵活性。

三、股权融资

（一）股权出让融资

1. 股权出让融资的概念

股权出让融资是指企业出让部分股权，以筹集所需要的资金。股权融资是带有一定风险性质的融资。企业进行股权出让融资实际上是吸引直接投资，引入新合作者的过程。这对企业的发展目标、经营管理模式会产生重大影响。对于上市公司来说，股权出让表现为股票的买卖；对于非上市公司来说，股权出让表现为公司资本份额（股权证）的转让。在上市公司中，股权的出让既可以通过转让协议来进行，也可以通过二级市场收购上市公司股票来实现。在一般的非上市公司中，股权转让一般通过转让协议来实现。出让方和买入方对股权价格、支付方式等商议后，签订转让协议从而实现股权的流动。

2. 股权出让的方式

（1）协议转让。它指买入方根据协议转让的价格购买目标公司（中小企业）的全部或部分产权的行为。

（2）流通股转让。上市公司通过出售二级市场商的流通股实现流通股股权转让。通常流通股价格要高于非流通股，而且流通股占总股本的比重不高。流通股转让是一种比较理想的融资方式。

（3）股权托管。股权托管是公司的股东通过与托管公司签订契约合同，委托托管公司代表股权所有者根据委托合同的授权范围对该股份行使管理监督的权利，进行高效的资本运营，一方面维护股东的所有权，另一方面通过与其他托管方式的结合发挥托管经营综合优势获得更大的投资回报。

此外，按照股权转让价格的不同，股权可以分为议价出让股权、平价出让股权、折价出让股权。

3. 股权出让对象的种类和选择

（1）吸引大型企业投资。不仅可以解决企业资金问题，还可以利用大企业的开发能力，完成基础开发和工艺设计；可以利用大企业的生产能力；可以利用大企业的销售渠道。大企业投资于小企业的方式主要是兼并与收购，以协议价格购买企业的无形资产、有形资产、技术和产品。

（2）吸引产业投资基金。产业投资基金也称创业投资基金，主要是对未上市公司直接提供资本支持并从事资本经营与监督的集合投资制度，是一个与证券投资基金相对的概念。产业投资基金汇集政府、企业、个人的资金，由专家管理，进行各类投资。

（3）吸收政府投资。中小企业创业初期争取到政府拨款或投资是融资的最佳形式。政府的投资是引导性投资，目的是支持具有自主创新、技术含量高、市场前景看好的研发项目。政府的扶持包括贷款贴息、无偿贷款、资本金投入等方式。

4．有限公司股权出让程序

（1）原股东召开股东会并形成决议：同意出让，原有股东放弃优先购买权。

（2）出让方（原股东）与受让方（新股东）签订股权转让协议（至少四份，双方各一份，一份公司留存，一份工商变更用）。新股东是否承担原股东的债务并没有法律上的规定，双方可以协议。

（3）新股东召开股东大会，形成决议，形成新的董事会及董事、监事会及监事，通过章程修正案等事项。

（4）公司章程修正案（新股东签字）。

5．对股权出让融资的评价

企业转让股权实际上引入了新的合作者，吸进直接投资，对企业的运作产生很大影响，必须谨慎。在吸引新的投资者之前应该考虑以下几个方面的问题：企业的发展战略以及长期发展目标，企业的股权稀释以及管理权的分散，企业的盈利方式及利润分配方式。此外，还应该考虑引进新的投资者能否提高企业的管理水平，能否加快企业的技术创新和产品开发，能否提高企业的生产能力和扩大产品的市场份额，激励企业科技人员，稳定企业核心管理层和技术人员，保持稳定的资金来源，保持融资渠道的畅通以促进新的融资方式的展开。

资金是企业的血液，对企业保持盈利能力、扩大生产规模等具有重要的意义。股权出让是增加出资人、引进合作伙伴的一种方式。转让股权融资不仅能够给企业带来资金，还有额外的收益。将股权转让给大型高科技企业有利于提高本企业的研发水平并形成生产能力，转让给分销商可以扩大企业的分销渠道从而将产品迅速推向市场。

而且企业吸收来的资金属于自有资金，而不是负债，这样就可以减轻债务负担，增加企业的净资产，美化财务报表，提高企业的偿债能力和盈利能力，帮助企业扩大经营范围，增强企业的规模效益。然而，股权转让融资是有风险的，大企业投资中小企业的方式主要是收购、兼并、战略联盟、联营、合作等方式，被投资方往往丧失一定的经营管理权。就转让股权的比例来看，要着重考虑企业的控制权转移的问题，企业的发展模式和经营管理是否得到加强，企业的技术优势是否得到保持等问题。

（二）增资扩股融资

1. 增资扩股融资概念

增资扩股融资，是指中小企业根据发展的需要，扩大股本融进所需资金。与股权出让融资类似，股权出让融资可以划分为溢价扩股、平价扩股。增资扩股融资还可以分为内源融资形式的增资扩股（即通常所说的集资）与外源融资形式的增资扩股（私募）。企业根据自身发展的需要，扩大股本融进所需资金。增资扩股利用直接投资所筹集的资金属于自有资本，相比于借入资本，更能提高企业的自信和借款能力，有利于扩大经营规模，提高经营实力。

2. 增资扩股融资的特点

（1）增资扩股吸收直接投资属于自有资本。

（2）企业增资扩股吸收直接投资不仅可以筹集现金，还可以是实物、工业产权、场地使用权等。

（3）企业根据自身的经营状况向投资者支付报酬，没有固定支付的压力。企业经营状况好的时候可以多分红，经营状况不好的时候可以不向投资者支付报酬或少支付报酬。

（4）增资扩股吸收直接投资致富的资金成本较高，由于投资者要分享企业的收益，因此资金的成本通常较高，特别是企业经营状况较好和盈利较强时尤其如此。

（5）新的股东往往会要求与投资数量相适应的经营管理权。

3. 增资扩股融资的方式

（1）上市公司增资扩股融资。上市公司的增资扩股融资，是指上市公司向社会公开发行新股，包括向原股东配售股票（配股）和向社会公众发售股票（增发）。上市公司的配股是指符合配股条件的上市公司经证券监管部门核准后向全体股东按一定比例配售新股的再融资行为。增发新股是上市公司向全体社会公众发出要约，既包括原有股东也包括其他潜在投资者，而且两者受到同等对待。

上市公司增发新股需要满足一定的条件。根据中国《公司法》《证券法》的有关规定，增发新股的公司必须具有完善的法人治理结构，上市公司的人员、财务独立，资产完整。公司章程符合《公司法》和《上市公司章程指引》的规定。股东大会的通知、召开方式、表决方式和决议内容符合《公司法》及有关规定。前一次发行的股份已募足，并间隔一年以上。公司在最近三年内连续盈利，并可向股东支付股利（公司以当年利润分派新股，不受此项限制）。新股发行募集资金用途符合国家产业有关规定，除金融类上市公司外，所募集资金不得投资于商业银行、证券公司等金融机构。新股发行募集资金数额原则上不超过公司股东大会批准的拟投资项目的资金需要数额。公司三年内财务稳健无虚假记载。公司预期利润率达到同期银行存款利率。

上市公司增发新股的程序有以下几个步骤：第一，由董事会做出决定，聘请主承销商。第二，召开董事会及股东大会，就有关事项做出决议。第三，聘请会计师事务所、律师事务所等中介机构，提供相应服务并出具有关法律文件。第四，向中国证监会提交申请文件申请发行新股，并就申请是否获准发出公告。第五，上市公司公告招股意向书，制作招股说明书。第六，上市公司与证券交易所协商确定新股发行上市的时间及登记等具体事项。

（2）非上市公司的增资扩股融资。非上市公司增资扩股的股权出资方式包括现金、厂房、机器设备、材料物资、工业产权、无形资产和场地产权等多种方式。增资扩股的股权出资必须满足相关条件：①采用增资扩股、吸收直接投资方式筹措资金的企业应当是非股份企业。②中小企业通过增资扩股、吸收直接投资而取得的实物资产或无形资产，必须符合企业生产经营、科研开发的需要，在技术上能够消化利用。③企业通过吸收直接投资取得的非现金资产，必须经过公正合理地估价。

增资扩股的程序：①确定筹资数量；②寻找投资单位；③协商投资事项；④进一步协商，签署投资协议；⑤共同经营，共享利润。

4. 对增资扩股融资方式的评价

上市公司以配股方式融资的最大优势在于考虑了现有股东的利益，但存在明显的缺陷，配股权不能流通，最直接的影响就是降低了效率。增发的最突出优点是解决了再次发行新股时流动性不足的问题，从而提高了市场的效率，但是同时也带来了直接的负面效应，现有股东的利益也受到损害。

增资扩股的优点主要包括以下几个方面：

（1）增资扩股利用直接投资筹集的资金属于自有资本，与借入资本比较，更能提高企业的资信和借款能力，对扩大企业经营规模、壮大企业实力具有重要作用。

（2）企业吸收投资不局限于现金的形式，还可以筹集其所需的设备与技术，这与筹集现金的筹资方式相比较，更能尽快形成生产经营能力。

（3）企业可以根据自身的经营状况向投资者支付报酬。企业经营状况好时，可向投资者多支付一些报酬；经营状况不好时，可以不向投资者支付报酬或者少支付报酬，比较灵活，没有固定支付的压力，所以财务风险小。

（三）股票上市融资

当企业进入高成长发展阶段，经营状况已经稳定，管理能力逐渐提高，核心竞争力已经形成并可以向投资者展现其发展前景，盈利能力稳步提高。这时企业可通过改制或整体变更为股份有限公司，通过发行股票在证券市场进行融资。

股票上市是指股票发行人将其已经发行的股票按照法定的条件和程序在证券交易所公开挂牌交易的行为。公开发行股票的公司只有申请被批准其股票能够在市场商买卖后，才能成为上市公司。只有经济效益好、资本结构及其治理结构具备相应条件的股份有限公司，才能够上市融资。

企业发行股票可以解决资金短缺的问题。能够筹集周转资金，扩大企业规模，帮助企业偿还债务；发行股票还可以吸引新股东，帮助企业实现与其他企业的合作，例如企业为扩大产品销路可以让经销商成为股东；可以维护企业的经营权利，防止被其他企业兼并。

1. 股票发行的基本条件

新股发行，一般需要满足以下几个方面的条件。

（1）发行人已经依法建立健全股东大会、董事会、监事会、独立董事、董事会秘书制度，相关机构和人员能够依法履行职责。

（2）发行人的董事、监事和高级管理人员已经了解与股票发行上市有关的法律法规，知悉上市公司及其董事、监事和高级管理人员的法定义务和责任。

（3）发行人的董事、监事和高级管理人员符合法律、行政法规和规章规定的任职资格，且不得有下列情形：①被中国证监会采取证券市场禁入措施尚在禁入期的；②最近36个月内受到中国证监会行政处罚，或者最近12个月内受到证券交易所公开谴责；③因涉嫌犯罪被司法机关立案侦查或者涉嫌违法违规被中国证监会立案调查，尚未有明确结论意见。

（4）发行人的内部控制制度健全且被有效执行，能够合理保证财务报告的可靠性、生产经营的合法性、营运的效率与效果。

（5）发行人不得有下列情形：①最近36个月内未经法定机关核准，擅自公开或者变相公开发行过证券；或者有关违法行为虽然发生在36个月前，但目前仍处于持续状态；②最近36个月内违反工商、税收、土地、环保、海关以及其他法律、行政法规，受到行政处罚，且情节严重；③最近36个月内曾向中国证监会提出发行申请，但报送的发行申请文件有虚假记载、误导性陈述或重大遗漏；或者不符合发行条件以欺骗手段骗取发行核准；或者以不正当手段干扰中国证监会及其发行审核委员会审核工作；或者伪造、变造发行人或其董事、监事、高级管理人员的签字、盖章；④本次报送的发行申请文件有虚假记载、误导性陈述或者重大遗漏；⑤涉嫌犯罪被司法机关立案侦查，尚未有明确结论意见；⑥严重损害投资者合法权益和社会公共利益的其他情形。

（6）发行人的公司章程中已明确对外担保的审批权限和审议程序，不存在为控股股东、实际控制人及其控制的其他企业进行违规担保的情形。

2. 股票发行的程序

（1）发行准备。这一阶段主要是完成股票发行的基础工作、股票发行与上市的辅导、各种募股文件的准备。

（2）申请程序。向地方政府或中央企业主管部门提出公开发行股票的申请，同时提交下列文件：申请报告、发起人会议或股东大会同意公开发行股票的决议、批准设立股份有限公司的文件、股份有限公司营业执照或股份有限公司筹办登记证明、公司章程、招股说明书、资金运用的可行性报告等文件。

（3）审批程序。股份有限公司的股票发行申请由地方政府或中央企业管理部门进行审批，地方政府或中央企业管理部门应在收到之日起30个工作日内做出是否批准的审批决定并报证监会。

（4）复审程序。证监会应在收到申请之日起20个工作日内出具复审意见书，经证监会复审同意的，申请人向证券交易所上市委员会提出申请，经上市委员会同意接受上市的才能发行股票。

（5）签订承销协议。根据《证券法》第23条的规定，证券公司承销证券，应当同发行人签订代销或者包销协议，载明下列事项：当事人的名称、住所及法定代表人姓名；代销、包销证券的种类、数量、金额及发行价格；代销、包销的期限及起止日期；代销、包销的付款方式及日期；代销、包销的费用和结算办法；违约责任；国务院证券监督管理机构规定的其他事项。

（6）发售股票。招股说明书一般在股票发售之前刊登在证监会指定的全国性证券报刊上，发行股票的通知也要在报刊上公开发布。通知中应该列明发行股票的数量、价格，发行时间以及发行方法。发行记名股票的股份有限公司还应该备置股东名册。

3. 对股票上市融资的评价

（1）有利影响

①股票公开上市可以改善公司的财务状况。股份公司发行股票可以筹集到大量的不必还本付息的资金，可以很快地改善公司的财务结构与财务状况。同时，股票上市后既可以使公司从股票市场上筹集更多资金，也可以使其在财务状况改善的前提下从银行获得更多的贷款。发行股票筹集资金有别于债券融资，不必还本付息。

②有利于提高公司的资信，获得经营上的优势。由于上市公司的股票价格每个交易日都向整个社会公众播报，而且公司还要定期不定期地发布经营财务状况及其他方面的公告，因而股票上市会使公司的知名度大为提高，特别是对经营财务状况好，管理有优势的公司而言，更相当于以很少的投入做了很多的广告，从而在经营上将获得比非上市公司的同行大很多的优势；公司的透明度加大，将给公司带来强大的社会监督压力，从而促使公司不断地改善其经营状况，推动公司治理结构的完善。

③有利于提高资本融通能力。公司一旦上市便可以拥有更多的融资渠道，如果公司股票在市场上表现良好，公司将有可能以公司的股票向银行质押贷款或以股票置换的方式进行收购等，通常这类融资成本很低。一家上市公司只要拥有不错的业绩和发展潜力，它将很容易在证券市场上筹集到资金，能够得到银行的信任，并同时开通了公司未来在公开资本市场上融资的通道。

④可以利用股权激励员工。通过股票期权或其他的认股方法将股票发售给公司员工，将会对他们产生很强的激励作用，因为股票的市场价格在公司经营状况趋好时会有较大幅度的上涨，员工可以借此机会获得较多的收入，而且是可以变现的收入，这

无疑会改善公司的管理，促进公司文化的形成，增强公司的凝聚力。

（2）不利影响

①公司的控制权处于不稳定的状态。公司的股票上市后，股票具有高度的流动性，因此股权的转移是经常发生的。这样会导致公司的控制权波动，而这对公司的长远发展而言是不利的，因为公司的经营方针战略也可能会随之而经常变动。

②公司的商业秘密没有保障。股票公开上市的公司必须定期发布其经营与财务报告，其他有关重大事项也必须及时披露。在公开披露的过程中，有可能使公司的商业秘密为竞争对手所掌握，从而在竞争中处于不利地位。

③股票上市需要较高的费用，包括资产评估费、股票承销费用、聘请注册会计师与律师的费用、登记费、广告费等；还要定期向证券交易所缴纳费用，需要支付各种公告的费用。

④不能准确地反映公司的经营与发展状况，可能使公司的声誉受到一定影响。由于股票市场有一定的投机因素，因此股票市场价格不能准确地反映公司经营状况与发展前景。例如，香港东亚银行，受金融危机的影响传言即将倒闭，股价当日下跌11%引起挤兑风暴，后来经多方努力终于平息了谣言稳定了市场。

⑤增加了公司经营者的压力。公司经营者必须接受来自内部和外部的双重压力，努力维持和提高股票的市值，而且上市公司的管理层需要严格遵守监管机构指定的规定，从股东大会到各项业务都要求正规化，不得违反相关法律，这会增加公司管理的难度。

（四）境外造壳上市融资

1. 造壳上市的定义

造壳上市是指国内公司股东在离岸中心如百慕大、开曼、库克群岛、英属维尔京群岛（BVI）等地注册一家离岸公司，并用现金或者股权置换的方式控股境内的资产，而境内则成立相应的外商控股公司，并将相应的权益及利益并入境外公司，再在境外以IPO的方式挂牌上市。

公司采取境外造壳上市，主要是因为这一方式可以利用注册地的避税政策实现合理避税，同时可以规避政策监控。

我们举例说明造壳上市的实际操作方式。假设某内地民营企业A，有三个自然人股东甲、乙、丙，出资比例分别为5∶3∶2。

（1）甲、乙、丙三人按照在内地公司A的出资比列在开曼设立公司B。

（2）由B公司与国内A公司的股东甲、乙、丙进行股权转让，收购他们拥有的A公司的股权，则A公司变为B公司的全资子公司，其所有运作基本完全转移到B公司中。此时，A公司的业绩、资产及负债即可包括在B公司的合并报表中。

（3）B公司在百慕大群岛或者英属维尔京群岛注册成立一家离岸公司作为日后在目标证券市场挂牌上市的公司C。

（4）B公司将其拥有的全部A公司的股权转让给C公司，由其以IPO的方式挂牌上市。

2. 造壳上市的分类

造壳上市按境内企业与境外公司关联方式的不同，可分成四种形式：控股上市、附属上市、合资上市、分拆上市。

控股上市一般指国内企业在境外注册一家公司，然后由该公司建立对国内企业的控股关系，再以该境外控股公司的名义在境外申请上市，最后达到国内企业在境外间接挂牌上市的目的，这种方式又可称为反向收购上市。通过控股上市的方式在境外间接挂牌的一个典型例子是广西玉柴实业股份有限公司在纽约上市。

附属上市是指国内欲上市企业在境外注册一家附属机构，使国内企业与之形成母子关系，然后将境内资产、业务或分支机构注入境外附属机构，再由该附属公司申请境外挂牌上市。附属上市与控股上市的区别仅在于国内公司与境外注册公司的附属关系不同。国内的民办大型高科技企业四通集团即是采用附属上市的方式达到在香港联交所间接挂牌的目的的。

合资上市一般是适用于国内的中外合资企业，在这类企业的境外上市实践中，一般是由合资的外方在境外的控股公司申请上市。

分拆上市模式适用于国内企业或企业集团已经是跨国公司或在境外已设有分支机构的情况。它是指从现有的境外公司中分拆出一子公司，然后注入国内资产分拆上市，由于可利用原母公司的声誉和实力，因而有利于成功上市发行。

3. 在美国造壳上市的流程

①委任专业人士。选择一名保荐人（主承销商），即有保荐人资格的投资银行。事实上，有保荐人资格的投行虽多，但既有国际配售能力又有中国企业经验的比较少。选择一名会计师，根据财务费用承受力，可以选择国际上知名的四大会计师行，

拥有美国会计师事务所执照的会计师。选择美国执照律师，一般为两名，分别为公司和保荐人提供法律支持。②确定上市时间表。由保荐人制作时间表，公司及各中介讨论通过后，即按此时间表开始操作。③确定重组方案及重组，这是采用造壳方式至为重要的环节。④尽职调查和撰写招股书。⑤财务审计。⑥境外评估师资产评估。⑦递交上市申请表、聆讯等。

4. 对造壳上市的评价

首先，造壳上市与企业直接在海外挂牌上市相比，是以一家境外的未上市公司名义在交易所申请挂牌，从而达到避开直接上市中遇到的国内和上市目的地的法律相抵触的问题，节省上市时间，因此不少国内拟上市企业都是先在境外注册一家公司，然后利用该公司的名义申请挂牌上市的。我们耳熟能详的新浪、网易、金蝶、联通等公司都是通过这一途径实现海外上市融资的。

其次，与收购已上市公司相比，企业一般能够构造出比较满意的"壳公司"，上市的成本和风险相对较小。因为造壳上市选择或设立壳公司的目的性较强，然后再申请上市，一方面造壳成本比收购上市公司成本低；另一方面壳公司通常与国内企业的业务方向相一致，除了利用壳公司申请上市外，国内企业还可以借助壳公司本身的资源拓展境外业务。

再次，壳公司一般是在香港、开曼或百慕大等英美法系地区，有关法律对股权转让、认股权证及公司管理方面的要求都与国际接轨，这对发起人、股东、管理层均比较有利，也很受国际投资者青睐。

最后，境外公司没有法人股、国家股、发起人股等概念与限制，所以公司的所有股份均可在市场自由流通及买卖。

专栏3-1　广西玉柴机器股份有限公司造壳上市

广西玉柴机器股份有限公司创建于1951年，现拥有33家全资、控股、参股子公司，员工16000人，总资产134亿元，是全球最大的独立柴油发动机生产基地、中国最大的内燃机生产基地和中国最大的中小型工程机械生产出口基地。在经历长达40年的创业历程后，玉柴迎来了1992年至1995年的第一次高速发展。1992年到1993年间，玉柴先后经历了两次股改，并且第二次的中外合资股改为后来在纽约造壳上市打下了基础。

第二次中外合资股改之后，玉柴开始计划到美国上市融资。由于美国对外来公司在本国上市在法律政策方面的限制等原因，玉柴没有选择直接在美国上市，而是间接地通过造壳方式实现这一融资目标。1993年5月，玉柴股份的五大外资方以10：1的比例缩股组成中国玉柴国际有限公司，在百慕大注册。这样，中国玉柴国际有限公司成为广西玉柴机器股份有限公司的外资控股方。1994年4月，光大国投（澳门新星控股有限公司）顺利完成对玉柴法人股的协议收购，然后把该法人股转化成外资股，由其在英国设立的全资子公司持有。该子公司与丰隆亚洲有限公司各自投入玉柴的股份合组为柴油机有限公司，作为中国玉柴国际有限公司的控股股东。1994年12月，中国玉柴国际有限公司于美国纽约证交所上市，共募集7500万美元资金，公司资产总值增至26.2亿元，净资产增至18.9亿元。通过造壳上市间接融资，玉柴开拓了一条直接通往国际金融市场之路，拓展了发展空间。

这个案例可以看出，海外造壳上市的基本做法是国内企业先在国外某一政策宽松的地方设立一家控股公司，然后再把国内企业的控股权注入到这个控股公司，进而通过这个控股公司的上市间接实现国内企业资产的上市。通过造壳上市不仅可以实现融资的目的，还减少了上市的难度和风险。造壳上市绕过了直接在国外上市时所面对的国外法律对欲上市公司的苛刻要求和限制，进而可以实现在短时期内低成本海外上市。

（五）境外买壳上市融资

1. 买壳上市的含义

尽管很多企业可以自己在境外造一个公司以实现上市，但是IPO的上市方式使得企业面临种种困难，很难保证100%上市，而寻求融资的中小企业大都有快速上市融资的强烈愿望，此时往往可以选择一种相对简单快捷的方式——买壳上市。

买壳上市又称"后门上市"或"反向收购"，是指一家非上市公司（买壳公司）通过收购一些业绩较差、筹资能力已经相对弱化的上市公司（壳公司）来取得上市的地位，然后再以反向收购的方式注入自己的业务及资产，实现在境外间接上市的目的。实际上，是非上市公司利用上市公司的"壳"，先达到绝对控股的地位，然后进行资产与业务重组，利用"壳"公司已有的法律地位，使非上市公司成为上市公司，实现间接上市的目的。

2. 买壳上市的操作流程

（1）买壳，买壳公司与一家上市的壳公司议定有关反向收购的条件，然后壳公司向买壳公司定向增发股票。

（2）换壳，也就是在收购完成后将"壳"公司原有的不良资产剥离并卖出，然后将其优质资产注入，使得"壳"公司的业绩迅速提升，使该上市公司达到规定的配股要求，最终实现其买壳上市的目的，完成融资。此时买壳公司的股东是壳公司事实上的控股股东。

3. 理想壳公司所具有的特点

①股价不是太高、规模也不是太大，这样可以最大限度地降低购壳费用。②原股东人数适当。公众股东太少就不值得公开交易；而人数太多，新公司和这些人的联系费用都会是一笔不小的开支。③最好没有负债，即便有也一定不能高。④业务与拟买壳企业的主营上市业务接近，结构相对简单。⑤不应涉及任何既有、现有诉讼。⑥不应有任何经营、法律、财务上的历史污点。

4. 买壳上市的优越性

①买壳上市的手续相对于直接挂牌上市融资而言简洁方便，避开各种法规的不必要限制以及烦琐的审批程序。②相对于其他的间接上市方式而言，买壳上市所需的时间较短，为上市公司节省了大量资源。③在买壳上市中，由于买壳公司所购买的壳公司是已经上市的公司，因此在理论上买壳企业的上市几乎是100%可以成功的。

5．买壳上市存在的问题

买壳上市不同于造壳上市，不得不在壳公司的选择上大费脑筋。有些壳公司是零资产、零负债，只剩下公司架构和股东；有些公司有大量负债而几乎没有资产；有些壳公司可能或有诉讼问题或有其他如不良经营记录等历史遗留问题。如果买壳企业不经过审慎的调查论证就直接介入，很可能使自己深陷泥潭。

（六）境外借壳上市融资

1．借壳上市的定义

所谓借壳上市，就是非上市公司通过证券市场购买一家已经上市的公司一定比例的股权来取得上市的地位，然后通过"反向收购"的方式注入自己有关业务及资产，实现间接上市的目的。一个上市公司的业绩越好，其配股价格就会定得越高，企业募集的资金就越多。

借壳上市与买壳上市具有一定的相同之处，它们都是对上市公司作为"壳"公司进行资源的重新配置，最终目的都是实现非上市公司的间接上市。

二者之间的不同之处却在于：对于买壳上市的公司而言，首先要获得对一家上市公司的控制权；与借壳上市略有不同，买壳上市可分为买壳—借壳两步走，即先收购控股一家上市公司，然后利用这家上市公司，将买壳者的其他资产通过配股、收购等机会注入进去。而那些通过借壳上市的企业则已经拥有了对上市公司的控制。

2．借壳上市的操作流程

①谋求整体上市的母公司现剥离出一块优质资产上市。②通过该上市公司大比例的配股筹集资金，将整个集团公司的重点项目注入到上市公司中去。③在通过配股时实现集团公司的非重点项目上市，从而实现母公司的整体上市。例如，在2005年，海尔集团进行了借壳上市，通过注资海尔中建而实现海外上市。海尔中建前身是香港商人麦绍棠控制的中建数码，2000年以来，以海尔内部控股会为主要方的海尔投资通过合资成立手机公司，再将手机业务注入中建数码，成为该公司第二大股东，中建数码也由此更名为海尔中建。而此次注资完成使得海尔各方控制了海尔中建50.3%的股份，其主席麦绍棠已辞职，由海尔集团现任总裁杨绵绵接任。公司同时公告，更名文件已交呈百慕大公司注册处处长存档，公司的新名称记录之后将会生效。

3．壳公司的选择

对于融资者来说，要想又快又好地实现融资目的，必须对于如何选择"壳"资源有很好地把握。一般来说，选择壳公司需要注意以下几点。

①选择规模小股价低的壳公司，这样可以降低成本，同时提高收购的成功率。②壳公司自身存在的负债一定不能高，否则壳公司的原股东所积累的不满常会在新股东进入后爆发。③壳公司股东人数也有一个最佳的范围，通常认为300～1000人为宜。低于300人的，不值得公开交易；而高于1000人的，对于新公司而言，要付出过多的联系成本。同时，股东过多常常伴随着决策的不同声音过多，会加大收购的难度。④壳公司原来所从事的业务也应与拟上市业务相近，这对于公司管理的益处不言而喻。

4. 借壳上市的评价

一般来说，借壳上市有以下几方面的优势：

首先，对于那些自身没有达到要求而又希望在国外上市融资的中小企业来说，海外造壳由于要求较多，因此不一定会成功。此时，进行借壳上市不失为一种有效的上市融资手段。这样既避免了造壳上市中海外注册公司进而控股国内公司的种种烦琐，同时又最终实现了公司的海外融资。

其次，被"借"的"壳"公司一般都是处于不得不借的状态之下。也就是说，它们之所以成为目标的壳公司，是由于其自身的经营出现问题，或者成本缺乏竞争力，或者其所处的行业逐渐沦为夕阳产业，公司对未来的预期惨淡。此时进行借壳上市融资就可以享受到较低的成本优势，因为目标"壳"公司处于不得不让壳的被动境地，否则就没办法实现产业结构的转换和产品结构的调整。

再次，通过借壳上市，寻求融资的公司不但实现了自己上市融资的目的，而且还会获得壳公司的优质资产及其核心资源。虽然让壳公司由于种种困难迫于无奈而让壳，但终究作为一个实体企业，它还是有自己的一些优质资产的，例如，较先进的生产设备、现代化的厂房等。更重要的是，还可以获得一些诸如人才、商标、销售网络等稀有资源，这对寻求融资的企业实现融资目的后的进一步发展是极有意义的。

最后，借壳上市有直接上市无法比拟的优点。最突出的优点就是壳公司由于进行了资产置换，其盈利能力大大提高，在股市上的价值可能迅速增长，企业所购买的股权价值也可能成倍增长，企业因此所得到的收益可能非常巨大。

当然，借壳上市融资的方式也不是尽善尽美的，它也或多或少地存在一些问题：

（1）如果想通过借壳上市的方式获得最大的融资，就需要尽量提升壳公司的业绩。只有实现了这一步，通过壳公司上市才能获得更多的融资额，这才是每一个寻求融资的企业所愿看到的。但并不是向壳公司注入优质资产后，其业绩就一定会大幅提高，这里面也存在一个风险问题。

（2）在进行借壳上市时，也不能排除"壳"公司为了自身利益而对其财务报表进行粉饰，隐瞒一些对融资企业不利的信息，这有时会对一项借壳上市融资产生决定性的影响。试想将公司注入一个有潜在危险的壳公司，会对借壳公司造成多大的伤害。

（3）在借壳的过程中，文化的影响有时会产生一个意想不到的影响。由于壳公司是一个海外公司，其原有的企业文化不可避免地会与国内融资企业的文化有些差异，例如，管理方法的差异、职工的时间观念差异及管理层的归属感差异等。有时甚至是达到冲突的程度，这对于借壳后提升壳公司的业绩以及之后的资源整合都会造成很大的麻烦，有时这一个问题可以说是难以调和的矛盾。

四、其他常规融资方式

（一）融资租赁

融资租赁也称融资金融租赁，是将传统的租赁、贸易与金融方式有机组合后而形成的一种新的交易方式。出租人根据承租人的请求，按双方的事先合同约定，向承租人指定的出卖人，购买承租人指定的固定资产，在出租人拥有该固定资产所有权的前提下，以承租人支付所有租金为条件，将一个时期的该固定资产的占有、使用和收益权让渡给承租人。这种租赁具有融物与融资双重功能。对承租人而言，采用融资租赁方式，通过融物的方式实现了融资的目的。它的实质是附带传统租赁商的金融交易，是一种特殊的金融产品。中国很多企业已经采取了这种方式融资，例如，中国的航空公司，很多飞机和有关的大型机器设备都是采取融资租赁的方式。中远集团的大型船舶也有很多是采用这种方式，融资与融物相结合。

1. 融资租赁的基本特征

（1）现代融资租赁是以融资和融物相结合，并以融资为主要目的。出租人按承租人的要求购进设备，目的在于获得超过购买设备支出的本金和利息的租金，实质是一种投资行为。对于承租人来说，可以用租赁的设备生产产品并用销售利润来支付租金。

（2）不可解约性：承租人无权单独退出合国或以退还租赁物为条件而提前终止合同。

（3）租赁物的所有权和使用权是分离的。在租期内，出租人购进设备，拥有设备的所有权，而承租人按时支付租金并履行租赁合同各项条款，拥有租赁物的使用权。但在租期结束后，出租人和承租人可能成为买卖关系，承租人购买设备取得所有权。

（4）租期时间较长，约等于设备的使用寿命。出租人在租期内收回所有投入，并获得一定的利润，承租人的资金相当于分期付款。

（5）一笔租赁业务需要两份或两份以上合同，三个或三个以上的当事人，即贸易合同和租赁合同，出租人、承租人、供货商。

（6）承租人有选择设备和设备供货商的权利。租赁期满时，承租人有退租、续租、留购的选择权。

2. 融资租赁的分类

（1）直接融资租赁：由承租人指定设备及生产厂家，委托出租人融通资金购买并提供设备，由承租人使用并支付租金，租赁期满由出租人向承租人转移设备所有权。它以出租人保留租赁物所有权和收取租金为条件，使承租人在租赁期内对租赁物取得占有、使用和收益的权利。这是一种最典型的融资租赁方式。

（2）经营性租赁：由出租人承担与租赁物相关的风险与收益。使用这种方式的企业不以最终拥有租赁物为目的，在其财务报表中不反映为固定资产。企业为了规避设备风险或者需要表外融资，或需要利用一些税收优惠政策，可以选择经营租赁方式。

（3）出售回租：也称售后回租、回租赁等，是指物件的所有权人首先与租赁公司签订买卖合同，将物件卖给租赁公司，取得现金。然后，物件的原所有权人作为承租人，与该租赁公司签订回租合同，将该物件租回。承租人按回租合同还完全部租金，并付清物件的残值以后，重新取得物件的所有权。

（4）转租赁：以同一物件为标的物的多次融资租赁业务。在转租赁业务中，上一租赁合同的承租人同时又是下一租赁合同的出租人，被称为转租人。转租人向其他出租人租入租赁物件再转租给第三人，转租人以收取租金差为目的。租赁物品的所有权归第一出租人。

（5）委托租赁：出租人接受委托人的资金或租赁标的物，根据委托人的书面委托，向委托人指定的承租人办理融资租赁业务。在租赁期内租赁标的物的所有权归委托人，出租人只收取手续费，不承担风险。

（6）分成租赁：一种结合投资的某些特点的创新性租赁形式。租赁公司与承租人之间在确定租金水平时，是以租赁设备的生产量与租赁设备相关收益来确定租金，而不是以固定或者浮动的利率来确定租金。如果设备生产量大或与租赁设备相关的收益高，租金就高，反之则低。

3．融资租赁的作用

（1）租赁融资能够延长资金融通期限，加大企业的现金流量。

（2）利用租赁融资，企业可以进行更快捷更便捷的设备更新和技术改造，有利于提高生产效率，促进科技向生产力的转化。

（3）因为租金一般是固定的，所以有利于企业避免通货膨胀的不利影响，防范汇率、利率风险。

（4）融资租赁属于表外融资，不体现在企业的资产负债表的负债项目上。

4．融资租赁的业务流程

（1）选定租赁设备。企业根据自己的生产需要将所需设备的规格、型号、价格、交货期及维修保养条件交于租赁公司，提出租赁申请。

（2）租赁预约与审查。租赁公司接到申请后提出租赁估价。双方共同协商后，即办理租赁预约，然后租赁公司对承租方的经营和经济状况进行审查，决定是否同意租赁。

（3）签订租赁合同。承租方信用符合要求后，即可与租赁公司签订融资租赁合同，确立双方的租赁关系并在此基础上与设备供应商签订购货合同。

（4）组织验货与投保。设备供应商向出租人交货，出租方向供应商付款。承租方收到设备后按照清单和有关标准进行验收，以保证购买合同与租赁合同的租赁物一致。验收合格后进行投保。投保项目包括有形损害和灾害、人身伤害和财产损失。

（5）支付租金。承租方取得设备使用权后按租赁合同相应条款向出租方支付租金。支付的租金总额可以使出租人收回一定的成本。

（6）设备处理。合同期满后，承租方按租赁合同规定来处理设备。若规定由承租方留购，则承租方向出租方支付留购价款，出租方开具产权转移证明；若规定无偿转移给承租方的，也应办理产权转移手续。

5. 对租赁融资的评价

租赁是一种融资与融物相结合的中长期信贷方式，对承租人、出租人、制造商和金融机构等租赁市场上的参与者来说，租赁比简单的买卖商品的益处要大，表现在以下几个方面：

（1）降低了企业的生产成本。发达国家对租赁设备采取了一定的鼓励措施，如税收减免和加速折旧等。承租人在采用租赁方式时可将租金从成本中扣除不必要的税金。出租人由于能从其应税收入中扣除设备的投资支出从而大大降低了出租人的购买成本，承租人以租赁方式获取设备的成本低于购买方式的成本。

（2）增加了利用外资的数量。采用租赁方式不仅可以使承租人享有购买设备所需的100%的融资，而且国际货币基金组织一般不把租赁货物视为承租人所在国的债务，因此不会影响该国从其他途径筹集资金，这实际上增加了利用外资的数量。

（3）加快了设备引进的速度。在企业购买设备缺乏资金的情况下，申请各种形式的贷款手续复杂，费时费力，采用租赁的形式设备和供应商可以由承租人指定，设备的引进一般由租赁公司包办，这样就大大节省了设备的引进时间。

（4）避免了通货膨胀造成的损失。租赁设备的租金是固定的，即使以后物价上涨，承租人仍然以租赁合同约定的货币价值支付租金，这样就避免了通货膨胀给承租人造成的损失。

（5）加强了设备的有效利用。对于出租人来说，将自己闲置不用的设备或本国已经淘汰的设备出租给那些经济不发达的国家，会使一些对企业来说没有价值的设备仍然产生经济价值。

（6）运用国际租赁避开了国际贸易中的关税壁垒和技术壁垒。出于保护本国竞争力的目的，世界上的许多国家都对涉及大本国核心技术的设备，特别是包含既可以用于军事目的也可以用于民用目的的技术设备都有严格的出口限制或管制。但是租赁物的所有者始终享有租赁物的所有权和处置权，因而可以避免贸易壁垒。

融资租赁是有风险的，它的风险来源于许多不确定因素。只有在业务活动中充分了解各种风险的特点，才能全面、科学地对风险进行分析，制定相应的对策。融资租赁的风险主要有以下几种：

（1）产品市场风险。在市场环境下，不论是融资租赁、贷款或是投资，只要把资金用于添置设备或进行技术改造，首先应考虑租赁设备生产的市场风险，这就需要了解产品的销路、市场占有率和占有能力、产品市场的发展趋势、消费结构以及消费者的心态和消费能力。若对这些因素了解得不充分，调查得不细致，有可能加大市场风险。

（2）金融风险。融资租赁具有金融属性，金融方面的租赁风险贯穿于整个业务活动之中。对于出租人来说，最大的风险是承租人还租能力，它直接影响租赁公司的经营和生存，因此对还租的风险从立项开始，就应该备受关注。

货币支付也会有风险，特别是国际支付，如果支付方式、支付日期、时间、汇款渠道和支付手段选择不当，都会加大风险。

（3）贸易风险。因融资租赁具有贸易属性，贸易方面的风险从订货谈判到试车验收都存在风险。由于商品贸易在近代发展得比较完备，社会也相应建立了配套的机构和防范措施，如信用证支付、运输保险、商品检验、商务仲裁和信用咨询都对风险采取了防范和补救措施，但由于人们对风险的认识和理解的程度不同，有些手段又具有商业性质，加上企业管理的经验不足等因素，这些手段未被全部采用，使得贸易风险依然存在。

（4）技术风险。融资租赁的好处之一就是先于其他企业引进先进的技术和设备。在实际运作过程中，技术是否先进、先进的技术是否成熟、成熟的技术是否侵犯他人权益等因素，都是产生技术风险的重要原因。严重时，会因技术风险问题使设备陷于瘫痪。

专栏3-2　中国国航与中远集团的租赁融资

　　航空公司的生产经营特点决定了其融资需求持续旺盛，而且突出地体现在"规模大、期限长"的特点上。航空公司的创立、生存和发展，必须经历一次次融资、投资，再融资、再投资，这决定了仅仅依靠金融机构的贷款不能满足庞大的资金需求。然而，租赁融资为航空业的发展提供了很好的解决办法，这种方式能以较低的年使用费来获取飞机的使用权。作为中国航空业的标志，中国国际航空公司（以下简称"中国国航"）从一开始就定位于国际市场，是一家以经营国际航线为主的航空公司。中国国航采用自购、融资租赁和经营租赁的方式引进飞机。2010—2015年，中国国航逐渐扩大飞机的租赁规模，融资租赁的占比逐年上升。截至2018年1月底，中国国航共运营飞机655架，其中融资租赁175架。

　　同样，在海运业中，虽然商业银行贷款是最常见的船舶融资方式，但随着当代国际贸易的迅猛发展，仅依靠贷款购船难以满足快速发展的市场需求。作为中国海运业举足轻重的一分子，中国远洋运输（集团）总公司（以下简称"中远集团"）早期船队扩张主要采取商业银行贷款的方式，后来为了发展壮大，中远集团转向求助船舶租赁。"十五"期间，中远集团确立了从拥有向控制转变的战略发展思路，大幅度提高租船比例。1995年，中远集运的租船比例不足15%，而到2007年租船比例已达55%。通过大胆有效的租船，中远集团快速提升了经营船队规模，较好地适应了中国集装箱运输市场快速扩张的运输需求，增强了驾驭和影响市场的能力。"九五"末，中远集运的3000TEU（国际标准集装箱单位）以上船舶比例不足15%，而目前3000TEU以上船舶比例超过75%。截至2016年6月30日，集装箱船队自营船舶达304艘，船舶运力达1611208TEU。截至2016年6月30日，公司持有21艘集装箱船舶订单，合计326960TEU；中远集运及其控股子公司持有14艘集装箱船舶订单，合计234000TEU。

（二）票据贴现融资

　　票据贴现是指持票人为了资金融通的需要而在票据到期以前以贴付一定利息的方

式向银行出售票据。对于贴现银行而言相当于收购没有到期的票据。贴现票据的贴现期限都比较短，不超过六个月，予以贴现的票据仅限于已经承兑的未到期的汇票。票据贴现融资是企业在资金不足时将尚未到期的银行承兑汇票向银行申请贴现，银行按票面金额扣除贴现利息后将余额支付给收款人的意向银行授信业务。票据贴现可以使企业的未到期商业票据迅速变现，手续简单，融资成本低，加速公司资金周转，提高资金的使用效率。

1. 票据贴现融资方式

（1）商业承兑汇票贴现。卖方债权企业将持有未到期的商业承兑汇票"卖给"其开户银行，从而从银行获得一笔款项。这种贴现行为相当于以应收票据作为质押物向银行取得一笔贷款且利率低于正常利率。

商业承兑汇票的应付贴现票款计算方法如下：

$$贴现息 = 汇票到期金额 × 贴现天数 × \frac{月贴现率}{30}$$

应付贴现票款 = 汇票到期金额 - 贴现息

（2）银行承兑汇票贴现。银行承兑汇票是以银行的信誉作为保证的，信誉度要大大高于商业承兑汇票，转让、贴现比商业承兑汇票更加容易，贴现率市场化程度高。银行承兑汇票到期时，银行向承兑人提示付款，银行对贴现申请人保留追索权。

（3）协议付息票据贴现。卖方持买方用于支付货款的商业汇票（银行承兑汇票或商业承兑汇票）到银行办理贴现，买卖双方按协议约定向银行支付贴现息后银行为卖方提供票据融资。该方式除贴现息是买卖双方依约定比例向银行支付以外，与一般的票据贴现业务处理一样。

2. 票据贴现申请手续

（1）贴现申请人持未到期的银行承兑汇票或商业承兑汇票到银行分支机构填制《银行承兑汇票贴现申请书或商业承兑汇票申请书。

（2）按银行的要求提供有关资料，银行按照规定的程序确认拟贴现汇票和贸易背景的真实性、合法性。

（3）计算票据贴现的利息和金额。

（4）按照实付贴现金额发放贴现贷款。

3. 票据贴现融资的优点

（1）流动性高，票据所载权利完全属于银行，贴现银行可以再向其他银行转贴现或向中央银行再贴现，能随时收回资金，具有很高的流动性。

（2）优化银行信贷资产结构，分散降低资产风险，提升信贷资产质量。对于银行而言，票据业务风险低，流动性强。因为企业实现存入保证金，出票银行可增加存款，而贴现银行可以是双丰收，既有零风险的利息收入，还可以使贷款规模扩大。而且票据贴现先扣息后放款，增加了银行资产的安全性，而且票据的流动性大大高于贷款。

（3）降低企业的融资成本，贴现率大大低于贷款利率。及时解决企业的生产经营资金急需，衔接产销关系，加速社会资金周转。票据贴现的好处之一就是银行不按照企业的资产规模来放款，而是依据市场的情况（销售合同）来贷款。企业收到票据到期兑现往往少则10几天多则300天，资金在这段时间处于闲置状态。企业利用票据贴现融资远比申请贷款手续简便。而且票据贴现的利率是在人民银行规定的范围内由企业和银行商定，票据贴现的利率大大低于商业贷款的利率，融资的成本相对很低。

（4）安全性高。票据上的各个当事人是债券关系，所以贴现银行的资金运用具有较大的安全性，而且票据具有自偿性。当前中国可贴现的票据种类主要是有生产经营的企业法人因商品销售和劳务供应而签发的商业汇票。商业汇票以合法商品交易为基础，相对于贷款来说更有保证。

第二节　企业的新兴融资方式

除了上节指出的常规融资方式，新型融资方式越来越被企业认可和接受。

一、项目融资

项目融资是指通过项目来融资，具体地讲，是指通过该项目的期望收益或现金流量、资产和合同权益来融资的活动。项目融资是一种无追索权或有限追索权的融资或贷款，其主要的融资模式包括BOT模式和ABS模式等。

（一）BOT项目融资模式

1. BOT项目融资的概念

BOT，即Build-Operate-Transfer，是一种利用外资和民营资本进行基础设施建设的新型融资模式。其具体含义是指一国政府或所属机构授权外商或私营商等投资人进行项目（主要是基础设施和自然资源开发）的融资、设计、建造、经营和维护，在规定的特许期（通常为10~30年）内向该项目的使用者收取费用，由此回收项目的投资、经营和维护等成本，并获得合理的回报，授权期满后将项目无偿或以极少的名义价格移交给所在国政府。BOT模式的具体形式主要包括BOT、BOOT、BOO。

（1）标准BOT，即通常所说的最典型的定义。BOT具体是指由国外财团或私人财团融资建设基础设施项目，项目开发商在事先约定的期限内进行经营，经营期满后，项目所有权和经营权被转让给东道国政府。

（2）BOOT（Build-Own-Operate-Transfer），即建设—拥有—经营—转让。BOOT模式具体是指由外国财团或私营部门融资建设基础设施项目，项目建成后的规定期限内，该外国财团或私营部门获得项目的所有权和经营权，经营期满后，将项目移交给政府部门的一种融资方式。

（3）BOO（Build-Own-Operate），即建设—拥有—运营。BOO模式具体是指外国财团或私营部门根据政府赋予的权利建设并经营某项基础设施，而且并不须在一定期限后将该项目移交给政府部门的一种融资方式。

（4）BTO（Build-Transfer-Operate），即建设—转让—经营。对于某些关系到国家安全的产业如通信业，为了保证国家信息的安全性，项目建成以后并不交由外国投资者经营，而是将所有权和经营权都转让给东道国政府，由东道国政府经营，或由政府与项目开发商共同经营。

BOT模式自面世以来便引起了世界各国尤其是发展中国家的广泛关注和应用，成为大型基础设施项目融资的一种流行方式。

2. BOT模式的特点

BOT是一种新的融资方式，它的特点主要包括以下几个方面。

（1）BOT项目的实施是一项复杂的系统工程，需要金融、贸易、保险、技术引进、工程承包、土地、交通能源、通讯、广告等各种行业的相互协调与合作。尤其是东道国政府的强有力支持，是关系到一个BOT项目能否成功的关键。

（2）采用BOT模式的主要是基础设施项目，包括道路、桥梁、隧道、铁路、地铁、轻轨、水利和发电厂等。特许期内项目生产的产品或提供的服务可销售给国有单位，也可直接销售给国内最终使用者。

（3）项目公司是BOT项目最重要的参与者和执行者。它们通常由具有雄厚资金实力和专业能力与经验的一个或一组联营体来担当。由于BOT项目融资的前期工作非常复杂，所以许多参与项目公司的股东成员一般在项目初期阶段就组建项目公司，以便能对联营集团个各成员分摊前期开发费用做出安排，再由项目公司同参与各方进行谈判、签约。

（4）BOT项目融资采用分担风险的方法。在BOT模式下，国有部门把项目风险全部转嫁给项目发起人，并且将发起人的投资收益与它们履行合同的情况相联系，以保证项目能够获得明确而稳定的收入来源，从而降低项目的风险。

（5）BOT模式融资能够减少政府的直接财政负担，减轻政府的借款负债业务。所有的项目融资负债责任都被转移给项目发起人，政府无须保证或承诺支付项目的借款，因此政府可将原来应用于这些方面的资金转移到其他项目的开发和投资中去。

（6）BOT项目的特许期限结束后，应无偿移交给政府部门。通常采用的方式有所有权转让和经营权转让。

3．BOT模式的运作程序

不同BOT项目的操作过程都是千差万别的，但一般来说，每一个BOT项目的运作均要经历立项、招标、投标、评标、谈判、建设、运营和移交等几个阶段。

（1）立项阶段。BOT项目的确定可以分为政府直接确定和私营部门提出由政府确定两种方式。政府首先选择并确定哪些项目可采用BOT方式进行融资，然后对这些候选项目进行技术、经济和法律上的可行性研究，从而确定适合采用BOT模式建设经营的基础建设项目。私人部门也可以充分发挥其在选择项目上的经验和对项目经济效益关注方面的优势，向政府部门提出项目建议，然后由政府决策确定项目。

（2）招标阶段。在立项以后，政府或其委托的机构发布招标广告，然后对报名的私人机构进行资格预审，从中选择数家私人机构作为投标人并向其发售招标文件。对于确定以BOT方式建设的项目也可以不采用招标方式而直接与有项目意向的私人机构协商。

（3）投标阶段。BOT项目标书的准备时间较长，往往在半年以上。在此期间，受政府委托的机构要随时回答投标人对项目要求等提出的问题并考虑其提出的建设性意见，且投标人必须在规定的日期前向招标人呈交投标书。

（4）评标阶段。评标是政府根据招标文件的要求，对多有的标书进行审核和评比的行为。招标人开标、评标和排序后，选择前2~3家进行最后的筛选，确定最终的中标者。

（5）谈判阶段。在确定了项目的发展商之后，政府需与其进行实质性的谈判。谈判的内容涉及项目的技术、经济、法律等多个方面。通过谈判，正式形成涉及项目建设、经营及转让的所有法律文件。其中特许合同是其核心，它具有法律效力并且在整个特许期内有效，它规定政府和BOT项目公司的权利和义务，决定双方的风险和回报。

（6）建设阶段。项目公司在取得政府的授权后，以交钥匙的方式与项目建设承包商签订项目建设总承包协议，规定由建设总承包商负责项目的整体规划、设计、建筑施工和设备安装等，直到工程质量符合政府的要求为止。若出现成本超支和工期延误风险，既可由承包商独自承担，也可由项目公司与承包商共同承担。

（7）运营和移交阶段。项目建成后，项目由运营商进行运营和维护，投入使用后产生的项目收益将用来支付运营成本、还本付息、税收和盈利分红等。BOT项目的特许期限结束后，应无偿移交给政府部门。通常采用的方式有所有权转让和经营权转让。

4．BOT模式项目融资的利弊分析

BOT项目融资模式之所以受到许多国家特别是发展中国家和地区政府的广泛关注和应用，最大的原因在于其相对于其他的传统融资模式存在很多优点。然而任何事情都有其两面性，BOT项目融资模式也有许多负面影响。

（1）BOT项目融资的优点

①能减少政府的直接财政负担，减轻政府的借款负债义务。通过BOT项目融资模式可以拓宽资金来源，引进外资和本国民间资本。由于所有的项目融资负债都被转移给了项目发起人，政府无须承担相应的高昂债务负担。政府可将原来用于这些方面的资金专用于其他项目的投资和开发，加快发展公共基础设施。

②有利于提高项目的运行效率。政府采用BOT模式项目融资模式，把项目风险转嫁给了项目公司，能够充分调动和发挥外资和民营机构的能动性和创造性，提高建

设、经营、维护和管理效率，引进先进的管理和技术。

③有利于转移和降低风险。基础设施项目的周期长、投资大、风险大，而通过BOT模式项目融资可以降低政府的风险，政府无须再承担融资、设计、建造和经营风险，风险被转移给项目公司承担。由于项目公司的收益与其履行合同的情况相联系，故能够降低项目的超支预算风险。

④有利于提高技术和管理经验。BOT项目通常由外国公司来承包，这会给项目所有国带来先进的技术和管理经验，既可以给本国的承包商带来了较多的发展机会，也促进了国际经济的融合。

⑤BOT模式项目融资可以使我们更加合理地利用资源。因为还贷能力在于项目本身效益，且大多数采取国际招标方式，可行性论证较严谨，避免无效益项目开工或重复建设。

（2）BOT项目融资的缺陷

①融资成本较高。由于项目投资者需要承担整个项目的建设、经营和风险，因此该类项目的投资者索取的投资回报率较高，政府需要向投资者支付高昂的报酬，故融资成本较高。

②损害经济利益。外商投资者建成项目之后要有一个较长时期的自主经营权，在该段期间内投资者自我管理、自我经营、自负盈亏，拥有对该项基础设施的完全控制权，故采用该项目融资方式以牺牲较长时间内的一部分经济利益为代价。

③不利于对项目的控制。由于外商和民营投资者负责整个项目的设计、建造和初期经营，故政府易于失去对该项目设计过程和质量的控制。

④可能造成设施的掠夺性经营。在BOT项目中，外国财团只是项目设施的经营者，项目期满后，项目设施总是要无偿转让给政府部门。因此，为在经营期内获得尽量多的经济利润，投资者往往会对设施进行疯狂式的经营，这使得项目资产在转交给政府部门时已无多大潜力可挖，原来先进的设备已经老化等，政府得到的也许只是一个空壳。

（二）ABS项目融资模式

1. ABS项目融资的概念

ABS（Asset-Backed-Securitization）即资产证券化，是指将缺乏流动性但能产生可预见的稳定的现金流量的资产归集起来，通过一定的安排，对资产中的风险与收益要素进行分离和重组，进而转化为在金融市场上可以出售和流通的证券的一种项目融资方式。

具体而言，资产证券化是指项目发起人将一组流动性较差的资产出售给项目特设机构，该特设机构对此项资产进行一系列的组合，将之包装，使该组资产在可预见的未来所产生的现金流保持相对稳定，在此基础上配以相应的信用增级，提高其信用质量后进行重新评级，将该组资产预期现金流的收益权转变为可在金融市场上流动且信用等级较高的债券型证券。资产证券化包括两种形式：一级证券化和二级证券化。

（1）一级证券化。在资产证券化的初期，资产证券化是指通过在资本市场和货币市场上发行证券即以直接融资方式来举债，这种资产证券化方式称之为一级证券化或融资证券化。

（2）二级证券化。第二种资产证券化是指将已经存在的信贷资产集中起来，将之加以组合并进行包装后转移给投资者，从而使得该项资产在其原持有者的资产负债表中消失。这种形式的资产证券化被称为二级证券化，也就是我们通常所说的资产证券化。

2. ABS模式的特点

资产证券化是世界金融领域最重大和发展最快的金融创新和金融工具之一，具体特点主要包括以下几个方面：

（1）ABS模式是一种结构融资手段。运用ABS模式进行项目融资时，发行人需要建立一个交易结构才能够达到最终融资的目的。而且，资金池里的资产也必须经过加工、转换、重新组合和信用增级后才能创造出能够在市场上流通的债券型证券。由于采用了资产组合、破产隔离和信用增级等手段，该项资产的信用水平才能得到提高，因此ABS是一种典型的机构化融资手段。

（2）ABS模式是一种流动性风险管理手段。最初的基础资产通常是不能随时出售变现却有可预期的稳定的未来现金流量和收益的资产。这些资产经过ABS模式转化增级以后，转化为流动性高的标准化的证券工具。所以说，ABS的一个重要特点就是增加资产的流动性。

（3）ABS模式是一种只依赖于资产信用的融资方式。由于用于ABS融资的这部分资产已与发起人的其他财产隔离开来，故资产债券的信誉只来自于证券化资产本身，而与发起人及特设机构本身的资信没有关系。如果保证资产即项目资产违约拒付，资产债券的清偿也仅限于被证券化的资产的数额，资产的发起人和购买人没有超过此限的清偿义务。

（4）ABS模式是一种表外融资方式。该项资产是与发起人的其他资产相分离的资产，只要达到真实出售标准，利用ABS模式所进行的融资就不会增加发行人的负债。因此说，ABS是一种表外融资方式。

3．ABS模式的运作程序

ABS模式的运作程序通常由以下步骤组成：

（1）发起人组建资产池。发起人首先分析自身的资产证券化需求，根据需求来确定资产证券化所要达到的目标，然后对自己拥有完整所有权的且能够产生未来现金收入的那部分资产进行清理、估算和考核，根据证券化目标来确定资产数。最后，发起人将这些整理好的资产汇集成为一个资产池。随着证券化的发展和金融市场的不断创新，越来越多的资产进入证券化市场。

（2）组建特殊目的载体（SPV）以实现真实出售。特殊目的载体是资产证券化过程中的中介机构，一般是由在国际上获得权威资信评级机构给予较高资信评定等级的投资银行、信托投资或信用担保公司等与证券投资相关的金融机构组成。发起人即原始权益人根据买卖合同将资产池中的资产通过资产出售型、信托型或者担保型资产的方式让渡给特殊目的载体。如果是信贷资产证券化，则原始权益人一般为银行；如果是不动产证券化，则原始权益人一般为进行建设运营的项目公司。

（3）信用增级。为吸引投资者和改善发行条件，特设机构必须提高资产支持证券的信用等级。信用增级的方式主要有三种：一是破产隔离，即通过将该项资产与原始权益人的资产进行分离来剔除原始收益人的信用风险对投资收益的影响，从而提高该资产的信用等级；二是金融担保，由担保公司向投资者保证特设机构将按期履行还本付息的义务，如特设机构发生违约，由该担保公司代为支付到期债券的本息；三是把资产支持证券划分给优先证券和次级证券两类，对优先证券支付本息要先于次级债券，从而降低了优先证券的信用风险，提高了该证券的信用等级。

（4）资产证券的信用评级及其销售。在采用各种措施进行信用升级以后，SPV便委托信用评级机构对即将发行的债券进行正式的信用评级，然后将信用评级结果公之于众。在此之后，SPV委托证券承销商负责向投资者销售该资产支持证券，承销证券的方式有代销、包销和余额包销方式等。

（5）运用证券发行收入向原始权益人支付购买价格。证券承销商出售证券以后，特设机构从证券承销商那里获得证券发行收入，再按资产买卖合同规定的价格把发行收入的大部分支付给原始权益人。到此为止，原始权益人便最终达到了筹资的目的。

（6）到期还本付息和对聘用机构付费。托管行按合同规定，在规定的期限里将积累金拨入付款账户，对投资者还本付息，而且还要向聘用的各类机构支付专业服务费。若资金池产生的收益在还本付息和支付各项服务费用以后还有剩余，则按照协议的规定，在原始权益人和特殊的目的载体之间进行分配。到此为止，一个完整的资产证券化过程宣告结束。

4. ABS模式的利弊分析

相对于BOT模式的项目融资方式，ABS具有一定的运作优势。

（1）降低了项目融资成本。ABS模式以资产的信用为担保，通过真实出售和破产隔离的机制设计，再辅以信用增级等手段，使得发行的证券的信用等级独立于融资者的信用等级，大大提高了债券的信用级别。信用级别的提高必然使得投资者的要求回报率降低，从而降低了融资成本。ABS融资的发行环节少，简便易行，而且中间费用低，也会降低融资成本。

（2）减轻、分散了投资风险。ABS方式隔断了项目原始权益人自身的风险，使其清偿债券本息的资金仅与项目资产的未来现金收入有关，加之在国际高档证券市场上发行的债券是由众多的投资者购买的，从而分散了投资风险。

（3）改进了资产负债管理。发起人将资产出售给特殊目的载体，而且是真实的出售，并将该资产从资产负债表中剔除，从而改进了资产管理。

（4）拓宽了融资渠道。由于ABS模式可以使证券的信用级别高于原有融资者的整体信用级别，原有可能因为信用级别不够而无法融资的借款人可以获得融资的机会，拓宽了企业的融资渠道。

（5）ABS代表未来项目融资的发展方向。通过证券市场发行证券筹集资金，是ABS不同于其他项目融资方式的一个显著优点。无论是产品支付融资，还是BOT项目融资模式，都不是通过证券化形式融资的，而证券化融资代表着项目融资的未来发展方向。

总之，ABS作为一种金融工具正在全球范围被广泛运用，它在债券市场中的重要性日益凸显，并正在改变着全球的金融结构和信用配置格局。然而在现实中，ABS融资方式也存在一些弊端。美国次贷危机的爆发充分表明，证券化在提供风险分散功能的同时，也会通过激励机制的扭曲产生一系列潜在的风险。

（1）证券化降低了贷款人对借款人进行甄别的积极性，可能导致贷款标准的恶化。当抵押贷款的发起人把贷款和与之相关的权利出售给其他金融机构时，风险也就在很大程度上转移给了贷款购买人。由于贷款发起人的收益与贷款数量紧密联系，这样的激励结构可能使增加贷款数量而不是保证贷款质量成为贷款人的首要目标。

（2）由于证券化加剧了信息不对称，抵押贷款提供链条上的各种专业服务提供者很容易出现严重的道德风险问题。在美国的住房贷款中有相当大的比例是通过代理机构发放的，代理公司只要发放更多的贷款，收入就越多，这些以收取手续费为目的的代理公司可能并不是为了贷款人的最大利益而行动。

（3）证券化使不同层次的信贷市场更紧密地相互依存，但当不确定性出现时，风险也更容易波及到优质市场。

（4）证券化只是提高了银行或储蓄贷款机构把风险转移出自己平衡表的能力，但并没有消除这些风险再回来的可能性。

（三）PPP项目融资方式

1. PPP项目融资的概念

PPP（Private-Public Partnership）即公私合营，是指政府、营利性企业和非营利性企业以某个项目为基础而形成的相互合作关系的模式。通过这种合作模式，合作各方可以得到比单独行动更有利的结果。合作各方参与某个项目时，政府并不是把项目的责任全部转移给私人企业，而是由参与合作的各方共同承担责任和融资风险。PPP项目融资主要包括三大类：传统承包项目、开发经营项目和合作开发项目。

（1）传统承包项目。传统承包项目是指公共部门承担项目计划、开发和运营的绝大部分工作，只是将部分合同分包给私营部门的一种融资方式。

（2）开发经营项目。在开发经营项目中，公共部门通过合同的签订将项目的开发经营等大部分工作转交给私营部门，私营部门在合同期内建造、运营该项目并获得合理回报，在合同期结束以后将项目移交给公共部门。

（3）合作开发项目。在合作开发项目中，私营部门和公共部门共同参与项目的融资，并共同分享项目的经营收入。

2. PPP项目融资的特点

风险分担是PPP的一个突出特点，经验表明，合适的风险分担对于一个项目的成功至关重要。PPP项目融资的特点主要包括以下几个方面：

（1）政府部门的有力支持。在PPP模式中，公共民营合作双方的角色和责任会随项目的不同而有所差异，但政府的总体角色和责任，即为大众提供最优质的公共设施和服务却是始终不变的。

（2）需要健全的法律法规制度。PPP项目的运作需要在法律层面上，对政府部门与企业部门在项目中需要承担的责任、义务和风险进行明确界定，保护双方利益。

（3）需要专业化机构和人才的支持。PPP模式的运作广泛采用项目特许经营权的方式，进行结构融资，这需要比较复杂的法律、金融和财务等方面的知识。

3. PPP模式的运作程序

PPP项目融资过程一般可以分为四个阶段：准备阶段、招标阶段、融资阶段和实施阶段。每个阶段又可以细分如下：准备阶段包括确定项目、项目立项、招标准备和资格预审；招标阶段包括准备投标文件、评出候选中标者、详细谈判和选定中标者；融资阶段包括融资决策、融资结构、融资谈判和融资执行；实施阶段包括设计建造、经营维护和移交。

4. PPP融资模式的利弊分析

PPP是在BOT理念的基础上进一步优化而衍生出来的，是建立在公共部门和私人企业之间相互合作和交流的基础之上的"共赢"。PPP模式优点体现在以下几个方面：

（1）实现更高的经济效益。PPP项目依靠利益共享、风险共担的伙伴关系，可以有效降低项目的整体成本。在PPP模式下，项目建设成本、运营成本、维修和翻新成本以及私营机构的融资成本统称为PPP合同约定成本，由于私营机构在建设施工、技术、运营管理等方面的相对优势得以充分发挥，PPP合同约定成本会小于公共部门独立开展项目时的相应成本。

（2）具有更高的时间效率。PPP项目的完工进度平均比计划提前3.4%，而传统模式项目的完工进度平均比计划推迟23.5%。另外，传统模式下，项目完工的超时程度受项目大小影响较为严重，项目越大，工程进度延期的程度越高。但在PPP模式下，没有发现项目大小对工程进度的显著影响。

（3）有助于增加基础设施项目的投资资金来源。PPP模式下，项目融资更多地由私营机构完成，从而缓解了公共部门增加预算、扩张债务的压力，因此公共部门可以开展更多、更大规模的基础设施建设。在政府因财政紧缩，或信用降低而无法进行大规模融资时，PPP模式可以为政府提供表外融资。

（4）提高公共部门和私营机构的财务稳健性。一方面，由于政府将部分项目责任和风险转移给了私营机构，项目超预算、延期或在运营中遇到各种困难而导致的或有财政负债增加的风险被有效隔离。另一方面，由于PPP模式下的项目融资在整个项目合同期间是有保障的，且不受周期性的政府预算调整的影响，这种确定性可以提高整个项目生命周期。投资计划的确定性和效率，提高公共部门的财务稳健性。此外，PPP项目的性质决定了项目需求所产生的风险相对较低，项目的未来收入比较确定，提高了社会资本的财务稳健性。

（5）可以使私营机构得到稳定发展。PPP模式为私营机构提供了风险较低、现金流稳定、由政府合同背书的长期投机会，可以有效刺激当地产业，增加就业机会。

（6）风险分配合理。与BOT等模式不同，PPP在项目初期就可以实现风险分配，同时由于政府分担一部分风险，使风险分配更合理，减少了承建商与投资商风险，从而降低了融资难度，提高了项目融资成功的可能性。政府在分担风险的同时也拥有一定的控制权。

（7）应用范围广泛，该模式突破了引入私人企业参与公共基础设施项目组织机构的多种限制，可适用于城市供热等各类市政公用事业及道路、铁路、机场、医院、学校等。

PPP模式各优势得到市场一致认可的同时，也不可避免地存在一系列问题：

（1）PPP模式导致私营机构融资成本较高。与公共部门相比，金融市场对私营机构信用水平的认可度通常略低，导致私营机构的融资成本通常要高于公共机构的融资成本。

（2）PPP模式普遍采用的特许经营制度可能导致垄断。一方面，在PPP模式下，居高的投标成本和交易费用以及复杂的长期合同，导致很多规模较小的私营机构对PPP项目望而却步，因此减少了政府部门对社会资本的选择空间，也使招投标过程不能实现良好的竞争性。另一方面，PPP模式普遍采用的特许经营制度，实际上使中标的投资运营商获得了一定程度的垄断性，利益基本上能得到合同保障。这种缺乏竞争的环境在某些情况下会减弱私营机构降低成本、提高服务品质的动力。

（3）PPP的长期合同缺乏足够的灵活性。为了项目长期运行稳定，PPP合同可能会比较严格，灵活性不够，公共部门或私营机构在起草合同的时候，很难将未来的变化充分地考虑进来，合同条款通常只考虑当前时点的情况，导致项目后期管理不能因时制宜，而只能遵照合同条款执行——哪怕这些条款已经不再能使项目生命周期的综合成本最优化。

（四）其他的项目融资方式

目前，企业除了采用BOT和ABS模式之外，还有以下几种项目融资方式：

1. PFI模式

PFI（Private Finance Initiative），即私营企业主动融资，是BOT之后又一优化和创新的公共项目融资模式。采用这种模式时，政府部门发起项目，由财团进行项目建设和运营，并按事先的规定提供所需的服务。政府采用PFI的目的在于获得有效的服务，而并非旨在最终获得基础设施和公共服务设施的所有权。BOT和PFI的本质的不同在于政府着眼点的不同：BOT旨在公共设施的最终拥有，而PFI在于公共服务的私人提供。

2. 项目直接融资模式

项目直接融资模式是指由项目发起人直接安排项目的融资，并直接承担起融资安排中相应的责任和义务的一种融资方式。从理论上讲，这是结构最简单的一种项目融资模式。当投资者本身的公司财务结构良好并且合理时，这种模式比较适合。

3. 杠杆租赁融资模式

杠杆租赁融资模式是指在项目投资者的要求和安排下，由杠杆租赁结构中的资产出租人融资购买项目中的资产，然后租赁给承租人的一种融资形式。杠杆租赁中，设备等出租标的购置成本的小部分由出租人承担，大部分由银行提供贷款补足。出租人只需要投资购置出租标的所需款项的20%～40%，即可拥有设备所有权，享受如同对设备100%投资的同等待遇。购置成本的借贷部分被当作杠杆，可以凭借杠杆效应利用他人的资本来提高自身的资本利润。

二、存托凭证融资

（一）存托凭证的概念

DR（Depositary Receipts），即存托凭证，是指在一国证券市场上流通的代表外国公司有价证券的可转让凭证。存托凭证一般代表外国公司的股票，有时也代表外国的债券，是指在一国证券市场上流通的代表另一国证券市场上流通的证券的证券。具体地讲，以美国为例，在美国发行股票的外国公司将其股票，由承销商交由本国银行或外国在本国的分支机构保管，并以此为担保通知美国的存托银行发行股票存托凭证供美国投资者购买，美国投资者购买的存托凭证就是外国公司发行的股票的凭证，投资者可将存托凭证上市转让或凭以领取股息。

美国首先推出了美国存托凭证（ADR），在美国存托凭证出现后，各国根据情况相继推出了适合本国的存托凭证，比如全球存托凭证（GDR）、国际存托凭证（IDR）。现在，中国也正在逐渐推出中国存托凭证（CDR），即在中国内地发行的代表境外或者中国香港特区证券市场上某一种证券的证券。

以美国为例，根据发行公司进入美国资本市场的程度的不同，美国存托凭证可分为四种形式。

1. 一级美国存托凭证

在一级美国存托凭证中，发行公司将股票存托给美国存券银行，存券银行将这些股票交由发行公司所在地的托管银行集中托管，发行美国存托凭证并在美国柜台进行交易。不需要证监会审查和遵守交易所的各种要求，发行需求简单。

2. 二级美国存托凭证

二级美国存托凭证同一级美国存托凭证一样不需要公开招募，不同之处在于二级存托凭证需要在美国交易所上市，因此需要按证监会的要求持续披露，而且披露要遵守美国的公认会计准则。

3. 三级美国存托凭证

三级美国存托凭证即使在美国证券交易所上市也要发行新的证券，因此发行程序相对苛刻，三级美国存托凭证发行时必须遵守公开招募和持续披露等规定。

4. 私募发行美国存托凭证

根据20世纪90年代初颁布的《证券法》144A规则，美国市场创立了私募发行美国存托凭证，以便应对公开招募所造成的大量的文件准备和披露负担。

（二）存托凭证的运作程序

美国是存托凭证发行规模最大的市场。因此下文以美国存托凭证为例，介绍存托凭证的操作程序。

1. 存托凭证的发行

美国存托凭证的发行通常是由美国投资者购买非本国的证券驱动的。美国投资者委托该国经纪人以存托凭证形式购入非美国公司证券，美国经纪人与基础证券所在地的经纪人联系购买事宜，并要求将所购买的证券解往美国的存券银行在当地的托管银行。当地经纪人通过当地的交易所或场外市场购入所指示的债券，然后将所购买的证券存放在当地的托管银行。托管银行解入相应的证券后，立即通知美国的存券银行，存券银行即发出存托凭证交由美国经纪人，经纪人将存托凭证交给投资者或存放在存券信托公司，同时把投资者支付的美元按当时的汇价兑换成相应的外汇支付给当地的经纪人。

2. 存托凭证的市场交易

投资者从存券银行购买其发行的存托凭证。当存托凭证的持有者之间相互买卖存托凭证，在存券银行过户，在存券信托公司结算，其交易过程与其他的国内证券完全一样。目前，市场交易占全部存托凭证交易的95%。

3. 取消存托凭证

当投资者卖出存托凭证而本地市场没有买方时，美国的经纪人委托基础证券所在国的经纪人出售基础证券。当经纪人接到已经出售的通知时，即把存托凭证交回存券银行，由存券银行取消存托凭证，同时存券银行指示托管银行将相应的基础证券解入当地购买该证券的证券商账户。存托凭证持有者取得美国经纪人支付的美元。

（三）存托凭证融资的利弊分析

在最近几年之中，存托凭证融资获得了较快的发展，原因在于其符合资本市场国际化的潮流，而且发行人和投资者都能够从中获得巨大的益处，然而存托凭证也不可避免地存在一些弊端。

1. 存托凭证融资的优点

（1）对投资者的优点。与直接投资国外股票相比，投资存托凭证能给投资者带来巨大的好处：①一国投资者购买该国发行的代表国外证券的存托凭证时用本国的货币进行交易，而且通过本国投资者熟悉的中央存托公司来进行清算。②上市交易的存托凭证必须经存托凭证发行国证监会注册，这有助于保障投资者的利益。③国外上市公司发放股利时，存托凭证的投资者能够及时地获得，而且股利的发放以存托凭证发行国国内的货币进行支付。④某些机构投资者受投资政策的限制，不能投资购买非本国上市的证券，而存托凭证则可以规避这些限制。

（2）对发行人的优点：相对于其他的融资方式，发行存托凭证融资能够给融资者带来如下好处：①市场容量大，融资能力强。某些国家的市场容量巨大，这使得在这些拥有巨大资金流量国家发行存托凭证的外国公司能在短期内筹集到巨大的外汇资金，拓宽了公司的股东范围，提高了公司的筹资能力和降低了募集资金的风险。②采用存托凭证方式融资能够避开直接发行股票与债款遇到的各种法律要求和限制，上市的手续比较简单，融资成本较低。③存托凭证融资方式有利于上市公司进入外国市场，对于有意拓宽国外业务、实施并购战略的上市公司具有很大的吸引力，便于上市公司加强与外国投资者的联系，改善与投资者的关系。

2. 存托凭证融资的缺点

（1）投资者与筹资者之间的信息传递不充分。在存托凭证融资的过程当中，投资者购买的是存券银行依据存储的外国证券发行的ADR，投资者与存券银行之间发生联系，与筹资者并不发生直接的联系，这导致了彼此之间信息传递的不充分。

（2）银行的介入使得交易佣金略高于投资国内股票所需要的佣金。参与美国存托凭证发行和交易的中介机构包括存券银行、托管银行和中央存托公司。这些银行类中介公司的介入使得成本升高，因此会使得投资于存托凭证的费用高于投资于国内股票的费用。

三、可转换债券融资

（一）可转换债券的概念

可转换债券作为一种成熟的金融工具，在资本市场上发挥着重要的作用已有一百多年的历史。据统计，目前全球可转换债券市场的资本规模已接近6100亿美元，每年新发行的可转换债券规模超过了1000亿美元，2003年美国可转换债券发行规模超过股本融资。进入20世纪90年代，中国开始利用可转换债券融资。

可转换债券是可转换公司债券的简称。它以公司债为载体，可以在规定的时间并且遵循一定条件转换为发债公司普通股票的一种特殊的企业债券，其实质是嵌入了普通股票的看涨期权。它为投资者提供了将企业债券转换成股票的权利，这种权利具有选择权的含义，也就是投资者既可以行使转换权，将转债转换成股票，也可以放弃这种转换权，持有债券至到期。当投资者对发行公司的潜力及前景不很确定时，可利用此种投资方式，待发行公司顺利发展起来，逐渐增强自身实力。当股票行市看涨时，则可将该债券转换为股票，以受益于公司的发展。

（二）可转换债券的特点

可转换债券兼有债券和股票的特征，具有以下三个特点：

1. 债权性

本身作为一种债券，与其他债券一样，可转换债券也有规定的利率和期限，该债券的投资者可以选择持有债券至到期，以此收取本息。

2. 股权性

可转换债券兼有债券和股票的特性。转换前，它是债券，具有确定的期限和利率，投资者为债权人，凭债券获得本金和利息；转换后，则成了股票，持有人也变为股东，参与企业管理，分享股息。

3. 可转换性

可转换性是可转换债券的最有特色的标志，债券持有人可以按规定的条件将此债券转换成股票并持有。这种可转股权是投资者享有的、其他债券所没有的选择权，债券持有人可按照发行时约定的价格将债券转换成公司的普通股票。如果债券持有人不想行使转换权，则可以继续持有债券，直到到期收取本金和利息，或者在市场出售。如果持有人认为发债公司的股票有较好前景，在宽限期之后可以行使转换权，按照预定转换价格将债券转换成为股票，此时发债公司不得拒绝。正由于可转换性，可转换债券利率常常低于普通公司债券利率，因此企业发行可转换债券能够降低筹资成本。

（三）可转换债券的基本要素

1. 票面面值

通常为100元，最小交易单位1000元，这一点与普通债券相似。

2. 票面利率

《可转换公司债券管理暂行办法》对此做出了规定：可转换公司债券的利率不超过银行同期存款的利率水平。这主要是因为其本身还包括股票买权那一部分，这也是对众多投资者而言最具诱惑力的地方。可转换公司债券应半年或1年付息一次，到期后5个工作日内应偿还未转股债券的本金及最后一期的利息。

3. 发行规模

《可转换公司债券管理暂行办法》规定，转债的发行额不少于1亿元，发行后资产负债率不高于70%。公司可转债的规模并不是看上去那样对债券的影响不大，实际上，越是大规模的发债，就越是有更多的资金流入发债公司，从而提升其自身盈利水平，这进而又会使公司股票和债券的价值提高；反之亦然。

4. 转换期限

根据惯例，可转换公司债券的转换期限通常根据公司的偿债计划、偿债能力以及股权扩张的步伐来确定，目前国际市场上通行的是5～10年。但中国由于自身的原因，期限通常定为3～5年。

5. 转股价格

它是指债券转换成股票时的价格，通常初始转股价格比股票价格要高，但此溢价水平的具体高低取决于发债公司未来的预期以及过去的经营业绩。因此同一种可转换债券，其他条件不变，转股价格越高，转债的价值就越低。用公式表示为：

转换价格=可转换债券面值/转换比例

中国《可转换公司债券管理办法》规定，上市公司发行可转换公司债券的转换应以公布募集说明书前30个交易日公司股票的平均收盘价格为基础，并上浮一定幅度。

6. 赎回条款

它是指在一定情形下发债公司按发债时约定的价格买回未行使转股权的债券。这一条款的设立使得发债公司避免了因市场中利率下降而对自己造成损失。赎回分为无条件赎回和有条件赎回，前者只要在规定的时间内按约定的价格都可赎回未转股的可转债，后者是指由股票价格达到一定条件后发债公司才能按事先约定的价格收回为转股的债券。

7. 回售条款

当债券的可转换价值大大低于其面值时，此时债券持有人在一定条件下可以要求公司以面值加利息补偿金的价格收回可转换债券，这一点为投资者提供了安全保障措施。

（四）中国可转换债券的转股程序

（1）只要可转换公司债发行人的普通股上市，可转债的持有人随时可以将手中的债券转为股票，且可转换公司债券转股的最小单位为一股。

（2）转股申请。债券持有者在需要进行转换时在深圳证券交易所交易系统中以报盘方式申请。

（3）申请经过深圳证券交易所确认有效后减记债券持有者的债券数额，同时增加持有者相应的股份数额。

（4）证券转股申请一经提出，不得撤销。

（5）若债券持有者在申请中提出的转换数额大于其实际所拥有的债券数额时交易所只按其最大可转换部分进行转股，其余的部分将被取消。

（6）转股申请时间一般为债券发行公司的股票上市日至可转换债券的到期日之间。

（7）转换后的股份的上市交易时间为转股后的下一交易日。

（8）可转换债券上市交易期间，未转换的债券数量少于30000万元时，深交所将马上予以公告，并于三个交易日后停止其交易。可转换公司债券在停止交易后及转换期结束前，债券持有人仍然可以依据初始约定的条件申请转股。

（五）可转换债券融资的评价

可转换债券作为一种新型的融资方式，尤其在中国只是一种新兴事物。随着2001年4月28日《上市公司发行可转换公司债券实施办法》及其三个配套文件的正式出台，一向少人问津的可转换债券一时间成为市场的"新宠"，从而出现了"可转换债券热"。

可转换债券自身集股票与债券于一体的特点，使得它在一定程度上回避了股票和债券的缺陷，它的优点具体体现在以下几方面：

1. 降低融资成本使企业财务负担得以减轻

在相同条件下，可转换债券的利率会低于其他普通债券。例如，上海虹桥可转债的利息只有0.8%，再加上税务利息所特有的"税盾"作用，这就使得可转换债券发行公司摆脱传统融资方式中的财务负担，缓解处于财务困难的公司所发生的"投资不足"，降低其发生财务危机的可能性，更合理地规划其长远发展。

2. 稳定股票市场秩序

以增加股本或者配发的方式进行融资时，会使公司的股本规模急速扩大，而在目前的中国股票市场中，由于多种原因，这种情况几乎必然会导致股票价格的下挫。而可转换公司债券却可以在很大程度上克服这一问题，并且与增发和配股相比，可转债的融资额更大。同时，它转换成股票是有一个过程的，这一过程起到的作用恰如缓冲带一般，缓解了该股票所受的冲击。

3．降低代理成本

传统意义上，债权人只能获得固定收益和优先资产清算权，却得不到与业绩相联系的收益。因此他们不会倾向于高风险投资，而股东的利益是严格与业绩相联系，他们倾向于高风险投资。由此便产生了债权人与股东之间的代理问题，而可转换债券比较好地解决了这一矛盾，它使得可转换债券的债权人具有向股东转变的选择权。当公司业绩良好股价上升时，债权人将债券转换成股票，由此受益。

4．优化资本结构

由于可转换债券自身的兼有债券与股票的特点，因此如果公司经营不好，股价不升，可转换债券持有者发现他们手中的转换期权没有执行的价值，而发行公司将获得低成本债务融资的好处；如果公司经营得好，股价上升，可转换债券持有者将进行转换，在这种情况下，管理者有效地以较高的价格出售了股票。也就是说无论可转换债券是否转换，发行可转换债券都要比其他融资工具好。由此，公司的资本结构也同时得到了自然优化，能够集中精力与财力促进企业的长远发展，以提高企业连续盈利能力。从这一方面来看，可转债可以说是一顿"免费的午餐"。

5．减少管理者的机会主义行为成为上市公司融资方式中的偏好

管理者的机会主义行为表现为：在实践中，管理者不以股东（或公司）价值最大化为目标，而是试图构建一个自己控制的庞大企业王国，由此形成因"过度投资"和过于顾虑企业财务杠杆产生的破产成本以及因在职损失而导致的"投资不足"问题。在由普通负债和权益组成的资本结构下，很难对公司的负债水平进行调整。但在包含可转换债券的资本结构下，通过可转换债券持有人的转换很容易改变负债水平。这是因为可转换债券给予持有人把债券转换为权益的单方特权，通过可转换债券持有人的转换，能够很容易地改变公司的债务水平。在不考虑信息不对称和纳税因素的条件下，凭借负债的违约成本来影响管理者的决策，可赎回的可转换债券在抑制管理者机会主义行为方面确实优于普通负债和权益。公司利用可转换债券（含有可赎回条款）融资，在负债阻止管理者过度投资时，将不会发生转换；在过度负债导致投资不足时，转换发生。

当然，任何事物都有其两面性，可转换公司债券也不例外。发行可转换债券的不利方面在于：

（1）如果可转债的持有者不是公司原有股东，发债公司自身可能由于没有持有

足够的可转债，而在可转换债券转股后由于持股比例的下降而降低对公司的实际控制权。这一点显然不是发行可转债的公司的股东所愿意看到的。

（2）可转换债券给予发行公司的一大优势是其拥有较低的票面利率，这对降低企业融资成本是很有意义的。但这一优势会随着可转换债券的转股行为而消失，从而也使其失去低成本融资的优势。

（3）若可转换债券没有实现转股，那么在临近期限的时间内企业将会面临巨大的财务压力，以致影响自身形象和资信，使今后股权和债务融资筹资成本上升，甚至会导致该企业通过出售资产来偿还债务。

（4）可转换债券不完全是一顿免费的午餐。关于其"免费午餐"的观点只是比较了在股价下跌时可转换债券和普通债券相比所具有的优势（而未比较股价上涨时可转换债券与普通债券的优劣）和股价上涨时可转换债券与普通股的优势（而未考虑股价下跌时可转换债券与普通股的优劣）。若可转换债券发行后股价上涨，如果公司以前发行的是普通债券而非可转换债券，公司受益会更多。虽然公司发行可转换债券支付的利息比普通债券的利息少，但是公司以低于发行后市场价的水平向可转换债券持有者出售股票是其一项契约义务，这样就抵消了可转换债券的较低利率带来的好处。而若可转换债券发行后股价下跌，如果公司以前发行的是股票而非可转换债券的话，这反而对于公司而言倒是件好事。因为公司能从发行普通股中受益，当时的发行价（股价）要高于发行后的市场价，公司能收到比随后股票价值多的现金；如果公司发行的是可转换债券，则不是那么有利了。当以上两种情况发生时，利用可转换债券融资的成本是昂贵的。深宝安作为中国资本市场第一家采用可转换债券融资的上市公司，转股失败后，虽然偿还了债券本息，但却从此转入低谷。

实际上，由于混合特性——部分债务、部分权益，可转换债券的成本最好被认为是明确的利息变化与暗含的权益期权相连的机会成本的加权平均。如果公司经营不佳，可转换债券将比普通股成本更高，因为债务到期还需偿还；如果公司经营得很好，可转换债券则比普通债券更昂贵，因为可转换债券的购买者将参与股东的利润分配。

（5）中国目前呈现出的"可转债热"则反映出发债公司的一种急功近利的不成熟态度，大多是盲目跟风。主要体现在以下几个方面：

①专业知识的贫乏，只将其停留在作为一种融资渠道的认识上，而没有将其作

为一种金融产品创新。再加上可转债在中国被接受的时间较短，市场上的可转债品种少、规模小，使得市场主体对这一事物的了解很片面，产生了两种极端：要么疯狂追捧，要么置之不理。

②可转换债券设计不合理，一般可转换债券的设计条款不仅有保护发行者的强制赎回条款，也有为投资者着想的回售条款，这一点对于中国利用可转债融资的中小企业而言是比较欠缺的。

③对于中国的中小企业而言，由于各自的自身情况不同，这就决定了可转换债券并不是所有公司的最佳筹资方式。它一般要求公司有承担债务的能力和在未来进行股本扩张的实际可行的需要及计划。由此可以看出，那些属于稳定型和衰退型的公司由于不符合以上条件而不适用这一方式进行融资。但市场目前出现的情况是大家蜂拥而上，只要能够发行可转债就会进行盲目尝试。

四、其他新兴融资方式

（一）风险投资基金融资

1. 风险投资基金的定义

风险投资基金又称创业投资基金，根据美国全美风险投资协会的定义，风险投资是由职业金融家投入到新兴的迅速发展的具有巨大竞争潜力的企业中一种权益资本。从投资行为的角度来讲，风险投资是把资本投向蕴藏着失败风险的高新技术及其产品的研究开发领域，旨在促使高新技术成果尽快商品化、产业化，以取得高资本收益的一种投资过程。从运作方式来看，是指由具有专业人才管理的投资中介向具有较大潜能的高新技术企业投入风险资本的过程。

2. 风险投资基金的特点

（1）由于其自身存在的投资风险较大，通常情况下是由投资方于被投资企业共同开办经营企业。

（2）与其他投资者与经营者的关系不同之处在于，风险投资基金的投资者与企业要密切合作，只有这样才能实现企业的长期发展并快速增值。

（3）目前市面上的投资基金一般由个人或者专门基金会提供，而并不是通过我们所熟知的正规的金融机构及股票、债券市场取得。

（4）风险投资基金的投资目标一般集中于有较大盈利潜力的企业。

（5）对于那些吸收风险投资的企业而言，通常在一段时期内将失去对资产的独立控制权。

3. 风险投资的一般程序

（1）编制自己的商业计划书，进行筹资准备。在这一环节中，商业计划书的摘要是核心与关键部分，它的作用是引起投资者的注意，因此在其他重要问题解决之前，不能盲目着手去写商业计划书摘要。

除摘要之外，在商业计划书中还应包括：公司基本状况，以使投资人对自己有所了解，并且明确其此次投资的价值之所在；核心竞争力，以此打动投资人；对市场进行分析；介绍公司管理人员；投资计划；风险分析；投资回报及退出机制。

（2）选择适当投资者。筹资人在选择可行的风险投资基金时，要理性分析，综合考虑。例如，投资者所能给予的资金数量；投资者个人的能力及其信誉；投资者对盈利分配有无苛刻要求，等等。

4. 关于利用风险投资进行融资的评价

首先，风险投资家并不是普通银行家，他们投入资金后对于企业的管理也格外关注，有时甚至会参与管理。他们常常会占企业股份的30%，因此如何使自己的收益最大化是他们的关注点。但是作为具有专业管理才能的投资者，他们参与管理一定会使处于发展期的中小企业受益匪浅，这可以提高他们的管理水平与应对突发事件的能力。也就是说，风险投资家为风险企业提供的不仅仅是资金，更重要的是专业特长和管理经验。

其次，银行贷款需要抵押、担保，它一般投向成长和成熟阶段的企业；而风险投资不要抵押，不要担保，它投资到新兴的有高速成长性的企业和项目。这一点是风险投资的一大特点。顾名思义，风险投资者是风险偏好者，他们为了获得较高的回报率，愿意将资金投入到新创建的企业中。这些企业是新创立的，融资渠道较窄，但是发展初期又需要大量资金，这时风险投资者就可以拥有一个较为有优势的谈判地位来获得回报。受益的不只是投资者，新建的中小企业也是一个受益群体，他们获得了一个较为可靠的投资渠道，为自己的创业初期的快速扩张奠定了资金基础。

当然，风险投资也是利弊同存的，它的缺点在于：

（1）风险投资者往往会同时投资多个有潜力的项目，这是其追求利润最大化以及分散风险的必然选择。虽然风险投资者的专业化能力可以帮助中小企业快速成长，但是作为创业初期的中小企业不能完全坐等天成。你可以想一下，专业的风险投资人常常会同时投资多个项目，他要参加众多的董事会，要向各个他投资的企业提供专业化帮助，因此他不可能完全将精力用在一个企业上。

（2）虽然风险投资乐于将资金投给新兴的中小企业，但是有一点必须谨记，所有的风险投资家都是为了收益而努力。换句话说就是，所有的风险投资家都是贪婪的，他们不会施舍给任何人。因此让他们投资企业的前提是能获得极其丰厚的利润，并不是每个企业都会从风险投资家的手中获得融资的。他们在一定程度上更倾向投资成功的团队、成熟的技术和成熟的市场。

（二）私募股权融资

1. 私募股权融资的定义

所谓私募股权融资是相对于股票公募即公开发行而言的，是指融资人通过协商、招标等非社会公开方式，向特定投资人出售股权，从而达到融资目的。投资人一般包括：发展资本、夹层资本、基本建设、管理层收购或杠杆收购、重组、合伙制投资基金等。

私募融资是除银行贷款和公开上市（包括买壳上市后的再融资）之外的另一种主要的融资方式，在许多情况下，对于尚无法满足银行贷款条件和上市要求的企业，私募融资甚至成为唯一的选择。

2. 私募股权融资的评价

首先，私募股权融资对于迫切需要融资的中小企业而言最具吸引力的优点之一在于通过此种方式融得的资金不需要抵押和担保，并且这些融资得来的资金一般不必担心马上偿还而造成的财务危机，风险一般是由投资方来承担。私募基金在开始投资时都会与融资企业签署完善的退出条款，这也使得融资企业可以从容地面对投资者推出资金的情况。此外，投资方在整个投资过程中并不局限于一次投资，它可以为该筹资企业的后续发展继续提供资金，以使企业快速实现做大做强。

其次，从私募股权融资的特点来看，私募基金为了实现其自身的盈利目的，在进行投资时常常会提出参与公司管理的要求。尽管这可能在一定程度上给融资公司的独立性造成损害，不可否认的是，这些私募基金大都是对融资企业所从事的行业很熟悉，甚至比较专业，可以对企业的市场、客户、人力资源、生产资源、财务资源等进行优化。所以他们参与管理会从侧面提高融资公司的管理水平。这一点可以说是私募股权融资方式中最具特点的地方。

再次，在私募股权融资中有一种方式叫作整体产权股权融资，即就企业整体产权分拆成若干股份，而这种方式下又有一种具体做法叫作企业员工持股，其下又分为管理层持股和员工持股，可以理解为先行支付给员工的薪酬奖励。由于企业资金流通紧张或出于激励考虑，将相应产权作价后，与员工交易，从而既解决了资金问题，又给有能力的员工戴上了一副"金手铐"。

最后，大型私募股权基金在提升企业质量以及满足海外上市方面大都经验丰富。他们为了实现自身利益，一般尽其所能使企业海外上市，从而使他们自己可以退出变现获利。通过在海外上市，企业不但可以进一步拓宽自身的融资渠道，而且可以大幅度提升自身的知名度，为企业在全球范围内做大做强提供了可能性。

虽然私募股权融资可以解决企业的融资需求以及为企业带来一些先进管理经验，但是作为一种相对新式的融资模式，它自身还是存在一些不足。

（1）对非上市公司（特别是中小企业）的股权投资，因流动性差被视为长期投资，所以投资者会要求高于公开市场的回报。这使得以这种方式融资的成本相对较高，在一定程度上使得以私募股权融资带来的好处打了折扣，增加了企业的运营压力。

（2）由于私募股权融资的周期长、流动性低，投资者为了控制其自身可能会遇到的风险而对投资对象提出种种门槛，例如：①要求需要融资的企业具有优质的管理，这一点对于那些不准备参与企业管理的私募基金而言显得特别重要。②要求融资企业至少有2～3年的经营记录、并且具有巨大的发展潜力和市场前景，同时其提出的发展战略必须令人信服。③由于私募基金一经投资后，其退出不像公开市场那样容易，因此私募股权投资者对预期投资回报率的要求较高，至少高于投资与同行业上市公司的回报率，以此来弥补其丧失流动性带来的损失。④投资者还会对企业进行法律方面的调查，了解企业是否涉及纠纷或诉讼、土地和房产的产权是否完整、商标专利权的期限等问题。由于很多需要融资的中小企业是新兴的，因此难免在这些方面遇到困难。

（3）投资方和引资方的出发点和利益不同、税收考虑不同，双方经常在估值和合同条款清单的谈判中产生分歧，解决这些分歧的技术要求高，所以不仅需要谈判技巧，还需要中介的协助。

（4）国外的大型私募基金虽然有较长时间的操作经验，并且资金雄厚，但由于中国的国情不同于外国的资本市场情况，因此寻求国外的大型私募股权基金有时虽然会在一定程度上实现融资目的，但在很多时候这些私募股权基金在中国的运作并非像它们在国外的资本市场上那样游刃有余。而中国的本土私募股权基金由于发展时间较短，再加上大多具有短视行为，常常热衷于在企业上市前一段时间投资，并非是一种有耐心的长期资本。

表3-1　各种融资方式的比较

融资方式	优点	缺点	成本	融资时间	风险	要求与条件	使用方法
贷款融资	融资成本低、融资速度较快	融资规模受限、融资风险较大、融资主体自由度低	融资成本较低	多为短期或中期贷款	融资风险较大	银行一般都要制定相应的保护型条款，构成对企业使用贷款的约束	直接与银行进行协商
债券融资	资本成本低；具有财务杠杆作用；所筹集资金属于长期资金；资金来源广泛；债券偿还办法灵活；还款期限长，利率较稳定；发行国际债券可提高发行者的国际声誉	财务风险大；限制性条款多，资金使用缺乏灵活性	资本成本低	所筹集资金属于长期资金	存在汇率风险；财务风险大	只有高信誉的发行人才能顺利地进行筹资	由国际金融组织协助发行
股权融资	企业吸收来的资金属于自有资金，而不是负债，这样就可以减轻债务负担，增加企业的净资产，美化财务报表，提高企业的偿债能力和盈利能力	股权的稀释，管理权的分散。上市融资成本较高，程序严格	较高	筹集长期资本	管理权处在不稳定的状态	严格根据《公司法》和《证券法》的有关规定	根据证监会上市公司的指导，准备相关文件
融资租赁	融资与融物相结合，融通期限较长，加大企业的现金流量。有利于企业加快更新技术设备，迅速形成生产能力	引进的技术或设备是否对企业生产能力的提高有效，产品是否有市场存在不确定性	定期支付租金	根据合同规定。一般是长期融资	技术风险，金融风险，贸易风险	企业根据自身需求向租赁公司提出申请，需要达到租赁公司对承租人的信用要求	选定设备，签订合同，定期支付租金
票据贴现融资	流动性高，安全	需要支付贴现息	需要支付贴现息	短期融资	票据发行人或承兑人的偿债能力	票据来源真实合法	向银行提出申请，提供相关材料。支付贴现利息

融资方式	优点	缺点	成本	融资时间	风险	要求与条件	使用方法
可转换债券	稳定股票市场秩序。降低代理成本。优化资本结构。减少管理者的机会主义行为	发债公司在可转换债券转股后由于持股比例的下降而降低对公司的实际控制权。较低的票面利率会随着可转换债券的转股行为而消失，若可转换债券没有实现转股，在近期企业将会面临巨大财务压力	较小	较快实现融资	较小，行使转换权前作为债券，转换后作为发行的股票	公司有承担债务的能力和在未来进行股本扩张的实际可行的需要及计划	确定票面面值、票面利率、发行规模、转换期限、转股价格、赎回条款、回售条款
造壳上市	避免直接上市中的由于法律问题而造成的时间浪费;国内企业还可以借助壳公司本身的资源拓展境外业务;此种方式很受国际投资者的青睐	由于需要拿出资金造壳，所以资金短缺的公司压力较大从海外设立公司到最终股票上市需要时间较长	较小，因为成立壳公司的目的性较强	较长	相对于买壳上市而言较低	公司有较强资金基础，且可以有足够时间等待上市	委任专业人士;确定上市时间表;确定重组方案;尽职调查和撰写招股书;财务审计，递交上市申请表、聆讯等;境外评估师资产评估
买壳上市	避开各种法规的不必要限制以及烦琐的审批程序;为上市公司节省了大量资源;上市成功的可能性非常大	目标壳公司的选择不慎往往会造成公司的负担加大	略高于造壳上市	短于造壳上市	高于造壳上市	在境外购买壳公司，股价即股东人数适中壳公司没有负债且没有经营上的历史污点;购买的壳公司各方面条件要与母公司相近	换壳;买壳
借壳上市	避免了造壳上市中海外注册公司进而控股国内公司的种种烦琐，同时又最终实现了公司的海外融资;成本优势;获得壳公司的优质资产及其核心资源	向壳公司融资后的业绩提升本身存在着一个风险问题;壳公司可能故意隐瞒消息使借壳公司遭受损失;不同企业文化之间的冲突	低于买壳与造壳上市	较快实现融资	低于买壳与造壳上市	对壳公司的规模及经营业绩有清晰的认识;母公司本身已经控制借壳的目标公司	剥离出一块优质资产上市;注资上市公司;母公司整体上市

第三节 中外跨国公司融资方式比较

受历史、经济、社会等因素的影响，中外跨国公司在融资方式选择上存在一定差异。概括来讲，主要体现在以下几个方面。

第一，国内企业偏好于直接融资，而国外企业倾向于间接融资。国内企业之所以存在这样的偏好主要是因为直接融资成本低、资金配置快、使用效益高，这也是国内企业偏好直接融资的主要原因。而间接融资需要第三方中介的参与，在整个融资过程中主动权掌握在第三方中介手中。

第二，国内企业习惯在国内融资，而国外企业倾向于在境外融资。产生这一差异的原因有四：一是国内存在大量的融资平台，给企业提供了很多融资机会；二是境外融资涉及国际法律、国际金融等诸多要素，企业熟悉国际融资环境需要很大的成本；三是境外融资因涉及范围广而存在很大的风险；四是国外企业在境外融资起步早于中国，其环境适应能力远高于中国企业。

第三，国内企业（特别是国有企业）融资遇到问题喜欢找政府解决，而国外企业更倾向于在市场寻求机会。这一现象主要由社会因素造成，改革开放前，中国一直实行计划经济，直接造成了现在企业仍然有依靠政府解决问题的思维习惯。

第四节 小 结

根据前面三节的分析，不同融资方式之间存在很大差异，同时又各自具有优缺点。中国跨国企业在融资方式选择时，要充分考虑企业所处的社会环境、行业属性以及企业特性，选择最适合企业发展的融资方式。尤其需要注意的是，在选择新兴融资方式时，由于缺乏实践经验，企业务必做好调研准备工作，尽可能选择与公司发展战略相契合的融资方式。

·案例·

3.1 中国工商银行A+H股同步上市融资

一、案情介绍

中国工商银行于1984年成立，全面承担起原由中国人民银行办理的工商信贷和储蓄业务。沿着政府注资、财务重组、设立股份公司、引进战略投资者、建立公司治理框架、择机上市这一改革路径，工商银行通过多项发行创新机制，顺利实现了以A+H方式同步同价上市，融资额创出了全球企业IPO的新高，为今后的发展奠定了坚实的基础。

（一）重组改制，引进战略投资者

作为一家国有商业银行，中国工商银行成立30多年来，为支持中国改革开放和国民经济发展做出了巨大贡献，但同时也承担了大量的政策性任务和转制成本，积累了较大的风险，资本金不足、不良资产包袱沉重等问题严重制约和影响了其参与国际竞争的能力。于是自20世纪90年代末起，中国政府为协助其改善资产质量推出一系列措施。1998年，财政部向中国工商银行定向发行850亿元的30年期特别国债，所筹集的资金全部用于补充中国工商银行资本金。1999—2000年，工商银行将总额达4077亿元的不良资产按账面值处理给华融公司。2005年政府通过汇金公司向中国工商银行注资重组，成立股份有限公司，使不良贷款率由2003年底的24.24%下降至2006年6月30日的4.1%，提高了银行的资本充足率，财务和资产质量指标达到了健康银行的标准。2005年5月27日，华融资产管理公司以无追索权的方式按账面值从中国工商银行接受了共计1760亿元的损失类不良贷款。2006年6月27日，华融、信达、东方、长城四家资产管理公司分别履行了总额4590亿元可疑类贷款的转让协议。

2006年工商银行开始引入战略投资者高盛集团、安联集团及美国运通公司，在公司治理、风险管理、资产负债管理及不良贷款管理等方面为工商银行提供支持。2006年9月，社保基金理事会认购了中国工商银行A股和H股公开发行前已发行股份的4.9996%。

（二）A股H股同步路演、发行、上市

为进一步巩固银行的资金基础，以支持业务的持续增长，巩固工商银行在中国银行业的市场领导地位，并致力于转型为国际一流的金融机构，2006年中国工商银行股份有限公司申请以A+H股方式在内地和香港两地同步上市进行融资。

2006年9月27日，工商银行正式刊登招股意向书，紧锣密鼓地展开了IPO询价路演活动。此次路演中，工商银行力推"三大王牌"：工商银行的规模优势和行业龙头效应是其路演推介的最大王牌之一；第二大王牌是工商银行所拥有的较强大的技术信息支持和优质的客户数据库集中系统；第三大王牌是工商银行针对备受投资者关注的不良贷款率所给出的定心丸。截至2006年6月底，老贷款的不良贷款比例高达50.66%，但新贷款的不良贷款比率只有1.86%，而且新贷款占贷款总额的95.2%。

A股预路演推介活动举行了20多场，承销团得到的机构承诺认购金额超过2000亿元，创中国新股询价制以来新高。而H股国际路演行程遍及亚洲、中东、欧洲、美国的18个城市，通过92场一对一会议和团体推介会形式，会见了1000余家境外投资者。国际配售簿记总需求达到3432.4亿美元，认购倍数约为40倍，海外投资者对工商银行的追捧程度可见一斑。

2006年10月16日至10月19日同步公开发行A股和H股。给予对其上市后业绩增长的良好预期，中国工商银行IPO新股发行得到了市场投资者的热情认购，并刷新了多项历史纪录，融资额创出全球企业IPO的新高。在超额配售选择权行使前，中国工商银行A+H股发行规模合计达191亿美元，H股和A股各自的发行规模，都分别超越了以往中国公司海外发行和国内发行的规模。

作为全球有史以来最大规模的IPO，2006年10月27日，中国工商银行在上海证券交易所和香港联交所同步上市，成为中国历史上首次实现A+H同步上市的公司。

二、案情分析

中国工商银行成功实现A+H股上市融资，不论对自身发展，对中国资本市场，还是对中国国有商业银行改革都具有重大的意义。从融资的角度出发，我们从以下两方面对此案例进行分析。

（一）股权融资的意义

工商银行采取的上市融资的方式，为工商银行自身的发展带来许多益处。首先，工商银行通过股份制改造及A+H股方式同步发行上市，筹集了大量发展资金，增加资本的流动性，增强其资本实力和盈利能力。工商银行上市后，来自资本市场的200多亿美元的资金改变了其长期以来主要依靠财政的筹资局面，资金来源的分散避免了银行对财政的过度依赖，从而分散了风险，有利于形成良性的资本金补充机制。其次，上市将促使工行建立明晰的产权制度，并按照国际标准不断改善公司治理结构，切实转换经营机制，着力加强内控机制和风险管理制度建设，努力提高服务水平和效益，在竞争性的金融市场中设计出一个好的激励机制。因为上市后，股价的涨跌成了银行当前经营状况和未来发展前景的反映，为了防止股价下跌和信誉下降，必须时刻保持竞争力。另外，工行上市的同时还获得了再融资的渠道，有利于提高资本充足率。除了新股上市筹资外，上市增加了银行资本管理的工具和手段，诸如股票回购、库存股票出售、拆股、送股、红利再投资计划等，便利了银行的市场筹资。最后，工行加盟股市还有助于增强自身的抗风险能力。工行上市后实现了股份的多元化，有利于完善公司治理结构；对上市公司信息披露的严格要求提高了工行在经营上的透明度。

（二）A+H股发行方式的优势

此次中国工商银行在上海证券交易所和香港联交所同步上市，是中国公司历史上首次实现A+H股同步上市。基于此案例，A+H股同步上市方式显现出六大优势：

1. 确保发行成功。两地上市，可以避开其中某一个市场出现不稳定市况的影响，因而可降低首次公开发行的风险。

2. 获得更优的发行定价。由于国家风险因素的长期存在，通常情况下，香港市场的发行市盈率和二级市场市盈率都要低于内地市场。内地投资者对内地企业股票价值会有极大认同，这一认购预期会影响到同时进行的境外发行的投资者价值判断，从而使股票价值在境内外市场相互促进的氛围中得到充分的发掘与认同。

3. A+H方式，可以使公司充分利用国际和国内两个资本市场的优势。包括利用两个市场的容量募集更多资金，利用香港市场监管国际化的优势提升企业治理，促进企业市场化和规范化经营；在激励制度安排方面也有更多的灵活选择。

4. 同时发行A股、H股将会使公司实现真正意义上的全球发行，发行影响力也将在全球范围内体现，将会极大提升公司的市场形象及国际知名度。如本案例中，工商银行在H股发售的国际路演中获得40倍认购，海外投资者的热情认购无疑大大提升了工商银行的国际市场形象，为工商银行带来了巨大的广告效应。

5. 对于企业再融资也带来便利。两地上市后，企业可以选择在较好的市场进行增发，还可以利用香港市场再融资手续简便的优势，加快再融资的速度。A+H使公司一次性构建了境内外两个融资平台，其后续融资不受制于单一市场的规则及状况限制，拓展了公司的后续融资渠道及方式。

6. 企业在内地和香港同时A+H上市，上市前期工作也可以相互利用，一次性实现先发H股后发A股模式效果，募集资金到位更加及时。

三、总结与启示

（一）采用A+H融资方式需要企业周全的调研准备

尽管A+H方式具备众多优点，但是毕竟两地上市的总成本较单一地区上市较高，因而主要适用于较大型企业。此外，是否采用这一方式，还需要考虑公司战略等多种因素。另外，企业在境外上市时，必须首先对拟上市市场的相关监管规定做充分的了解，严格按当地监管要求执行，否则可能面临法律风险。中国人寿2003年在纽约和香港两地上市，就曾因信息披露不够充分，导致了长达两年多的集体诉讼。而对于拟在境内和境外或在两处境外市场同步上市的企业，更有必要充分了解不同市场在证券监管要求方面的差异，实现顺利上市募资。本案例中，工商银行A+H股同步同价上市的经验值得境内企业借鉴。

（二）企业要积极寻找适合自身的融资方式

企业在不同时期会有差异化的发展布局，但当外部环境发生变化时，企业可借助特殊的融资方式改善发展模式。案例中的工商银行正是利用股权融资，改善了其严重依靠国家财政的弊端，为企业长期发展注入了良性资产。这一融资做法为各跨国企业开拓了一条新的发展思路。

· 案例 ·

3.2 双汇国际收购史密斯菲尔德

一、案情介绍

并购企业双汇国际的实体运营业务由其控股子公司双汇集团从事。双汇集团总部位于河南漯河，前身为当地地方国企漯河肉联厂，1984年进行企业改革，逐步建立现代企业制度。双汇集团着眼国际化：在俄罗斯、韩国及东南亚地区建立办事机构，对外出口高端猪肉；并且先后投资40多亿，从发达国家引进先进的技术设备4000多套，建设工业基地。

被并购企业史密斯菲尔德食品成立于1936年，总部位于美国弗吉尼亚州，是全球最大的猪肉生产、加工及供应商。其业务丰富，在全球12个国家开展业务，除本国外，产品主要销往墨西哥和东亚地区，且拥有完整的产业链条和先进的食品安全技术。

二、案情分析

此次并购，在融资安排方面，双汇国际运用了杠杆融资的方式。如图3-1所示，具体融资安排包括四部分：第一，双汇自有现金4.97亿美元，用于股权对价支付。第二，摩根士丹利提供39亿美元的贷款承诺，主要用于并购后债务重组的支付。第三，银行财团提供40亿美元的债券融资，用于收购史密斯菲尔德股份，包括一笔25亿美元的三年期贷款和一笔15亿美元的五年期贷款。其中三年期贷款的偿还安排为：双汇国际在第一、第二年分别偿还2.5亿美元，第三年偿还余下的20亿美元；五年期贷款的偿还安排为：第四年末偿还4亿美元，第五年偿还剩下的11亿美元。为获取这笔贷款，双汇国际采取资产抵押和信用担保相结合的方式。第四，双汇国际通过其美国附属公司Sun Merger Sub，为该项交易筹集了9亿美元的公债融资，用于股权对价的支付及部分债务重组的支付。

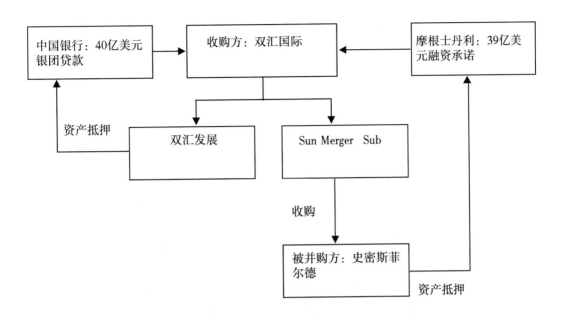

图 3-1　双汇杠杆并购融资方式

（一）并购融资方式的选择分析

对于这次并购，双汇选择的是杠杆融资的方式。表3-2和表3-3反映的是双汇发展和史密斯菲尔德并购前2010—2012年的部分财务指标。

表3-2　双汇发展[①] 2010—2012年财务指标

单位：亿元人民币

	2010年	2011年	2012年
总资产	67.09	78.39	166.95
营业收入	346.16	358.32	361.25
净利润	14.22	14.65	30.69
资产负债率	35.78%	44.69%	24.8%
权益收益率	34.23%	37.56%	37.43%

资料来源：双汇发展2010—2012年年报

---

①双汇发展是双汇集团旗下的上市公司，因并购前双汇国际的主要利润来自于双汇发展，所以本案例用双汇发展的财务指标来描述双汇国际并购前的财务状况。

表3-3　史密斯菲尔德2010—2012年财务指标

单位：亿元人民币

	2010年	2011年	2012年
总资产	526.23	494.69	466.01
营业收入	764.72	793.05	822.15
净利润	-6.92	33.85	22.68
资产负债率	64.19%	53.4%	54.49%
权益收益率	-3.81%	16.54%	10.42%

资料来源：史密斯菲尔德2010-2012年年报，相关数据单位折算为人民币。

对比可以看出，史密斯菲尔德每年的营业收入是双汇发展的2倍多，对于总资产规模，史密斯菲尔德在2010年是双汇发展的7倍多，在2012年是双汇发展的近3倍。因此，史密斯菲尔德的企业规模还是比双汇大很多的，这次的并购交易是典型的"蛇吞象"。基于此情况，采用杠杆融资比较合适。杠杆融资适用于并购企业的资产规模小于目标企业的情况，并购企业有时需要将自身所有的资产都用作抵押，才能筹集够资金。资金来源除了并购企业的自有资金外，还有银行贷款与发行债券。此融资方式的选择符合并购双方的实际情况，能满足双汇国际巨大的资金需求，但同时也会增加企业的债务风险，甚至存在破产的可能。

（二）并购融资中的风险分析

1. 贷款偿付风险

本案例采用杠杆并购融资的方式，双汇国际的偿债负担比较重。根据双汇银团贷款40亿的偿还计划，双汇国际需在2014年和2015年分别偿付2.5亿美元，2016年偿还20亿美元，2017年偿还4亿美元，2018年偿还11亿美元。贷款偿还压力巨大（见表3-4）。

表3-4 双汇国际贷款本金偿还计划

单位：亿美元

时间	2014年	2015年	2016年	2017年	2018年
金额	2.5	2.5	20	4	11

资料来源：万洲国际招股说明书

2. 汇率和利率风险

（1）汇率风险。本案例中，双汇国际可能会承担美元升值带来的损失，但也有可能获得人民币升值的收益。并且并购后的双汇国际拥有中国业务和美国业务，可同时获得人民币计价收入和美元计价收入。这就意味着，在偿还贷款时，若美元升值，可通过史密斯菲尔德的业务收入偿还，若人民币升值，可通过双汇发展的业务收入偿还，其自身就可以对冲掉一部分汇率变动的风险。

（2）利率风险。本案例中，采用的银团贷款Libor利率，是典型的浮动利率，一旦利率上升，双汇将会支付更多的贷款利息，企业会面临利率变动的风险。对此，通过远期利率协议将银团贷款中的浮动利率锁定为固定利率，规避未来利率上升的风险。

（三）并购后续融资安排分析

巨额的贷款带来了沉重的压力，也增加了资本风险，因此并购完成后，需要进行后续的融资，以减少风险，优化资本结构。

1. 双汇国际IPO

2014年4月15日，双汇国际发布招股说明书，计划在香港资本市场进行首次公开募股。但由于双汇国际在巨额贷款尚未偿还时，就对管理层进行巨额奖励，并且投资者急于套现，导致了最终认购不足，不得不宣布暂缓IPO。之后，总结经验，缩减了募资规模，重新定价，于2014年8月15日成功登陆港交所，募资152亿港元。通过IPO上市，双汇国际获得了大量资金，既可用于偿还后续贷款，又降低了企业的财务风险。图3-2就反映了双汇国际IPO上市前后资产负债率的变化。

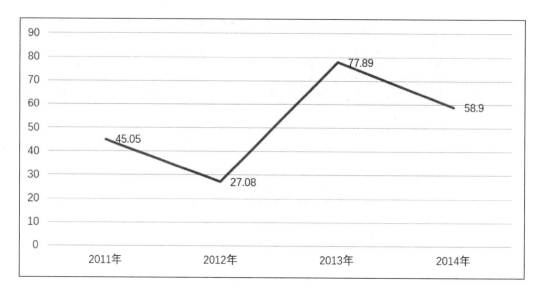

图 3-2　双汇国际资产负债率变化情况（单位:%）

资料来源：根据万洲国际2011—2014年财务数据整理。

2. 债务置换

根据双汇国际信息披露，双汇国际于2014年9月30日与若干银行就一笔金额为15亿美元的美元定期贷款融资订立协议。新融资的利率为Libor加2.48%至3.08%，具体多少根据公司合并负债比率而定，起始适用利率为Libor加2.78%，贷款期限为5年。此笔贷款将全部用于偿还2013年与中国银行等8家银行签订的40亿美元的银团贷款。通过债务置换将高利率的银团贷款转变为低利率的新融资，双汇国际融资成本将大大降低，为公司节省了大笔的利息开支。

3. 并购后续融资的成果检验

表3-5选取了双汇国际在并购交易前的2012年、2013年的部分财务指标，与其在并购交易完成后的2014年、2015年的同类财务指标进行比较，以直观地反映并购融资的成果。

表3-5　双汇国际并购前后部分财务指标比较

单位：%

	2012年	2013年	2014年	2015年
资产负债率 （与偿付能力相关）	27.08	77.83	58.9	53.13
资产周转率 （与营运能力相关）	1.70	1.28	1.54	1.46
销售净利率 （与盈利能力相关）	7.46	-0.59	4.36	4.68
权益净利率 （与盈利能力相关）	19.48	-12.94	20.69	14.43

资料来源：WIND. 万洲国际2012—2015年部分财务指标

表3-5的财务指标均具有代表性：资产负债率与企业的偿付能力相关，资产周转率与企业的营运能力相关，销售净利率和权益净利率则与企业的盈利能力相关。通过对比表中的数据可以看出，由于大量的融资进行并购，双汇国际的资产负债率一度上升至2013年的77.83%，但并购后逐渐下降，至2015年稳定，说明并购后续融资是有成效的。资产周转率也由在并购的当年2013年达到最低。同时，代表盈利能力的两个指标，在2013年甚至成了负值，但通过后续的融资工作，销售净利率和权益净利率逐步回升，但不及并购前的盈利水平。

因此可以得出结论：并购交易对双汇国际的财务与经营状况造成了很大的影响，但在2014年、2015年，通过后续的IPO与债务置换，财务指标逐渐稳定至收购前的水平。由此可看出，后续融资成效还是十分显著的。

（四）并购融资效果的评价

1. 顺利完成巨额资金募集

此次并购所需资金总额约为79亿美元，创下了当时中国企业对美国企业并购的最大规模纪录。双汇国际充分利用杠杆融资，仅投入4.79亿美元的自有资金，通过将双汇发展及并购后的史密斯菲尔德的资产，抵押给中国银行为首的8家银行以及摩根士丹利，获得巨额资金，顺利地完成此次"蛇吞象"的并购。

2. 保持企业正常经营

企业并购的风险很大，融资决策尤为重要。杠杆融资的方式风险极大，双汇国际充分认识到这点，在并购交易完成后立刻安排了新的融资计划。通过IPO和债务置换，双汇优化了公司资本结构，减轻了债务偿还压力，合理地控制了财务风险。

三、总结与启示

（一）科学选择融资工具

本次交易采用杠杆化并购融资方式，双汇虽然募集了大量资金，但也存在无法负担巨额贷款的风险。双汇的后续融资十分成功，通过IPO和债务置换，减轻企业债务负担，合理地控制了风险。但是杠杆并购融资并非适合于所有的企业，因此在并购中，企业需要根据自身的情况确定使用哪些融资工具，注重规避风险，选择最有利的融资计划。

（二）充分争取中介机构的支持

双汇国际收购史密斯菲尔德的交易中，专业中介机构的作用不容小觑：摩根士丹利作为财务顾问，提供并购后债务重组方案和融资计划；德勤提供审计服务；中国银行设计了银团贷款方案，牵头成立银团，成功为双汇筹集了40亿美元。因此，正确的选择专业的中介机构，可帮助企业规避各种潜在的风险。

（三）认真对待并强化融资风险管理

从本案例可得出，企业面临的融资风险主要包括：贷款偿付风险、汇率和利率变动的风险以及并购后企业长期的财务风险。企业在融资过程中一定要清楚认识到各种融资工具和支付方式存在的风险，通过市场调研与专业的中介机构的帮助，合理控制风险范围。借鉴双汇成功的经验，并购完成后，也要评估是否需要进行二次融资。

第四章 | 中外跨国公司
的资本结构

资本结构理论是财务管理的重要组成内容。现代资本结构理论是莫迪格利安尼和米勒教授于1958年后先后提出的。现代资本结构理论的建立，极大地丰富和发展了财务管理理论，对财务理论体系的发展起到至关重要的作用。本章将对跨国经营企业如何进行资本结构决策进行分析。

第一节　跨国企业资本结构的内涵

在中国企业跨国融资中，研究企业资本结构具有现实意义。在中国目前经济环境中，多数企业受到融资来源的限制，往往被动地选择资本来源，所以企业多年来尚未形成自主筹集资本和独立使用资本的管理机制，不懂得似乎也没有必要规划企业各种资本来源之间的关系，也不用去考虑如何在国际融资环境中来确定最优的资本结构。但在复杂多变的国际融资环境中，债务与权益的不同特点将会给企业带来不同的影响。如果没有良好的资本结构意识，将债务与权益进行合理的配比，将会给企业运营带来重大问题，严重的甚至会影响企业的存亡。

一、资本结构的含义

资本结构指公司长期资本中长期的债务和权益之间的比例。在企业持续经营的过程中，由于生产经营规模的扩充等，企业的资本规模在不断地变化。基于实现企业价值最大化的需要而不断调整资本结构，资本规模的变化及资本结构的调整必然要引起资本结构的变化，所以企业资本结构也不可能是一成不变的。

中国企业在进行跨国经营时，应当特别注意的是上述定义中"长期的债务"的内涵。在研究资本结构时，我们一般用"长期债务"来计算"长期的债务"，不包括流动负债，这是因为企业使用流动负债的比例一般不大，相应存在的时限也较短（通常少于一年）。但如果在分析资本结构的具体构成中，我们发现流动负债比例较大，并且长年保持一定的余额，那么就与上述假设有所冲突。我们在分析中就不能只分析长期资本，而是需要对于流动负债，特别是对于固定的流动负债余额进行分析，这一点对于中国企业显得更为重要。根据有关资料，中国企业的流动负债在负债总额中所占的比例通常较高，往往出现"短债长用"的情况。如果只考虑长期负债而不考虑流动负债，就会使企业决策出现偏差，导致严重的经济后果。

所以，如果企业的流动负债长期保持一定的水平，从而在数额上形成了一个永久性的余额，那么我们应当将其视同长期负债，在资本结构决策时将其纳于决策范围，在本书中，为了便于读者理解，除非特殊说明，负债一般指"长期的债务"，即均指长期债务，而不包括流动负债。

资本结构通常采用负债比率、负债对权益比率表示。所谓负债比率是指负债占全部长期资本的比率。而负债对权益比率指负债除以权益。两个比率可以用下列公式表示：

$$负债比率 = \frac{负债总额}{长期资本} \times 100\% = \frac{负债总额}{负债总额+权益总额} \times 100\%$$

$$负债权益比率 = \frac{负债总额}{权益总额} \times 100\%$$

二、跨国企业资本结构决策的重大意义

我们为什么关注负债与权益的比率？原因很简单，债务是企业长期资本结构中费用固定的低成本来源。在使用债务时，如果企业经营状况较好，收益超过债务，那么运用负债经营的企业将会得到超额的回报；如果企业经营状况不好，运用负债经营的企业将会被迫在窘迫的境地下依然支付固定的利息，因此将会比无负债的企业承担更多的固定费用，经营的难度将会加大。可以说，未来经营的结果将直接决定负债对于

企业的作用。

跨国经营企业往往比国内经营企业面临着更大的不确定性，风险的控制变得更为复杂。如果把握好了，跨国经营企业将以国内企业难以企及的速度快速发展；如果把握不好，跨国经营企业的损失将成十倍上百倍地超过国内经营企业。所以，负债多少的问题对于跨国经营企业家来讲，就是一个必须要考虑的问题。

三、跨国企业资本结构决策的主要内容

企业的资本结构决策一个重要的财务问题，它不仅为企业的管理者所重视，也为广大投资者所关注。对于走出去的企业而言，资本结构要解决的问题主要包括以下几方面：

第一，资本结构与企业价值之间的关系。企业的资本结构与资本的成本、企业的价值之间到底有没有关系，在什么样的情况讨论两者的关系？如果有关系，是一种什么样的关系？

第二，资本结构的影响与决定因素。分析的角度又分成两个：一是从时间序列的角度来研究，主要考虑资本结构的动态发展趋势及其影响因素；二是在某一时间点上研究不同行业或企业的资本结构的决定因素。特别是随着国际化、全球化的发展，对资本结构影响与决定因素的考虑不能仅限于母国，而要结合东道国甚至是第三国的情况，从各个不同国家的经济环境差异中来分析资本结构。

第三，如何保证最优资本结构。资本结构是各方面行为博弈与利益权衡的结果。如何保证企业确定下来的最优资本结构？如何在资本结构偏离最优情况时对其进行调整，将是企业资本决策中另一重要内容。

四、跨国企业资本结构决策的影响因素

公司的资本结构不可能脱离公司的具体特征而存在，与公司资本结构密切相关的可能因素包括：公司所属行业、公司规模、公司股本结构、公司的盈利能力、公司的成长性、公司的股利分配政策以及公司的平均税负水平等。

（一）宏观环境因素

1. 融资地与母国的融资环境差异

在企业走出去的过程中，全球配置资金是必需的，于是对于融资地与母国在融

资环境上的比较是十分必要的。在第三节我们可以看到，这些差异主要体现在金融体系、法律法规、税收体制上。

总的来讲，企业在进行资本决策时，如果其融资主体处于以下环境时，跨国公司更愿意较多地使用负债：①当地利率较低；②当地货币可能贬值；③国家风险高；④税负较高。Fatemi[1] 的研究发现，至少在国外有25%销售额的美国跨国公司比纯美国公司的财务杠杆要显著的低。

2. 债务成本在国家间的差异

在走出去过程中，企业在不同的国家进行融资时可能会发现：一些国家的公司债务成本比另一些国家高，这可能是由于一些国家的无风险利率水平高于其他国家，也可能是由于这些国家中债务的风险溢价高于其他国家。

如果一些国家的税法比另一些国家采取更多鼓励储蓄的政策，或是储蓄人口相对于其他国家而言更多，或是该国央行采取较为宽松的货币政策，这样的措施就会导致资金的供应较多，名义利率也较低，这样其总的无风险利率水平也较低。

对于风险溢价而言，债务的风险溢价必须足够大，以便对债仅人补偿借款者不能偿付债务的损失。由于各国经济状况、公司与债权人关系、政府干预及财务杠杆利用程度的不同，这种风险在各国间有所不同。一国的经济状况越稳定，公司与债权人的关系越密切；政府对破产企业干预越多，该国债务的风险溢价也越低。

3. 权益成本在国家间的差异

权益成本的高低一方面取决于上述无风险利率，另一方面也取决于相关国家的投资机会。一个有大量投资机会的国家，潜在收益可能就会相对较高，这会使资金机会成本较高，从而带来更高的权益成本。对于中国企业而言，在走出去过程中，应当充分利用不同国家之间对于权益成本的不同要求，从而降低企业的资本成本，优化企业的资本结构。表4-1列示了1900—2002年不同国家的权益风险溢价。

[1]Ali M. Fatemi. The Effect of International Diversification on Corporate Financing Policy. Journal of Business Research，Jan. 1998，P17-30.

表4-1 1900—2002年世界权益风险溢价

单位：%

	相对于短期国债而言			相对于长期国债而言		
	几何平均	算术平均	标准差	几何平均	算术平均	标准差
澳大利亚	6.8	8.3	17.2	6.0	7.6	19.0
比利时	2.2	4.4	23.1	2.1	3.9	20.2
加拿大	4.2	5.5	16.8	4.0	5.5	18.2
丹麦	2.2	3.8	19.6	1.5	2.7	16.0
法国	6.4	8.9	24.0	3.6	5.8	22.1
德国	3.9	9.4	35.5	5.7	9.0	28.8
爱尔兰	3.6	5.5	20.4	3.2	4.8	18.5
意大利	6.3	10.3	32.5	4.1	7.6	30.2
日本	6.1	9.3	28.0	5.4	9.5	33.3
荷兰	4.3	6.4	22.6	3.8	5.9	21.9
南非	5.9	7.9	22.2	5.2	6.8	19.4
西班牙	2.8	4.9	21.5	1.9	3.8	20.3
瑞典	5.2	7.5	22.2	4.8	7.2	2.5
瑞士	3.2	4.8	18.8	1.4	2.9	17.5
英国	4.2	5.9	20.1	3.8	5.1	17.0
美国	5.3	7.2	19.8	4.4	6.4	20.3
平均	4.5	6.9	22.8	3.8	5.9	21.6
世界指数	4.4	5.7	16.5	3.8	4.9	15.0

资料来源：Elroy Dimson， Paul Marsh， and Mike Staunton. Global Evidence on the Equity Risk Premium. Jounal of Applied Corporate Finance， 2003，vol 15， No. 4，P31.

（二）公司层面因素

1. 行业特征

我们知道，不同行业具有不同的特征，其经营方式、融资模式、行业的竞争性程度以及所受国家政策的影响等都存在差异，因此其资本结构存在差异也是正常的。哈里斯与拉韦（Harris and Raviv）研究了美国企业的资本结构，发现医药食品、仪器设备等行业具有低负债的资本结构，纺织、钢铁、航空等行业具有较高的负债率，而电信、天然气等受管制的行业，其资本结构中的负债率最高。在不同的地区或国家，各个行业有着不同于母国的特殊规定或限制，企业跨国经营时对资本结构的考虑就必需要对其所涉及的投资项目予以特殊的评价。

2. 公司规模

公司的规模越大，说明公司经营的业务范围越广。业务的广泛性可以降低公司的经营风险，从而降低公司破产的可能性；反之，公司的规模越小，公司破产的可能性越大，破产成本也就越高。公司的破产成本与公司的资本结构密切相关，破产成本低的公司倾向于负债融资，公司的规模应与公司负债融资的比例正相关。反映公司规模的指标有很多，在企业的实际运用中，一般选择公司的总资产（TA）这个指标来反映公司的规模大小。

3. 公司股东构成

公司的股东构成决定了公司的治理结构，选择有效率的治理结构将有利于企业选择一个恰当的资本结构。按照杰森（Jensen）和麦凯林（Meckling）的理论，公司的大股东有过度投资、做出损害债权人利益的倾向，作为债权人的银行及社会公众几乎无法对这样的行为做出有效约束。在走出去过程中，如果企业股东构成合理，特别是存在国外投资者所熟悉的机构时，对企业的对外融资将会产生非常有利的影响。比如，2006年10月中国工商银行在上市时，为了取得更好的融资条件、吸引更多国外投资者，就吸收美国高盛集团、美国运通公司为公司股东，为顺利上市打下了良好的基础。

4. 公司的盈利能力

营利性越强的公司，其可利用的资源（指盈余公积与未分配利润之和）会越多，其利用存留收益来进行融资的便利程度要高于负债融资和新增股权融资。因此盈利能力越强的公司，其利用存留收益进行融资的倾向性就会越强，相应的负债融资和新增股权融资的比例就会越低。在所有反映公司盈利能力的指标中，可以用净资产收益率等指标来反映公司利用资本创利的能力。

5. 公司的成长性

通过对西方证券市场的考察可以发现，成长性非常好的公司，其面临的投资机会也会非常多，对资金的需求也会很旺盛。由于负债融资的成本低于股权融资，故成长性好的公司其负债融资的比例相对就会高些。反映公司成长性的指标很多，如市盈率、销售额的增长率等，而我们选择主营利润增长率来反映公司的成长性。任何一家公司都应有自己的核心竞争力，体现在经营上，就是要有突出的主营业务，因此选择主营利润增长率（ZPI）来反映公司的成长性有其内在的合理性。

6. 公司的股利政策

一般而言，公司的股利包括股票股利和现金股利。公司的股利政策不仅反映了公司税后盈余的分配方式，同时还反映公司未来的发展状况。我们用股利支付率来反映公司的股利支付水平。股利支付率高的公司，其内部盈余相对比较充足，故其负债融资的愿望就不会很强烈；反之，股利支付率低，或者股利支付率为零的公司，就有较强的负债融资的愿望。因此，公司负债融资的比例，应与公司股利支付率呈反方向变动。

第二节　跨国企业资本结构的调整及优化[①]

在资本结构及其目标的基础之上，我们可以看到企业应当努力争取一个最优的全球资本结构，以提高企业经营绩效。当企业进行跨国经营时，由于在来源及成本上有了更多的融资选择，原有的最优负债率可能发生变化。这些企业往往将会产生两个疑问：实际负债率和最优负债率有差异时，前者向后者转变的最优途径是什么？二是公司调整资本结构的速度是应该快还是应该慢？

本节专门讨论企业在跨国经营中资本结构变化及调整的问题。

一、资本结构变化的框架

实际负债率与最优负债率差别很大的公司有以下几方面选择。第一，它必须决定是转向最优比率还是保持现状。许多时候，企业在走出去过程中，首先考虑的可能是

---

① Aswath Damodaran，Applied Corporate Finance，by 1999 John Wiley & Sons，Inc.

资本的可得性而不是资本结构。第二，一旦做出了转向最优负债率的决策后，公司必须在快速改变财务杠杆系数和稳步转变之间做出选择。这时决策会受到一些股东或相关债券评级机构等外部因素的影响。第三，如果公司决定逐渐转向最优负债率，它必须决定是用新的融资来承接新项目，还是改变现有项目的融资组合。上一节我们明白了股东价值最大化是最优负债率转变的核心，而从另一方面而言，保持现状的代价则是失去这种潜在的增值。虽然是经理们在做决策，但如果他们保持财务杠杆率过低或面临破产的威胁时，往往会感受到股东要求他们转向最优负债率的压力。

另外，当我们调整决策时，当公司的财务杠杆率过高或过低时，公司必须决定是迅速调整还是在未来的一段时间内逐步调整其财务杠杆率。迅速调整的优点是，公司可立刻享受到最优财务杠杆所带来的好处，这包括资本成本降低和公司价值升高。突然改变财务杠杆率的缺点是它改变了经理人在公司内决策的方式和环境。特别是在跨国经营的环境中，如果公司的最优负债率被错误地估计，那么突然的变化会增加公司的风险，导致公司不得不掉头重新改变其财务决策。比如公司的最优负债率经计算为40%，而且公司正由当前10%的负债率向最优水平转变。几个月以后，公司发现最优负债率实际应为30%，那么，它将不得不偿还部分已承担的债务以达到最优的财务杠杆水平。同样的问题也会发生在变化剧烈的环境中，比如，从2007年9月开始的次贷危机对世界整个金融市场带来的冲击无异于一次金融海啸，企业原来的资本决策可能就将会面临调整。

（一）财务杠杆过低的公司策略

对于财务杠杆率过低的公司，是迅速还是逐步增加其负债率以达到最优水平取决于一系列因素：

1. 最优资本结构估算的可信度

最优财务杠杆率估算中的干扰越大，公司选择逐步转向最优水平的可能性就越大。在跨国经营过程中，财务杠杆受到影响的更多，估算的资本结构可信度也就相对较低，所以在决策时就需要更加谨慎。

2. 同类公司的可比性

当公司的最优负债率与同类公司大相径庭时，该公司就越不可能选择快速地转向最优水平，因为分析家们和评信机构或许对这种转变不看好。

3．被收购的可能性

对并购中目标公司的特征的实证研究指出，财务杠杆率过低的公司比财务杠杆率过高的公司被并购的可能性要大得多。在许多情况下，并购活动至少部分是用目标公司未用的举债能力来进行融资的。因此，有额外举债能力但推迟增加债务的公司就冒了被收购的风险。这种风险越大，公司越可能选择快速承担另外的债务。许多因素会决定收购的可能性。其中一个因素是某些国家为防止敌意收购的可能发生而专门设计的反收购法或反垄断法以及各种公司章程修正案（在公司层次）。另一个因素是公司的规模。公司的规模越大，它防止敌意收购的可能性就越大。第三个因素是公司的内部人和经理人的持股状况。持有大量股份的内部人和经理人可以先发制人地防止敌意收购。

4．对融资缓冲的需求

公司偶尔出于保持现有项目的运作正常或承接新项目的考虑，需要保持融资缓冲（Financing Slack）来应付未来不可预期的资金需求。融资缓冲是当公司实际选择的负债水平小于最优负债水平时两者之间的差额。需要融资缓冲的公司或重视融资缓冲的公司，不太可能快速用完它们多余的举债能力，以及快速向最优负债率水平转变。

（二）财务杠杆率过高的公司策略

类似的想法也适用于正考虑应如何快速地降低其负债率的财务杠杆率过高的公司。和财务杠杆率过低的公司一样，对最优负债率估计的精确性将起很大的作用。估计越精确，调整也就越迅速。在财务杠杆率过高的公司中，另一个因素则是违约的可能性——负债过多的主要风险。负债过多会导致较高的利率和较低的债务资信等级。所以，公司破产的可能性越大，公司就越可能迅速减少负债，以达到最优负债水平。图4-1概括了上面的四种调整过程。

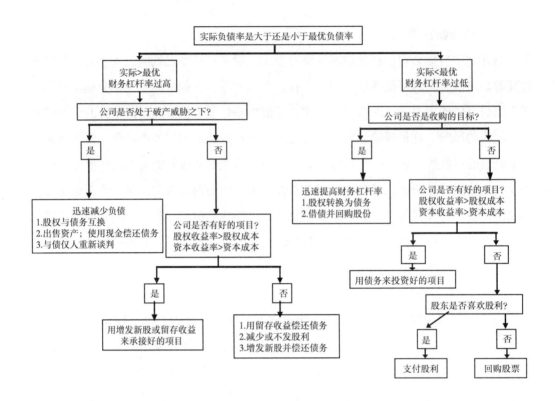

图 4-1 资本结构分析框架

二、跨国企业资本结构调整的步骤

一旦公司决定使用新的融资手段，不管是债权方式还是股权方式，它必须决定一些融资的细节问题。公司可以用很多方法来筹集债权和股权资金，并且公司必须在新融资手段的设计上做一系列选择。在债权融资方面，公司必须决定债务的偿还期限、债务可能拥有的一些特征（如是固定利率还是浮动利率，转换的选择权等）以及债权发行的币种选择。在股权融资方面，类似的选择较少，但公司仍可以通过普通股、认股权证等方式来筹集股权资金。

分析的第一步是对被融资的资产或项目的现金流量特征进行检验，目标是尽量使负债的现金流量与资产的现金流量尽可能地接近。然后我们可以考虑其他一系列因素，这些因素使公司脱离或调整原来的融资组合。首先，我们考虑使用不同融资工具所产生的税收节减，然后在税收优惠与偏离正常融资组合的成本间进行权衡。其次，我们检验股权研究分析家和评级机构的看法对融资工具的选择所产生的影响，被其中之一或者两者都看好的融资工具显然要优于那些招致两者反对的融资工具。我们还将把一些可能遇到的困难加入到分析中。在信息不对称存在的情况下，公司也许不得不做出不反映资产组合的融资选择。最后，我们将考虑到公司希望重构它们的融资组合以减少股东和债券持有人之间代理冲突的可能性。

（一）检查资产的现金流量特征

在设计有关用于筹资的有价证券的过程中，公司必须考虑的也是最重要的因素是使用这些有价证券融资的资产的现金流量条件。我们认为公司应当以这样一个前提开始，即负债的现金流量应与它们所获得的资产的现金流量相匹配。

1. 资产现金流量要与负债现金流量相匹配

公司的价值为公司自由现金流量的现值和，它是资产现金流量与负债现金流量的差值。这一公司价值在一段时期内会不断变化，它不但是诸如项目成功等公司特定因素的函数，还是更广泛的宏观经济变量——利息率、通货膨胀率、经济周期和汇率等的函数。而负债所产生的现金流量往往方向与资产现金流量的方向是相反的。如果一个企业总体现金流量状况为正，但在其中若干年的资产现金流量小于负债现金流量，这意味着在这些时段内公司面临着破产的威胁，所以企业的可能安全负债率就比较低。如果债务现金流量与资产现金流量一起运动，企业违约的可能性就被大大地降低了。这反过来允许公司承担更多的债务，而债务的增加带来的税收优惠可使公司更有价值。因此负债现金流量与资产现金流量匹配使得公司的最优负债率得以提高。

2. 融资的期限

尽管有上述讨论，但要做到个别资产的现金流量和个别负债的现金流量完全匹配既有困难又成本很高。不过，公司可以通过使资产的久期与负债的久期相匹配来获得众多好处的一大部分。资产或负债的久期是指资产或者负债的现金流量的加权期限，这里的权重是基于现金流量的时间和数量。一般来说，数量大、时间早的现金流量要比数量小、期限晚的现金流量权重大。通过把现金流量的数量和时间结合起来，久期就包含了影响资产或负债的利率敏感性的所有变量。资产或负债的久期越长，它对利率变化的敏感性就越大。

专栏4-1 公司负债的久期的计算

公司所发行的直接债券或借款的久期可以由债券（借款）的息票（利息支付）和债券的面值的形式表示，具体如下（N代表债券的久期）：

$$债券的久期=DP/dr=\frac{\left[\sum\limits_{t=1}^{N}\dfrac{息票_t}{(1+r)^t}+\dfrac{N\times 面值}{(1+r)^N}\right]}{\left[\sum\limits_{t=1}^{N}\dfrac{面值_t}{(1+r)^t}+\dfrac{面值}{(1+r)^N}\right]}$$

式中，r是指偿还期内的收益率。

如果其他因素保持不变，债券的久期会随着债券偿还期的增加而增加，并随着债券息票率的增加而减少。例如，息票率为7%、期限为30年的国债，当利率为8%时，其久期可以写作：

$$债券的久期=DP/dr=\frac{\left[\sum\limits_{t=1}^{30}\dfrac{t\times\$70}{(1+8\%)^t}+\dfrac{30\times\$1000}{(1+8\%)^N}\right]}{\left[\sum\limits_{t=1}^{N}\dfrac{\$70}{(1+8\%)^t}+\dfrac{\$1000}{(1+8\%)^N}\right]}=12.41$$

请注意久期低于偿还期限。尽管债券的一些特点有时会拉长久期，但这个结论对于附息债券来说一般是正确的。零息债券的久期等于它的偿还期限。以上估算久期的方法得出的是马考勒久期，它对收益曲线作了一些严格的假设，特别的，收益曲线被假设为平坦的且可平行移动。其他久期的计算方法改变了这些假设。不过，为了达到我们分析的目的，粗略的久期计算就已经足够了。债券的久期将受到债券现金流量变动的影响。下表列出了许多广泛使用的债券特征对久期的直接影响以及对利率风险的间接影响。

特征	债券对久期和利率风险的影响
利率是浮动的而不是固定的	久期被降低。如果浮动利率没有上下限，浮动利率贷款会与它所钉住的利率(如6个月的LIBOR)具有相同的久期 债券的价值对利率变化不敏感
债券是可赎回的	久期被降低。当利率降低及赎回的可能性增加时，这些债券的久期会降低 可赎回债券的价值当利率下降时会变得对利率的变化不敏感。当利率上升时，它看起来更像一个不可赎回债券

3. 公司资产的久期

这种久期的计算方法可扩展到有预期现金流量的任何资产。所以一个项目或资产的久期可用债券营运现金流量来估算。[①]

任何资产的久期提供了资产中利率风险的一种衡量方法。传统的久期分析的一个局限性是它坚持了现金流量的固定性，而实际上利率是变动的。但是在实际项目中，现金流量反过来会受利率变化的影响，影响的程度随行业的不同而不同——周期性较强的公司（如汽车和房地产业）受到的影响较大，非周期性的公司（如食品加工业）受到的影响较小。因此几乎所有项目的实际久期要高于将现金流量保持不变估算所得的数值。

4. 久期与融资选择

一旦资产的久期已知，我们可用以下两种方法之一来确定融资的久期：通过匹配个别资产和负债或者通过匹配公司所有资产和共同的负债。在第一种方法中，融资的现金流量可尽可能地与被融资的个别项目相匹配。另外，融资的久期可以与它提供资金的资产的久期相匹配。虽然这种方法将每个资产的特征与它们所用的融资方式相匹

[①] 具体的计算方法如下

$$资产或项目的久期 = dPV/dr = \frac{\left[\sum_{t=1}^{N}\frac{t \times CF_t}{(1+r)^t} + \frac{N \times 期末价值}{(1+r)^N}\right]}{\left[\sum_{t=1}^{N}\frac{CF_t}{(1+r)^t} + \frac{期末价值}{(1+r)^N}\right]}$$

其中：CF_t —第t年项目的税后经营性现金流量
期末价值：项目期限末的价值
N：项目的年限
r：项目的折现率（加权平均资本成本）

配，但它仍有几个局限：第一，如果资金的筹集都有固定成本，那么为每个项目安排各自的融资成本很高。第二，这种方法忽略了项目之间的相互影响和相关性，这或许会使每个特定项目的融资对公司来说是次优的。结果这种方法仅被有一些规模很大的独立项目的公司所使用。

当将融资与每个被融资的项目配对较困难且成本较高时，我们可以用以下两种方法之一来估算所有资产的久期：（1）通过计算每个资产久期的加权平均数。（2）用公司累积的营运现金流量或累积的公司价值来估算所有资产的久期。所有负债的久期可以共同估算并与所有资产的久期尽可能相匹配，这种方法在交易成本上很节约。

5. 固定/浮动利率的选择

近年来，公司在其债务设计上已经有了更多的选择。公司必须做的一个最普遍的选择是确定息票率是固定利率还是像LIBOR那样钉住一个指数的浮动利率。

6. 未来项目的不确定性

资产与负债的久期可以通过相配使融资组合达到正确的期限，这一假设可用这样的理由为依据，即公司的资产和项目可以很好地被确定，而这些资产的利率灵敏度因此可很容易地估算出来。但是对有些公司来说，这一点也许很难做到。公司也许正处于转型期（它可能正在重组）或者所处的行业正在转变。在这种情况下，公司应使用容易变化的融资组合（短期或浮动利率贷款）直到公司对其未来的投资计划感到更确定。

替代方法：衍生工具的存在为面临这种不确定性的公司提供一种替代方法。公司可以用与当前资产最适合的融资组合，并使用衍生工具来控制风险特征的变化。

7. 现金流量和通货膨胀

如果公司资产的收入随利率的升高而升高，随利率的降低而降低，它应该选择用浮动利率贷款对那些资产进行融资。虽然在低通货膨胀经济中具有这些特征的生产项目并不太多，但在高通货膨胀经济中这样的项目很多，因为通货膨胀的上升会导致收入/收益以及利率的上升。浮动利率债务的利率每期都在不断地变化，它与具体的短期利率相联系。例如，许多浮动利率债券的息票率钉住伦敦同业拆借利率（LIBOR）。

8. 货币风险和融资组合

有关利率风险暴露的许多要点同样也适用于货币风险的暴露。如果任一公司的资产或项目产生的现金流量的币种有别于股权标价的货币，就存在货币风险。公司的负债可用这些货币来发行以降低货币风险。比如，如果一个公司预计有20%的现金流量是以德国马克形式存在，它就应发行同样比例的以德国马克标价的债务以降低货币风险。近年来，一些公司已经使用更为复杂的传统债券的变化形式来管理外汇风险。如果公司的现金流量不可测，那么货币衍生工具也许是管理货币风险成本最低的方法，因为货币暴露在各种不断变化的影响因素中。

9. 其他特征

我们重点检验资产的现金流量是如何确定公司新发行的债券应包含的特性。

10. 商业风险

最具争议性的风险类型是商业风险。商业风险产生于公司经营所处的基础行业以及它所面临的宏观经济因素的变化中。一个汽车生产公司面临着经济衰退的风险。一些公司已试图将一些特征加入到它们的负债中以减少它们面临的商业风险。保险公司可发行这样一种债券：它的偿付因发生大灾难、需要保险公司大量理赔时而大幅度缩减。这样做的话，当公司总的现金流量为最低的负值时，公司可以减少它们在这一时期的债务偿付，从而降低了违约的可能性。

从事商品贸易的公司可以发行这样一种债券：其本金和利息的偿付是与商品的价格紧密联系的。由于这些公司的营运现金流量与商品的价格正相关，所以在债券中加上这一特点降低了违约的可能性，公司也因此可以借更多的债。例如在1980年，Sunshine Mining公司发行了15年期银价挂钩债券，这一债券将债券发行与银价期权结合起来。

11. 增长的特点

公司在其价值多少来自于现存的项目或资产以及多少来自于未来的增长上各不相同。对比大部分价值来自现存资产的公司而言，大部分价值来自未来增长的公司使用的融资类型以及融资的设计应有所不同。这是因为相对于市值，高增长的公司当前的现金流量会较低，所以它所用的融资方式不能在早期就产生大量的现金流出，但是它在后期可以产生大量的现金流出，这反映了公司的现金流量状况。另外，这种融资应当利用高增长概念为证券带来价值，而且它应该对投资决策的限制相对较少。

普通债券并不十分适合这种情况，因为它产生了大量的利息支付且在高增长概念中并未获得太多的价值。另外，这种债券很可能包括一些用于保护债券持有人利益的条款，这会限制投资和未来的融资决策。相反，可转换债券产生的利息偿付低得多，施加的限制也少得多，并能从高增长概念中获利。它们可能转换为普通股，但仅在公司经营成功的情况下。[①]

（二）检查融资组合的税收含义

一个公司的每种融资选择都有税收后果。因此一些融资选择带来的税收优惠待遇就可能鼓励公司更多地使用这种融资方式，尽管它只意味着由公司资产特征支配的融资选择的派生。由于税务机关一般允许公司计入债券的利息支付，因此使用零息债券的公司就可以要求对非现金费用享受税收减免，从而在近期降低其税收负担。对这些债券的购买人来说，应计的利息收入会产生一个税收负担，从而影响到债券的价格和利率，不过公司可通过把债券置于免税机构手中来避免这种情况。

出于免税意图来构造融资的危险是：税法的变化会迅速改变利益的分配，并使公司的融资组合与其资产组合不相称。

（三）考虑评信机构和股权研究分析家的反应

公司要合适地考虑股权分析家和评信机构关于公司所采取行动的意见，尽管公司常常会高估这两个集团的影响。分析家代表了股东，而评信机构代表了债券持有人，因此他们对同一行动的看法会大不相同。例如，分析家视项目机会有限的公司回购股票为积极的行动，而评信机构也许会认为是消极的行动并给予更低的等级评定。分析家和评信机构也会用不同的标准来度量这些行为的影响力。一般来说，分析家用每股取得较高的收益原则来审视公司的行为，使用诸如市盈率或者市值与账面价值比率（PBV）等乘数相对于可比的公司来考察公司。而评信机构则从另一方面使用诸如负债率和偿债比率等财务指标来度量公司行为的影响，然后他们再用这些指标来评估风险和评定等级。

在已知两个集团观点的情况下，公司有时设计的证券旨在同时使两个集团都满意。在一些情况下，公司找到的筹资方法至少在表面上看起来使双方都满意。为了进一步说明，我们在通用会计准则要求租赁物品资本化前，考虑租赁的使用。租赁增加

[①] 可转换债务：这是一种按照债务某个确定的比例转换为股权的负债。零息债券：在债券期限内不付利息，到期后偿付债券的面值。它的久期与债券期限相等。

了公司的实际财务杠杆率，因此也增加了每股收益。但是因为租赁并不被视为负债，所以它并不影响公司财务杠杆率的度量。根据分析家和评信机构依赖于不完全度量以及没有将公司行为的影响正确融入分析的程度，公司可以利用它们的局限性。在一个距今更近的例子中，美国的保险公司发行盈余票据，这种债券从税收目的来看是负债，从保险监管者的角度来看则是股权，这使得公司同时占有两种好处：它们既发行了债务，同时又把它视为股权。①

当证券用这种方式被设计出时，真正的问题是市场是否被愚弄了。如果是，会持续多久？一个用租赁替代负债的公司会在一段时间内愚弄评信机构甚至整个债券市场，但它无法回避这样一个现实，即公司的财务杠杆率要比表面上高得多，因而也就风险更大。最后，评信机构和分析家就像是一场涉及股东、债券持有人和公司经理们的比赛中的两个博弈人。表4-2概括了不同的目标、标准和每一方所使用的度量指标。如果这些集团有利益冲突，那么任何一个融资行为就绝对不可能获得一致的认可。

表4-2　不同群体的目标函数

	目标	衡量指标	分析中提出的目标	目标实现的途径
资信评级机构	衡量公司所发行的债券的违约风险	衡量财务比率 产生现金流量的能力 财务杠杆率的程度 风险 盈利能力	这一行为如何影响公司满足债务偿付的能力	较高的偿债比率 较低的财务杠杆率 较高的营利性比率
分析家	评价该股票对客户来讲是否值得投资	相对于可比公司的乘数（市盈率、市值与账面价值比率） EPS的影响与增长	这一行为如何影响公司的乘数和它在可比公司中的地位	相对于可比公司较低的乘数 每股收益的增加 增长率的增加
公司现有债务人	保证他们对公司债权的安全	在条款中具体化的财务比率	这一行为如何影响公司现有债权的安全	现金流量的保护程度和现存债券的资信等级变现能力

---

① 1994—1995年，美国保险公司在私募市场上发行了总量为60亿美元的盈余票据。盈余票据是一种利息只在公司获利（有盈余）的情况下才支付的债券，在亏损期内它暂停支付利息。

	目标	衡量指标	分析中提出的目标	目标实现的途径
管理层	在不引起股东过多不满的情况下最大化经理层利益	EPS的影响 收益的增长 收益的稳定性 报酬机制	这一行为如何影响灵活性报酬与大股东的关系	财务灵活性较高 稳定性更大 EPS和增长率提高 较高的股份
股东	股价最大化	折现现金流量各种乘数	这一行为如何影响股价	较高的股价

（四）检验不对称信息的影响

一般来说，公司要比金融市场拥有更多有关自己未来前景的信息。当公司试图筹集资金时，这种信息不对称产生了阻碍。特别是前景较好的公司会努力通过采取成本较高且难以仿效的行动来使自己与前景较差的公司区分开来。公司也会通过合适的证券设计来努力降低未来现金流量不确定性的影响。公司也许会因此发行与自身资产的现金流量相匹配的并非最优的有价证券。

许多研究人员使用信息不对称的论断得出了对公司应使用何种债务结构完全不同的结论。Myers（1977）提出，信息不对称的结果是公司应趋向于少投资。这个问题一个可能的解决办法是发行短期债务，即使被融资的资产是长期资产。Flannery（1986）与Kale和Noe（1990）指出，在信息不对称的情况下，虽然长、短期债务均会被错误定价，但长期债务被错误定价的程度更大。因此他们认为，高质量公司应发行短期债务，而低质量公司应发行长期债务。

Goswami、Noe和Rebello（1995）分析了有价证券的设计并将它与未来现金流量的不确定性联系起来。他们得出的结论是：如果信息不对称涉及长期现金流量的不确定性，那么公司应发行长期的付息债务，并限制股利的发放。相反，近期现金流量不确定以及有重大再重融资风险的公司应发行长期债务，并不限制股利的发放。当信息的不确定性是随时间相同分布时，公司应使用短期债务进行融资。

（五）考虑融资组合对代理成本的启示

证券设计最终考虑是旨在减少股东和债券持有人之间代理人冲突的特别条款。债券持有人与股东间在投资、融资和股利政策决策上的差异，可以通过提高借贷成本或增加与借贷有关的限制对资本结构产生影响。在一些情况下，公司设计有价证券的特定意图是减少这种冲突及相关的成本。

第一，可转换债券因其现金流量特征而对成长性的公司而言是一个好的选择。可转换债券也可被认为降低了债券持有人对股权投资者承担风险较大的项目和掠夺它们财富的忧虑，因为这种债券允许他们在股价升到足够高时转变为股票持有者。

第二，当前更多的公司债券包含看跌期权，允许债券持有者按面值回售债券，条件是公司采取了某一特定的行为（如提高财务杠杆率）或者公司的资信等级下降。例如，汉诺威制造公司在1988年发行浮动利息、资信等级敏感的票据，承诺在一段时间内若公司的资信等级恶化，债券持有者将得到更高的票息。

第三，美林公司推出了LYONs（流动收益期权债券）[1]，它将看跌期权和转换的特征结合起来，以避免债券持有者遭受风险的转嫁和索取权的替代。

总之，在最优融资组合的决策中，公司应该首先检验其所拥有的资产的特点（它们是长期还是短期？它们对经济条件和通货膨胀敏感性如何？现金流量是什么币种？），并尽量使期限、利率、币种组合及融资的特征与这些特点相匹配。然后，公司可以附加税收的考虑、分析家与评信机构的观点、代理成本以及信息不对称的影响来调整融资组合。

三、跨国企业资本结构的调整过程

跨国经营企业调整财务杠杆率的过程取决于两个因素：①公司想要改变融资组合的速度；②用新的债务或股权来融资的新项目的可得性。

（一）快速增加财务杠杆率

财务杠杆率过低的公司想快速提高财务杠杆率，它们可有一系列方法实现这一目的：借债并回购股票，以等市值的债务来替换股权，或者出售资产并回购股票。前两种方法将不会改变企业的资产总额，而后者将减少资产总额。

1. 借债并回购股票

借债并回购股票（或者支付特殊的股利）使财务杠杆率提高，因为借债会增加债务，而股票回购和股利支付同时减少股权。许多公司用这种方法快速提高财务杠杆率，大都是为了应对收购的企图。例如，Atlantic Richfield公司在1985年为了避免敌意收购，借了40亿美元并回购其股份，使财务杠杆率从12%升至34%。

---

[1] LYONs：流动收益期权债券是一种持有人在特定的环境下有权将债券回售给公司或者把债券转为股权的一种票据。

2. 债股互换

债股互换是指公司通过两种有价证券的互换用同样市值的债务来替换股权。这里负债的增加同时伴随着股权的下降导致负债率大幅上升。在许多案例中，公司提供给股权投资者一种现金和债权的组合，而不是仅提供股权。例如，Owens Corning公司1986年支付给股民每股52美元的现金和面值为35美元的债券，这样公司就增加了负债并减少了股权。

3. 出售部分资产回购股票

如果跨国经营企业由于客观条件而无法进一步增加债务，它们依然可以通过出售部分资产并回购股票以达到目的。但是应当看到，在上述的每种情况中，公司或许会受到明确禁止或者这些行为会对公司产生重大阻碍。所以公司必须权衡这些限制、提高财务杠杆率带来的好处以及从中产生的增值之间的利弊。应当注意的是，管理者很少愿意大量提高财务杠杆率，因为财务杠杆率会对他们施加额外的压力。

我们以M公司[①]为例，看一看企业是如何迅速改变财务杠杆率的。

假设M公司专门向国防工业提供技术服务。2004年它有未偿债务680万美元，股权的市值为1.2亿美元。根据其折旧利息税收前收益为1200万美元，M公司把最优负债率定为30%，这将使公司的资本成本降至12.07%（从当前13%的资本成本），公司的价值增至1.46亿美元（从当前的1.268亿美元）。有许多理由支持Nichols公司应该迅速提高财务杠杆率：

第一，公司的规模较小，财务杠杆率过低以及有大量的现金（2530万美元），这些使它成为被并购的主要目标。

第二，公司的董事会成员仅拥有17.6%的股份，这一持股比例难以防止敌意收购，因为一些投资机构拥有60%的流通在外的股票。

第三，有报道说，由于国防预算的收缩，公司的项目收益将持续下降。1994年资本收益率仅为10%，大大低于资本成本。

如果M公司决定提高财务杠杆率，它可有许多办法达到目的：

第一，它可以借足够多的钱使负债率达到公司总价值（在最优负债率时为1.46亿美元）的30%，并且回购股份，这将需要3700万美元的新债。

---

① 案例来源：Aswath Damodaran, Applied Corporate Finance, by 1999 John Wiley & Sons, Inc., P428.

第二，它可以借3700万美元并作为特殊股利全部付出。

第三，可以用其2500万美元的现金盈余买回股票或作为股利付出，使负债上升到公司现有价值的30%（1.21亿美元的30%），这将需要大约2950万美元的新债，可用于回购股份。

（二）迅速降低财务杠杆率

必须迅速降低财务杠杆率的公司面临着更为困难的问题，因为如果它们被认为难以生存，就会影响到它们筹集新资金的能力。乐观地说，这类公司喜欢通过发行股票筹资并用来支付未偿付的债务。但是，它们发行的股票或许在市场上并不好被接受。结果，它们不得不考虑两种选择——要么就债务条款重新谈判，要么出售它们的资产来偿债。

当公司就债务条款重新谈判时，它们会努力说服部分债权人接受公司的股份以换取它们部分或全部的负债。公司在谈判中最好的筹码是违约，面临违约的债权人会更愿意同意这些条件。例如在20世纪80年代后期，许多美国银行被迫将它们在拉美的债务转换为股权，否则它们将从它们所发放的贷款中一无所获。90年代末，中国银行体系在剥离不良资产时所采用的方法也当属此类。

公司也可选择出售资产并用收入来支付部分未偿债务，但这种方法有可能会受到市场的制约，即在公司需要迅速降低负债比率的时候，企业往往处于一个较为困难的境地，资产的价值容易被低估。

对于跨国经营的企业而言，最后到底是选择债务重组还是出售资产来降低负债比率，债权人应当起到很大的决定作用。特别是当企业进入一个不甚了解的市场时，这种情况将变得更为明显。所以违约可能无法成为企业的一个筹码，而可能是在一个新市场中债权人低价出售资产的原因。

（三）逐步提高财务杠杆率

对于拥有潜力在一段时期内逐渐提高财务杠杆率的公司，首先要从分析可用债务进行融资的好项目的可获得性开始。如果公司有可利用的好项目，那么借债以承担这些项目会给公司带来额外的好处：公司不仅可获得因转向最优负债率而带来的价值增加的好处，而且还可从新项目正的净现值中获得另外的价值增值。好项目是指收益率高于最低可接受收益率的项目。收益既可用现金流量形式（如内部收益率）来衡量，也可用会计形式（如股权收益或资本收益）来衡量。同时它必须与恰当的基准（股权成本对股权收益，资本成本对资本收益）相比较。有额外举债能力但没有好项目可选的公司可以通过回购股票或在一段时间内多付股利的办法来优化所增加的负债。

举债能力强与具有额外负债能力的公司被认为可收购其他的公司。在不考虑公司转向最优负债率所带来价值增值的好处的基础上，如果并购被证明是合理的，这种并购才有意义。为了说明情况，我们假设一公司当前财务杠杆率过低，如果它借款2亿美元使自己转向最优负债率，公司就可增值5000万美元。公司着手借款2亿美元并买下了价值1.75亿美元的目标公司，这样人们就认为公司的状况有所改善，因为它获得了价值2500万美元的净收益（转向最优负债率时价值增值的5000万美元减去收购中多支付的2500万美元）。然而这种说法并不成立，因为如果公司借债并回购股票的话就会增值5000万美元。因此额外的举债能力并不能用来判断投资项目的好坏或并购决策的合理性。

（四）逐渐降低财务杠杆率

对于财务杠杆率过高的公司来说，逐渐降低财务杠杆率的好处包括：有剩余现金用于承接新项目及在一段时间内提高股东权益的。不过，为了做到这一点，公司必须能够获得好的新项目。这些项目既可用内部股权也可用发行新股来进行融资，这将会导致股权的增加以及负债率的降低。如果公司无法获得好的项目，公司的剩余现金将被用于支付未偿还的债务并同时降低负债率。在调整的过程中，公司偿还债务并不要求必须停止支付股息或者回购股票。

1994年Time Warner公司[①] 有流通在外的股票3.793亿股，每股市价44美元，未偿付债务为99.34亿美元，这些债务是1989年Warner通讯公司杠杆并购Time公司后留下的。其1994年的折旧利息税收前收益为11.46亿美元。根据这一经营收入，Time Warner公司最优负债率仅为10%。

表4-3检验了把股利削减为零、使用经营现金流量承接项目并偿还债务对财务杠杆率的影响。

---

① Aswath Damodaran, Applied Corporate Finance, by 1999 John Wiley & Sons, Inc.

表4-3 估计负债率：Time Warner公司

	当年	1	2	3	4	5
股权	$16689	$19051	$21694	$24651	$27960	$31663
负债	$9934	$9745	$9527	$9276	$8988	$8655
负债比率	37.31%	33.84%	30.52%	27.34%	24.33%	21.47%
资本支出	$300	$330	$363	$399	$439	$483
折旧	$437	$481	$529	$582	$640	$704
净收入	$35	$39	$52	$68	$88	$112
股利	$67	$0	$0	$0	$0	$0
新的债务	($105)	($189)	($218)	($251)	($289)	($332)
其他值	1.30	1.25	1.21	1.17	1.14	1.11
股权成本	14.15%	13.87%	13.63%	13.42%	13.24%	13.08%
增长率		10.00%	10.00%	10.00%	10.00%	10.00%
股利支付比率	11%	0	0	0	0	0

考虑到经营收入增长率为10%，Time Warner公司在第1年偿还了1.89亿美元的债务。到第5年末，股权的增加和债务的减少使公司的负债率降到21.47%。

（五）证券创新和资本结构的变化

虽然在本节使用诸如普通负债和股权等传统有价证券改变公司财务杠杆率的讨论已经完成，但是在财务杠杆率上有特定目标的公司或许会发现某些专门设计可用来满足这些需求。

1. 打算在一段时间内提高负债率的公司可通过出售其股权的看跌期权来达到目的。这些看跌期权在当前就会产生现金流量，而且将会提供给公司股票的投资者免遭股票价格下跌导致的损失。

2. 对于打算在一段时间内提高负债率的公司来说，另一种可行的选择是签订一个远期合约，在将来购买一定数量的公司股份。这些合同使公司不得不在今后的一段时间内减少其股份，而且它向金融市场所传递的信号要比公司宣布计划回购股份更为积极，因为后者表示公司并不一定要执行回购股票的计划。

3. 一个财务杠杆率较高的公司，面临着金融市场对其发行普通股的抵触。此时，它或许会考虑用更为有创意的方法筹集资金，如认股权证和或有价值权利。远期合约是指在将来某个时点以固定价格买卖标的资产的协议。看跌期权是在特定的时期内，以该期权发行时确定的固定价格购买某一标的资产的权利。或有价值权利（CVR）是在该权利的有效期内提供给持有人按固定价格出售一股某一指定公司股票的权利。

第三节　中外跨国公司资本结构比较及利弊分析

一、国外企业资本结构简介

一个企业的资本结构其实就是它所采用的融资方式的外在表现，而一个国家的融资方式首先取决于本国的融资制度。国外的融资制度可分为三类：一是以美国为代表的证券市场主导制；二是以日本为代表的主银行制度；三是以德国为代表的全能银行制度。

（一）英美国企业的融资模式及资本结构

1. 英美企业的融资模式

英美企业的融资模式是证券市场主导下的融资模式。从字面意思我们不难猜出，在这种体制下，证券市场是企业获得长期资金的主要来源。

从融资方式上看，美国企业60%～90%的资金需求来源是内源融资（留存盈利与折旧），一般来说，在企业利润高的时候，企业依赖外源融资相对少一点。就外源融资来说，企业主要通过发行债券和股票的方式从资本市场上筹集资金。形成这一特点的原因是美国具有发达的证券市场，企业能够很方便地通过金融市场获得资金；另外，美国虽然商业银行众多，但根据规定，银行只能经营短期贷款，不能经营一年期以上的长期贷款。在这种情况下，企业不能通过银行中介间接获得长期贷款，只能通过证券市场直接融资。由于美国税法规定，公司股息分配前要上缴所得税，而债息分配前免缴所得税等，因此公司债成为美国证券市场占主导地位的融资工具。美国企业长期融资的三分之二通过发行公司债券取得的，相应的，股票发行额只占企业长期外源融资总额的三分之一左右。其融资顺序也完全遵循企业优序融资理论，首先依靠内源融资（留存收益和折旧），然后是债券融资，最后才是股票融资。

2. 英美国家企业的股权主导型模式下资本结构的主要特征

（1）股权高度分散。为适应当代竞争的需要，随着公司生产经营规模的扩大和资本市场的逐步发展，英美公司个人持股的比例逐步上升并且高度分散。根据统计资料，美国近年来个人持股的比例有所下降，但仍然保持50%以上的持股比例。英国个人持股的比例高达34%。由于英美国家企业的股权高度分散化，因而个人股东对公司行使的监控权较为消极。一方面，中小股东不具备影响或控制公司董事会的权利。另一方面，由于股权在资本市场的高度流动性，股东基于个人利益的考虑，在不具备监控公司董事会的权利时，对公司监督的热情相对较低。主要原因在于：股东为行使监督权获取信息的成本大于其收益；基于利益的独立性，股东普遍存在依靠他人付出成本而获取监督信息的"搭便车"的心理。"搭便车"造成了一部分股东付出代价而"搭便车"的股东不劳而获，不公平造成了股东监督热情的下降。

（2）以出售股票的形式对公司经理人员进行监督。股权的高度分散化和信息不对称的存在，使得股东之间联合监控公司经营者的监督成本过高；同时股权的分散造成了股东直接控制经营者的困难，股东难以产生直接监控经营者的积极性，而将积极性投入于股东所关心的股东收益率的升降上。如果因为公司的经营者的业绩难以达到股东的目标，股东就会采取用脚投票的方式，出售持有的股票，从而造成股票价格的下降。这对想要维持其地位、防止企业因此而被兼并的经营者而言，既是一种压力，也是经营者获取自身利益的一种动力。

（3）对经营者的约束主要来自于股票市场。股东股权的分散化使得分散的股东不能直接任免公司的经理人员或企业的内部控股人，对经营者的约束主要来自于资本市场。在股票的价格能够反映企业的经营效率的前提下，经营者的业绩不能令股东满意，股东的用脚投票和股票的高度流动性导致股票的价格下降，经营者就会面临在人才市场掉价和企业被接管的威胁，由此形成对公司经营者的约束机制。

3. 英美企业股权主导型模式的效用分析

（1）优化资源配置。由于英美股权主导型模式下企业筹资主要来源于资本市场，由此决定了企业对于资本市场的依赖性。一方面，股票的高度流动性为企业发行股票积聚社会资金创造了条件；另一方面，股票价格与企业经营业绩的相关性，决定了资金源流向于效率高的企业，使稀缺的资源得到有效的配置，有利于新产业的形成。

（2）激励企业的创新精神。资本市场对于经理人员制约的有效性，要求经营者不断创新企业的产品和技术，使企业的价值得以升高。由于股东不直接干预经营者的经营活动，从而有利于经营者创造力的发挥。

（3）促使企业提高竞争能力。资本市场上企业股权流动的供求关系决定公司的股票价格，为避免股价过低而被兼并或者兼并其他公司，这要求企业不断扩大市场额，扩大经营规模，提高企业的竞争能力。

4. 英美企业股权主导型模式的不足

（1）资本结构的稳定性差。企业的生产经营活动应该以稳定的资本结构特别是稳定的股权结构为前提，但是由于企业生产经营风险的加剧，企业的盈利波动幅度大，由此引发企业的股票价格发生波动。在股价较低时，容易造成公司被兼并接管。恶意的接管容易造成公司的动荡，反兼并又会使公司的资本用于股票的回购从而造成有限资源的浪费。

（2）引发企业的短期行为。公司的经营者为避免股东用脚投票，会致力于利润和股东分红的逐步增长，由此可能会造成企业经营者对短期经营目标的过分关注，从而削弱企业的长远价值。由于股权高度分散，一方面，众多的中小投资者在企业股权结构中占比很少，他们的投资多为投机性投资；另一方面，机构投资者并不是真正的所有者而只是机构型的代理人，所以这些投资者关心的主要是公司付给它们的股息红利和股票价格的高低，而不太关心企业经营的好坏和实力的强弱，由此导致公司经营者只注重近期或季度性利润。这样一来，公司经营者对短期目标的过度关注必然损害企业的长期利益和发展，从而导致英美一些企业的行为短期化。

此外，由于股权易手较为频繁以及多种限制的存在，实际投资者通常较少参加董事会，主要是以短期机会为评价基础。虽然能较快地转移资本，但易导致投资不当或投资过度。

（3）忽略企业股东以外相关者的利益。由于企业资本结构中，股权的分散和股东权益在资本结构中的绝对比例，可能会造成经营者向股东利益的过分倾斜，从而忽视其他利益主体的经济利益，这不利于企业在企业价值最大化的目标下，实现协调发展。

（二）日本和德国企业的融资模式及资本结构

以日本、德国为代表的"日德模式"，在日本和德国分别表现为"主银行制度"和"全能银行制度"。具体来说，这种模式是一种银行实行综合制经营并通过其对企业的参股与持股而全面介入企业经营过程的模式，是对一种特殊的银企关系的概括。在此模式下，因银行的全面介入而使银企融合，银行变成万能银行，并形成了以银行为核心的金融财团。但银行在全面介入企业并拥有股权后，它仍然是金融机构，金融业务及资本经营仍然是它的核心，它的介入只是出于对企业的监督与控制，以确保出资者的利益与安全。

虽然日本和德国同属于间接融资为主的国家，但是日本与德国的融资模式也有着明显的不同：德国在政府行为与市场效率之间找到了一个合理的均衡点，相比较而言，德国模式比日本更具市场化色彩。

1．日本企业的融资模式

与英美不同，日本推行主银行制度，企业融资模式以银行信贷为主。主银行制是一个包含多方面内容的综合性概念，它指的是企业和银行之间建立的资金和人事关系的总和。概括说来，它主要包括四方面的内容：①企业选定一家银行作为自己主要的往来银行，在其中开立基本账户，并主要从这家银行取得贷款；②银行持有企业的股份，并派人员参与企业的财务管理；③若干集团内部的企业不仅可以从主银行得到贷款，而且可以通过主银行的安排，从其他金融机构得到"协调融资"；④如果企业经营出了问题，竟至破产清算，则由其主银行牵头负责。日本银行与企业的这种关系是比较稳定的，一旦结合就很难变动，这样就逐渐地形成了主银行体制这种独特的融资模式。主银行体制融合了银行与企业、企业与企业以及银行与监管机构之间的相互关系。

日本主银行融资模式是在经济高速增长时期形成的，战后的日本百废待兴，要求将有限的资源用到急迫的产业发展上。在国家财政事实上已经崩溃、企业自我积累能力较低、证券市场又不发达的情况下，银行融资始终占据上风，由此形成了以银行为主的企业融资模式。随着经济的增长，企业所需资金越来越多，来自银行资金的比例不断增长；相对应的是股权融资迅速减少，企业对银行贷款的依存度不断提高。长期以来，日本企业外部融资总量中银行贷款等间接融资占80%以上，股票、公司债券等直接融资仅占10%稍多一点。在日本，作为"主银行"的少数大银行不仅长期、稳定地成为企业的最大贷款者，而且同时还成为企业的最大的股东，并对企业经营、人事等方面进行监控。随着日本经济高速增长的终结，企业经营战略的转变和日本股票市场的发展，使得企业通过证券市场筹集资金不仅有了可能，而且能得到低成本的利益。日本企业逐渐开始增加证券融资的比重，但以银行贷款为主导的融资格局并未改变。在1992年开始的泡沫经济中，主银行制度受到进一步的冲击。虽然现在日本的主银行制度依然存在，但是其影响范围已经与过去有了很大的不同。由于曾经长期实行过主银行制度，日本的银行拥有一大批精通企业财务的专家，因而较之其他国家的银行，日本的银行对于企业的了解程度相对要深入得多。

2. 德国企业的融资模式

与日本不同，德国模式虽然也是依靠银行系统而不是证券市场筹集资本，但德国企业的融资结构中内源融资的比重大，企业的自我积累能力强；而在外源融资中则以银行融资为主。

德国企业的融资模式以全能银行制度为主。德国的资本市场不发达，银行给予企业长期的资本性融资，并且借此将公司发起、债券发行以及参与企业经营等活动综合为一体。因此与英美等国实行的专业化银行制度不同，德国实行的是全能银行制度。全能银行是指能够从事除发行货币和抵押债券以外的所有金融业务的银行。换句话说，与所谓的分业体制下的专业性银行不同，全能银行的特点不是局限于任何一种特殊业务，例如，吸收存款、提供信用贷款或长期融资等。相反，全能银行能够参与所有提供货币与资本的活动，包括吸收存款、发放各种期限的贷款、发行债券、参与企业业务活动，从事货币、股票以及各种有价证券的交易等。因此，德国企业从银行融资十分方便，这一点比日本更为优越。日本因受英美等国专业化银行制度的影响，对银行业务领域的限制十分严格。

从19世纪后期进行产业革命以来，德国企业在不发达的金融环境中逐渐养成了从银行融资的习惯。特别是第二次世界大战以后，由于金融危机的爆发，商业银行不得不购买大量的企业股票以抵偿贷款，客观上加深了企业与银行的关系。加之居民储蓄倾向较强，使得银行系统掌握的资本远远大于证券市场流动的资本资源。因此企业主要依靠银行系统而不是证券市场筹集资本，也是以间接融资为主，银行在金融体系中具有支配地位。此外，德国企业许多都是由家族企业转化而来的，许多家族思想对企业的影响一直很大。一个显著的影响就是德国企业普遍推崇追求长期价值，由此产生的融资方式主要依靠自身积累再投资和银行贷款，这也造成了德国企业以银行贷款为主的融资模式。

3. 德日企业债权主导型资本结构

受德日两国政治、经济、文化、历史、法律等因素的影响，德日两国形成了债权主导型的企业资本结构模式。这一模式的基本特征表现为企业的负债比例较高，企业的股权较多集中于银行及法人机构，个人所持股份的比例较低。德国实行了共治理制度，即通过法律强制规定，公司员工和行业工会代表在公司监事会和董事会必须拥有一定的席位，对重大决策拥有一定的表决权。日本的公司董事会中，员工也占有一定的比例。在德日企业债权主导型资本结构模式下，公司的核心股东是商业银行。商业银行作为核心股东参与公司的治理，对经理人员的监督主要来自于持股的银行机构而并非资本市场。这对于防止经营人员利用负债伤害债权人权益、防止经理人员败德行为的发生具有重要的意义。银行直接参与企业的生产经营活动，可以直接获得企业生产经营的信息，可以降低债权人对企业进行监督及剩余损失的代理成本，增加企业的价值，避免英美模式下依靠资本市场对经理人员进行监督而导致的企业经理人员基于免职的压力所采取的短期行为。法人之间的相互持股，可防止企业股权的垄断，对于降低公司内部控股人的非金钱利益的消费及防止股东的剩余损失成本的发生，具有重要的作用。股权之间的相互协调及股权的相对稳定性，有利于保证公司在股东的相互制约下，立足长远、稳定发展。股权的集中也为股权的交易成本的降低，创造了良好的条件。

同英美模式相对比，德日模式也有其弊端:首先，股权在若干个股东间的集中，使得企业股票的流动性差，资本市场难以发挥对经理人员的制约作用。当企业股权在若干个股东之间形成均衡时，经理人员就会成为企业决策的核心，利用股权的均衡，成为驾驭公司董事会的实质上的"内部控制人"，从而背离公司治理制度的初衷。其次，由于缺乏资本市场的压力，在股权均衡的状态下，经营人员地位稳定，缺乏资本市场的压力，对企业的发展创新缺乏强烈的动机。最后，高负债的资本结构，使企业对银行的依赖性加强。当企业经营不善或者外部信用环境发生剧烈动荡时，企业与银行经营发生变故，可能会造成金融危机。

二、中国企业的资本结构

中国企业的资本结构特点、融资行为特征与中国长期形成的投融资体制、企业制度、融资环境等密不可分，这使得中国企业的资本结构无论用古典资本结构理论，还是用现代资本结构理论都无法做出圆满的解释。

（一）中国企业资本结构的特点

与发达市场经济国家的企业和国内其他企业相比，中国企业的资本结构主要有如下一些特点：

1. 为数不少的企业资产负债率不合理

中国企业资产负债率不合理主要体现在：国有企业的资产负债率明显高于民营企业。2017年12月，上市公司中中央国有企业的平均资产负债率为61.91%，地方国有企业的平均资产负债率为60.14%，集体企业的平均资产负债率为65.22%，而民营企业的平均资产负债率为54.13%，外资企业的平均资产负债率为53.22%，明显低于国有企业和集体企业。

一般来说，较低的负债比率造成负债在降低股权代理成本方面的作用无法得到有效发挥，如果是内部人控制更加严重。在中国股票市场和国债市场迅速发展和规模急剧扩张时，企业债券市场却没有得到应有的发展，甚至急剧萎缩或徘徊不前，造成债券市场内部结构的不平衡，致使上市公司负债比率偏低。

2. 资本金结构比率分布集中

资本金结构比率是反映上市公司投资主体多元化程度和资本金集中程度的指标。中国上市公司资本金结构比率分布较为集中，国家股、法人股所占比例仍然较高，这导致各级政府对上市公司仍有相对控股权，如果加上国有法人股，国有股权所占比例将更高。国有股对上市公司仍有绝对控股权。股权的多元化并没有从实质上解决国有控股上市公司的股权分散化问题；上市公司仍不能摆脱主管部门的行政控制，小股东基本上没有通过董事会选择、监督经营者的直接控制权，只能通过股票市场上的股票买卖的间接控制方式，对上市公司形成有限的影响。正因为如此，中国大部上市公司的股东会徒具形式，上市公司实际上仍控制在各级政府手里。此外，由于国有股不能流通，法人股只能实现有限的流通，其变现能力弱，难以实现产权的重组，这造成大量的经济资源闲置。

在股权分置改革后，大量的国家股、法人股等流通股本变成了"大小非"或"限售股"，这一问题得到了部分的解决，但要完全解决这一问题，尚需时日。

3. 外部资金依存度较高，内部资金比率较低

企业融通资金可分为内部融资和外部融资，企业外部资金依存度是指公司外部融资占公司总融资量的比率，它反映的是上市公司生产、经营、投资所需资金对外部的依赖程度。外部融资又可分为直接融资和间接融资，企业外部融资中的直接融资是指企业利用证券市场采取债权融资和股权融资所获取的资金份额。而外部融资中的间接融资是指通过银行融通资金。公司内部资金比率是指公司投资所使用的全部内部资金占公司投资总额的比例，内部资金包括折旧和利润留成、盈余公积金等，这一比例反映公司的创利能力和自我扩张能力。

不同于国外企业，中国企业的融资次序依次是银行贷款、股票融资、国债融资、内源融资。中国企业的外源融资的比重高达80%以上，内源融资的比重不到20%，而那些利润为负的上市公司几乎是完全依赖外源融资。在外源融资中，有50%是来源于股权融资，而且这一比例还将随着中国股票市场的发展而继续上升。中国企业普遍热衷于发行股票与上市，已上市的公司更是充分利用一切可以配股和增发新股的机会进行股权融资，而对债权融资反应却很冷淡。

4. 不同行业企业的资本结构总体上呈现出规律性分布

部分行业和企业的资本结构特点有违理性推断，而且也与其他国家企业资本结构行业分布的经验分析结果存在一定差异。一般来说，企业资本结构的行业分布有如下几个特点：第一，营利性高的行业与营利性低的行业相比，其负债融资的比率较低。因为一个企业营利性越低，通过内部或外部进行股权融资就越困难，一个高成长的行业股权融资可能更多些，企业现有股东也更愿意将所得用于再投资。中国企业资本结构的行业分布基本上与这一规律吻合。第二，成长空间有限，未来有固定的现金流入的企业，倾向于用长期负债融资，且债权人也愿意为这样的企业提供债务融资。这是因为债权人更关心债务契约是否能够履行，对企业是否是高收益不过多关心。这一点与中国企业资本结构的行业分布有较大的背离。如果中国一些基础设施和公用事业上市公司的负债率相当低，则应以长期负债替代部分股权，以实现股东收益的最大化。第三，据发达市场经济国家企业资本结构行业分布的经验分析，航天、国防、计算机与外围设备行业负债融资比例较高，长期负债对净资产的比率也较高；航空运输、石

油精炼工业负债融资比例较低，长期负债对净资产的比率也较低。而中国这些行业上市公司的资本结构并无明显差异。

（二）中国企业融资方式的效应分析

从中国股权融资的低成本、股东及市场监督的弱化、债券市场发展缓慢以及企业内部积累的匮乏来看，应该说中国企业（上市公司）偏好股权融资是一种理性的选择。评价企业融资策略及融资方式的合理与优劣的标准应该是其融资效应。对于中国与国外企业不同的融资方式所产生的效应，我们可以从以下两个方面来看。

1．企业效率

根据上两节的分析，保证最优资本结构是保证企业健康稳定持续发展的重要条件。负债不仅可以使企业获得节税利益和发挥财务杠杆的作用，而且负债的破产机制可以约束企业经理的行为，其还本付息的压力能促使企业经营者提高资金的使用效率并做出能提高企业盈利能力的最佳决策，从而有利于缓解内部人控制问题，降低道德风险，减少代理成本，促进企业的发展。同时，负债是向市场传递企业资产质量良好的信号，由此将提高企业的市场价值，降低企业的融资成本。

中国企业过高或者过低的股权融资比例，使得企业不能正确利用债权融资所带来的节税、财务杠杆和信息传递的功能，缺乏债权融资所具有的激励、约束机制。股权资本结构的不合理，在业务经营没有显著增长的情况下，必然引起企业价值的下降；同时，股权筹资的低成本和非偿还性，弱化对经营者的监督和约束，导致经营者不会珍惜筹集的资金，随意使用或闲置，甚至投入股市进行投机，造成投资的低效率。

此外，虽然利用股权融资可以在一个短时期内不支付或支付较少的股息，但从长远看，其长期成本是高于债权融资。不给予投资者相应的满意回报，企业是难于获得持续的发展。

2．市场效率

中国企业偏好股权融资结构对证券市场发展的负面影响主要体现在以下几点：

（1）扭曲证券市场资金资源配置的功能。实现资源的优化配置，将有限的资金资源提供给那些最需要且使用效率最高的企业，这既是证券市场的基本功能，也是证券市场持续健康发展的最佳途径。但中国由于股权融资的低成本以及股东对企业监控的弱化，使得股市成为上市公司"圈钱"的最佳场所，股权融资成为上市公司"圈钱"的手段。上市公司不断通过股权融资获取廉价的甚至是免费的资金，造成资金资源的巨大浪费，严重扭曲了证券市场资源配置的功能。

（2）加剧股市的动荡。由于上市公司经营的低效益，投资者难以从企业的发展中获取收益，只能通过市场短期的炒作获取价差收入，从而导致股票价格的剧烈波动，股市动荡不安，投机盛行。而且扭曲的价格不仅不能反映企业的真实价值，还会误导投资者，造成股市资金的错误配置；低效率的企业继续浪费稀缺的资源，形成恶性循环。

（3）打击投资者的积极性。由于投资者长期得不到投资回报，其投资股市的积极性就会受到打击，逐渐会对股票投资失去信心而将资金抽出股市，特别是机构投资者，这将导致股市资金来源不足。可见，中国企业偏好股权的融资结构不利于中国股票市场的健康发展。

三、发达国家企业资本结构决策对中国跨国经营企业的借鉴

表4-4对本节做了基本的总结。通过对比，我们可以发现：中国企业所面临的环境与英美德日等主要国家相比，均具有其特殊性。但英美企业股权主导型资本结构和德日债权主导型模式，对于中国企业、特别是跨国经营的企业，在制定资本结构决策中具有一定的借鉴意义。

表4-4　中外企业融资模式比较

			外源融资所占比重	
	融资制度	内部融资所占比重	直接融资（债券、股票）	间接融资（银行借款）
美国企业	证券市场主导制	高（60%~90%）	高	低
日本企业	主银行制度	不高，但呈上升趋势	较低，但呈上升趋势，特别是债券融资	高
德国企业	全能银行制	高	低（20%~30%）	高（60%~70%）
中国企业 上市公司	特有的投融资制度	低	低	高
中国企业 非上市企业			高	低

在宏观战略上，跨国经营企业应当充分结合企业自身与融资所在地的具体情况，

做到因地制宜、应时制宜，力争建立起一个适合企业自身的全球最优资本结构。另外，政府也应当逐步完善金融市场，为跨国经营企业创造良好的融资环境。具体而言，可以从以下几个方面着手。

（一）完善公司治理结构

中国证券市场还处于发展阶段，其不完善性使中国企业形成了利用股市融资的偏好。但在跨国经营融资过程当中，特别是在美国萨班斯法案出台后，主要的融资地对于企业公司治理结构都提出了更高的要求，这就要求我们走出去的企业在融资之前，努力提高自身的公司治理水平，以便取得最优的融资条件。要完善公司治理结构，就要强化对内部人的控制，使企业经营者按照企业价值最大化的目标做出融资决策，而不是按其自身利益最大化的目标做出决策。

同时，政府应当大力发展机构投资，扩大机构投资者的投资规模，充分发挥机构投资者在公司治理结构中的重要作用，改变上市公司控股股东对企业控制的虚置以及公众股"搭便车"的状况，提高公司法人治理效率。

（二）积极发展企业债券市场

在资本市场的建设过程中，债券市场始终是资本市场的一个重要部分。中国企业普遍热衷于上市和股权融资的原因之一是中国债券市场发展缓慢，对企业债券发行有太多限制，发行规模很小，难以满足企业债券融资的需要。因此应加快企业债券市场的发展，减少对企业债券发行的限制，适当调整企业债券融资的标准，放宽发行企业债券的主体范围，允许大量的民营企业发行债券，将债券发行审批制改为注册登记制。企业可根据自身发展的需要，自主确定发行的价格和数量。在企业债券市场的外部环境建设中，一方面应加快发展企业债券的二级市场，另一方面应加紧权威性债券评级机构的设置，引入保险机制，提高企业债券的安全性，从而吸引更多企业债券的机构投资者，提高企业债券的流动性。只有在企业债券市场发展规范的前提下，企业债券融资才能有大幅增长。而债券融资的增长，一方面可均衡资本市场发展，另一方面可以使企业在融资中充分发挥税盾效应与财务杠杆效应。

（三）建立有利于企业自我积累的税收、财务制度

在任何企业制度模式下，内部自我积累都是企业融资的首要选择。但在中国企业融资总额中，内源融资的比例很低，主要是依赖外源融资。外源融资的比例过高，既增加融资成本，给企业的经营业绩带来过大的压力，也使企业难以进行长期的战略

性决策，不利于企业的持续发展。因此，应建立有利于企业自我积累的税收、财务制度，减轻企业的税费，规范企业的利润分配和利润滚存制度，引导企业在努力提高经营效益的基础上进行积极的内部性资本扩张，不断增强其自我发展的能力。

（四）加强对股票市场的监督

在目前中国企业偏好股权融资的情况下，应大力加强对股票市场的监督。首先是完善信息披露制度，改善融资方与投资者之间的信息不对称性，扭转股市中价格被高估的现象。其次是规范新股发行、配股和增发的条件，在当前核准制发行股票制度下，要提高核准效率，让真正的绩优公司、有发展潜力的公司上市。再次是加强对股权融资的资金使用监督，既要防止上市公司把募集到的资金投入与公司长远发展无益或与公司主业相差甚远的产业，又要防止大股东占用股权融资，从而提高资金的使用效率。

第四节　小　结

资本结构在很大程度上决定着企业的偿债和再融资能力，决定着企业未来的盈利能力。合理的融资结构可以降低融资成本，发挥财务杠杆的调节作用，使企业获得更大的自有资金收益率。因此，融资结构对于中国跨国企业具有重要意义：第一，企业可借助融资结构安排改善现有资本结构；第二，借助合理的融资结构获取更多的资本。企业要尽可能地利用好融资结构安排，以推动企业向更高更好更强的方向发展。

· 案例 ·

4.1　高通公司采用高权益比例以获得财务灵活性[①]

一、案情介绍

1985年，一家专注于通信技术的小公司诞生于美国加利福尼亚州圣迭戈市；22年后，这家公司被世人公认为下一代无线通信技术的发源地以及21世纪全球高科技公司的创新楷模——这就是高通公司（Qual Comm）。高通公司，将CDMA技术从实验室推广到全世界，使之成为全球广泛采用的3G标准的基础；它由成立之初的小公司，成长为财富500强企业。高通公司，正凭借持续不断的创新、坚定务实的执行力，以及与众多伙伴的紧密合作，引领全球无线市场走入令人激动的下一代移动通信时代。

高通公司的CDMA产生了特许费用、专利权使用费和芯片销售收入。此外，高通公司还掌握了一种新的高速储存技术（HDR），预期可以提高互联网的应用及访问速度。高通公司的主要竞争者为AT&T的TDMA技术和贝尔公司的GSM技术。

2000年，高通约有员工7000人，其总部设在圣迭戈，全球业务拓展良好。2000年3月，其资本结构如表4-5所示：

表4-5　高通公司2000年资本结构

长期债务	0
股权	112亿美元

二、案情分析

为什么高通公司会只依赖股权来提供资金而完全不使用长期债务呢？这主要是如下几方面原因：

[①] 案例来源：根据Aswath Damodaran Applied Corporate Finance(by 1999 John Wiley & Sons, Inc.)相关资料整理。

1. 其未来的收入不确定性较高

高通公司处于高科技领域，需要不断创新才能得以发展，但不断的创新成果并不能保证企业成功，研发成果未来的收入不确定性非常高。如果使用债务，企业就必须在未来经营失败的条件下承受还款的压力，这必然导致其压缩研发等其他现金流以还本付息。而在IT领域中，压缩研发就意味着压缩竞争力，从而限制了企业的进一步发展。

2. 财务管理者偏好

高通公司的执行副总裁兼财务主管Anthony S. Thornley表示，高通公司在财务上一直采用稳健的战略。在一次采访中他表示，公司偏好灵活性。

3. 权益成本低

对于高通公司而言，较高的P/E比率使得其有一个较低的权益成本，这表明，2000年并不是高通公司依靠债务融资的时机（表4-6）。

表4-6　高通公司2000年4月财务简表

单位：百万美元

收入	3937.3
净收入	391.9
长期债务	0
股利支付率	0
权益收益率%	13.6
5年复利年收入增长率%	62.5
P/E比率	40 ~ 100

三、总结与启示

跨国公司所处的行业在很大程度上决定了其资本结构安排。高通公司的财务安排对国内企业具有重要的借鉴意义。

1. 融资资本结构设定要充分考虑企业的行业属性

对于创新型高新技术行业，未来收入的不确定性以及研发的高投入性直接决定了企业融资不能造成过高的财务压力，因此债权融资比重不能过高。而对于那些能够保证未来稳定现金流的企业，对债务承受能力相对较强，可考虑加大债权融资比重。

2. 融资资本结构安排要充分考虑企业经营文化

企业经营文化能够反映管理层的风险承受能力。对于经营理念相对保守的企业，要尽可能采取风险较低的融资结构安排；而经营理论相对前卫的企业，可以考虑高风险高收益的融资结构安排。总之，融资资本结构的安排在一定程度上取决于企业经营文化。

· 案例 ·

4.2　联想收购摩托罗拉

一、案情介绍

2014年1月30日，联想集团以29亿美元的价格从谷歌手中收购了摩托罗拉移动。联想在完成本次收购后，将获得摩托罗拉旗下的3500名员工、持有的2000项专利，以及摩托罗拉移动品牌和商标组合。除此之外，全球50多家运营商的合作关系也将归于联想移动业务集团。然而，在联想收购摩托罗拉移动的消息发布后，市场似乎并不看好联想公司这一举措，联想的股价连续两个交易日大跌23%，市值蒸发了约265亿港元。而摩托罗拉在被收购前移动的年度亏损高达9.28亿美元，大部分投资者担心该收购会拖累联想的业绩。

二、案情分析

1. 预计的收益

摩托罗拉作为移动通信领域的开拓者和先驱者，拥有其他企业无法比拟的大量专利资源，是一笔非常宝贵的资产。这种企业间的纵向一体化并购，对于联想想要进军并立足国际舞台的战略是十分有益的，可以充分帮助联想丰富完善其产品线。

联想集团除了获得了员工和专利，同时也收购了摩托罗拉的品牌和商标组合。联想通过这次收购直接获得了进军全球市场的门票。尽管摩托罗拉的市场份额持续下跌，但其经过长年累积的品牌价值和市场影响力仍然不可小觑。而联想尽管有着一定的市场份额，但其主要销往地区仍是众多新兴市场。摩托罗拉在全球市场内的品牌影响力，要比联想成熟并且大得多，而此次收购将会大幅加快联想进军国际市场的步伐，为联想的今后发展提供了非常有利的条件。

联想通过这次收购，达到扩大企业规划和进一步拓展经营范围的目的。联想通过收购摩托罗拉的股权及资产，获得该公司的控制权，得到摩托罗拉的品牌价值优势。在成功收购之后，联想将会涉及不同层面的业务整合，还有一系列的产权和资产的变动。资金的支出在接管初期是在所难免的，但对公司的长远发展来说，制定经营发展战略、实现企业一体化是联想的必要任务。只有如此，才能获得最大的企业发展。

2. 可能存在的风险

虽然摩托罗拉依旧拥有较高的品牌价值和市场影响力，但就摩托罗拉目前的市场份额来看，其一直处于缩水状态。即便其在近期内推出了几款优秀产品，但并不能有效增加摩托罗拉的市场份额。如何在摩托罗拉被收购后进一步扩大摩托罗拉市场份额，维持其品牌价值和市场影响力，需要联想进一步制定合适的战略。

企业并购最大的困难是文化整合，对于联想和摩托罗拉两个背景完全不同的企业来说，文化差异是必然存在的。在人事、行政等方面的管理和调度也不尽相同。如何能在最短的时间内达到最佳的整合效果，是联想需要考虑的。

对于并购的两家企业来说，暂时性的用户流失是在所难免的。对于联想，这次并购后把握住大部分的用户和客户是非常必要的，除普通消费者等零散用户，还更应该关注企业、集团等大型客户。

3. 联想并购的动因

企业并购动因理论一般涉及四种经济学理论：新古典综合派理论、协同效应假说、委托—代理理论以及新制度经济学中关于并购的理论，下面将以新古典综合派理论和协同效应假说对联想收购摩托罗拉加以综述。新古典综合派有关并购动因的理论主要有规模效益理论、市场力假说理论。

（1）规模效益理论是指在一特定时期内，企业产品绝对量增加时，其单位成本下降，即扩大经营规模可以降低平均成本，从而提高利润水平。并购给企业带来的内在规模经济在于:通过并购可以对资产进行补充和周整。并购的外在规模经济在于：并购增强了企业整体实力，巩固了市场占有率，能提供全面的专业化生产服务，更好地满足不同市场的需要。此番并购完成后，联想获得了智能手机业务相关的专利，而且联想也会继承谷歌获得的专利交叉授权和专利组合，这更有利于增强联想在美国和其他市场的竞争力。另外，收购之后联想将获得摩托罗拉的3500名员工，联想的人力资源得到了很大的提高。摩托罗拉对于智能手机市场的理解非常深入，他们的产品设计精良。更重要的是，摩托罗拉非常善于与电信运营商和用户建立良好关系。收购之后，这些将成为联想增强自身竞争力的重要资源。联想仍需要将双方的业务进行整合，作为推动联想在智能手机领域的长期成长的源动力，为以后在智能手机领域成为领先者奠定基础。

（2）从市场力假说的角度考虑，联想收购摩托罗拉移动的智能手机业务的目标是明确的，就是要发展智能手机业务，借助摩托罗拉的资源，快速进入智能手机的关键市场，并且占领市场份额，成为行业内的领先品牌。

协同效应理论认为公司并购对整个社会而言是有益的，这主要通过协同效应体现在效率的改进上。所谓协同效应，是指两个公司实施并购后的产出比并购前两个公司产出之和要大，即1+1>2。对于并购公司而言，1+1>2的效应主要体现在经营协同效应、财务协同效应、管理协同效应等方面，该假说主要为企业间的横向并购提供了理论基础。联想从谷歌手中收购摩托罗拉移动，在市场、品牌、产品等方面都产生了协同效应：

在市场方面，联想智能手机主要在中国、东南亚和俄罗斯等欧洲国家销售，而摩托罗拉最强劲的市场表现在北美和南美洲。双方进行整合，将对联想智能手机业务的国际化进程带来帮助。

在品牌方面，摩托在手机领域的国际知名度为联想带来了极大的便利，品牌是国际化道路上非常重要的环节，尤其在对当地客户和供应商的拉动上，品牌战略对联想进军国际化之路起着头炮的作用。在知识产权方面，联想将获得摩托罗拉2000个专利，这绝对是联想手机进入海外的战略资源。

在产品组合上，摩托的技术团队在手机研发领域的优势毋庸置疑，摩托罗拉团队非常善于打造和设计精妙的产品，收购之后，将使得联想的智能手机组合得到进一步的加强。同时，谷歌收购联想5%的股权，使得谷歌和联想成为共荣辱的伙伴，有助于联想今后在移动设备领域得到谷歌的支持。

三、总结与启示

1. 重视收购之后企业架构的调整及企业的整合工作

并购企业的整合工作主要分为人力资源和企业文化的整合。而联想收购摩托罗拉的移动业务部，由于涉及跨国并购，会面临着更加复杂的文化差异和管理差异。联想作为收购方要积极主动地保留被并购方摩托罗拉的优秀文化，在组织架构调整上，可以保留摩托罗拉原有的高层管理人员，同时派驻联想自身管理人员，采取负责制，在保留企业原有文化的基础上，加强对摩托罗拉的控制，避免2012年谷歌收购摩托罗拉后大范围裁员，引发员工大范围游行的事件发生；在企业文化整合方面，要取长补短，积极主动适应和融入摩托罗拉优秀文化中，尽可能保留其优秀文化，以此得到被并购方员工的认可和接受，增强员工的忠诚度，避免出现当初联想并购IBM时，由于强行在IBM中推广联想的处事方法，导致大批精英中层离职。

2. 做好市场开拓工作以抢占国内外市场

联想收购摩托罗拉很重要的一个因素是看上了摩托罗拉在北美市场7%的市场份额，仅次于苹果和三星。在完成此次并购以后，联想可以利用摩托罗拉在欧美已经建立的销售渠道和供应链渠道，扩大自己在海外市场的份额，抢滩海外市场。对于联想自身品牌手机生产来说，要学习摩托罗拉移动终端的技术，利用收购中获得的2000多项专利，提高自身产品的生产技术、制造工艺，以优良的品质进入欧美市场，增加自身销售收入，缩短与苹果三星的差距。对于摩托罗拉来说，由于中国对安卓系统中谷歌框架的封锁，而摩托罗拉一直采用谷歌原生系统，使得MOTO系列、Nexus系列等在国外具有良好声誉的产品在中国一直无法销售。因此，联想应当对摩托罗拉手机系统进行本土化处理，改进其产品的系统，使其适应中国市场的需要，进而开拓国内市场，培育新的客户群，提高摩托罗拉在国内市场的销量，提升联想集团整体的销售收入。同时在国际市场，通过提高质量，加强营销，改善售后等方式培养客户的忠诚度。

3. 拓宽融资渠道以防范并购中的财务支付风险

并购前，联想偿债与融资结构安排不合理。其负债主要由流动负债组成，且流动负债中流动性较强的应付账款又占有绝大的比重。这直接导致短期偿债压力较大。应对此种情况，联想集团可以借助摩托罗拉公司的声誉和品牌价值，拓宽自己的融资渠道，向银行寻求长期贷款，降低或解决并购中可能出现的支付违约风险。

4. 压缩生产成本以实现扭亏为盈

在谷歌出售摩托罗拉之前，摩托罗拉每季度亏损约1亿美元，极大地影响了谷歌的利润率。摩托罗拉移动的亏损对谷歌业绩的拖累是谷歌出售其的重要原因。因此联想应当利用自己在规模生产、成本控制和采购方面的优势，改进摩托罗拉手机的生产，压缩生产成本，提高产品利润率；同时通过开拓国内市场，提高销售收入，在较短时间内实现扭亏为盈。

第五章 跨国公司融资风险的防范理念与方法

风险是指某一事件及其结果的不确定性，任何经济事务都离不开风险。企业跨国经营，风险因素不仅影响着投资，也会影响着融资。在跨国经营企业融资过程中，一些风险因素将尤为重要。这些因素主要包括政治因素、汇率因素、利率因素、税务因素及套期保值等。

本章将围绕上述因素对跨国经营企业融资风险的主要种类与防范思路展开重点分析，跨国经营的一些其他因素，如法律因素等，鉴于其重要程度相对上述因素较低，或防范措施并不特别之处，本章就不再赘述。

第一节　跨国企业融资风险及防范理念

"融资非小事，操作需谨慎。"跨国企业的融资活动将直接关系到企业未来的经营，因此融资企业务必树立正确的风险防范意识。

一、跨国企业融资风险的含义

跨国企业融资风险是指企业跨国经营中与资金筹措有关的各种风险。不能将融资风险仅理解为到期无法偿还本金和偿付资本成本的可能性。在现实中，与融资有关的风险很多，如筹措资金不能落实的可能性，不能偿还到期负债融资的可能性，以及筹资给预期收益带来的不确定性，筹资渠道单一导致的企业风险等。不同的融资方式，其所包含的风险特点亦有不同。

二、跨国融资风险防范的基本思路

在衡量融资风险以后，跨国经营企业必须要采取措施，选择最适当的方法或综合方案来防范这些风险。对付融资风险的方法分为两大类：一类是风险控制，如避免风险、损失管理、转移风险等；另一类是风险补偿措施，对已发生的损失提供资金补偿，如保险和包括自保方式在内的自担风险。具体而言，有以下几种方法。

（一）避免跨国经营企业融资风险

避免融资风险有两种方式：一种是完全拒绝承担融资风险，另一种是放弃原先承担的融资风险。换言之，避免融资风险就是不取得融资损失风险或消除现存的融资损失风险。例如，企业放弃成本过高的融资方式就是拒绝承担融资风险的表现。然而，这种方法的适用性很有限。一方面，因为这种方法并不是很可行，避免一种风险可能会带来另一种风险，例如，企业避免债券融资所带来的利率风险，却不得不以增发股票来筹资。另一方面，避免融资风险就意味着企业要放弃一些投资机会，这显然也不是融资风险防范的本意。

（二）跨国经营企业融资损失管理

融资损失管理计划分为防损计划和减损计划。防损计划旨在减少融资损失发生频率，或消除损失发生的可能性。如进行融资方案的可研报告，聘请专家进行指导等均是减少融资损失频率的措施。减损计划可再分为尽可能减轻损失后果计划和损后救助计划，两者均设法控制和减轻融资损失程度，对已经实施的融资方案进行修正、采用替代融资方案等。有一些损失管理措施既是防损措施又是减损措施。

（三）跨国经营企业风险转移

在风险管理中，较为普遍使用的通过非保险方式转移风险的方式有合同、租赁和转移责任条款。例如，一家公司在发行债券时约定赎回条款，即在市场利率下调时公司可以赎回。再如，企业在为项目进行融资时，要求被投资方每年分红必须达到与企业为此项目所借银行款项的利率。

（四）跨国经营企业自担风险

自担风险是指企业使用自有资金或借入资金补偿融资风险的损失。自担风险分为被动的和主动的，即无意识、无计划和有意识、有计划的。当企业没有觉察到所面临的风险，或者觉察到风险的存在但没有做出对付风险的决策时，这样的自担风险是被动的，比如突然调整的利率。当企业觉察到风险存在，并相应采取了对付风险的办法时，这种自担风险是主动的。

自担风险主要适用于下列情况：①在没有其他对付损失风险的方法的情况下，自担风险是最后一种办法。②在受到的损失并不严重的情况下，也能使用自担风险的办法。③在损失能够被精确预测到的情况下，也可以采用自担风险。

（五）跨国经营企业保险

保险是一种转移风险的办法，它把风险转移给保险人。保险也是一种分摊风险和意外损失的方法。一旦发生意外损失，保险人就补偿被保险人的损失，这实际上是把少数人遭受的损失分摊给同险种的所有投保人。由于少数投保人遭受的损失为同险种的所有投保人所分担，所有投保人的平均损失就代替了个别投保人的实际损失。保险人一般承保纯粹风险，然而并非所有的纯粹风险都具有可保性。可保的风险要满足下列条件：

1. 大量同质的风险存在。据此，保险人能比较精确地预测损失的平均频率和程度。

2. 损失必须是意外的。如果故意制造的损失都能得到赔偿，则道德的约束力量就会降低，保险费就会相应提高。

3. 损失必须是确定的或可测定的。具体地说，损失的原因、时间、地点和金额具有确定性。

4. 保险对象的大多数不能在同时遭受损失。如果保险对象的大多数在同时遭受损失，保险分摊损失的职能就会丧失。保险公司会采用两种方法来对付这种损失：一是再保险；二是把保险业务分散在广大地域，从而避免风险的集中。

5. 保险费必须合理，被保险人在经济上能承担得起。唯有保险费经济、合理，保险公司才能拓展其业务。

三、跨国企业融资风险管理的基本程序

（一）制订跨国企业融资风险管理计划

制订合理的融资风险管理计划是融资风险管理的第一步。融资风险管理计划的主要内容除了融资风险管理目标以外，还有以下内容：

1. 确定相应管理人员的职责。虽然融资风险管理工作主要涉及财务部门，但其他

相关部门也负有责任。风险管理计划上要列明所涉及各个部门人员的职责，并制定定期报告制度。

2. 确定融资风险管理的组织结构。在小的企业里，从事融资风险管理的人员也许由财务部门的相关人员兼任，但规模大的企业最好应设置专职人员对融资风险进行管理，并规范与其他部门的合作。一般来讲，以下部门应当参与到融资风险管理部门中来：

（1）会计部门。会计部门是企业经营效果反映的直接提供者，它能提供潜在的财产和净收入损失程度的数据。此外，会计部门存在的贪污风险也不容忽视。会计部门的财务记录为制订保险或自保计划提供了有用的数据，如动产和不动产的价值、企业具体融资成本等数据。

（2）数据处理部门。一方面，数据处理部门可以建设相应的计算机网络，为融资风险管理迅速提供所需数据，以进行决策；另一方面，数据处理部门可以对融资结果进行编译和分析，模拟不同损失情况的后果，预测损失趋势，比较各种风险控制方案的成本和效益，以及评价风险管理计划的成功和不足之处。

（3）法律事务部门。该部门的人员能提供关于责任风险的情况，有助于风险管理人员识别责任风险。此外，融资风险管理往往涉及大量的合同与契约，法律事务部门的参与有助于更好地实现风险管理计划效果。

（4）经营部门。企业经营部门不仅是融资的最终使用者，也是风险的最终承担者。经营部门参与到融资风险管理中来，不仅有利于企业控制融资风险措施的实施，更有利于企业拓展融资风险防范手段。

3. 风险管理计划的控制。它包括：制定业绩标准、评测实际执行情况、采取纠正措施。

（二）识别跨国经营企业融资风险

跨国经营企业融资风险管理的第二步是识别企业所面临的融资损失风险。风险管理人员一般要设法识别下列三种类型的潜在融资损失：①融资所带来的物质性损失以及额外费用支出；②因融资损失而引起的收入损失和其他营业中断损失以及额外费用支出；③因融资而引起的诉讼导致企业遭受的损失。

除了用概率分析、财务杠杆及财务指标对融资风险进行分析外，企业还可以用下列方法识别风险：

（1）对企业融资来源进行定期或经常性的实地检查，及时发现风险隐患。

（2）使用内容广泛的融资风险分析征求意见表，收集在相关人员对融资风险的意见。

（3）编制融资业务流程图，分析每个环节中的潜在风险。

（4）使用财务报表、以往的融资风险报告和统计资料来识别重大的融资风险。

（5）请保险公司、专业机构提供风险评估咨询服务，包括分析企业外部环境的风险因素等。

（三）评估跨国企业融资风险影响

在识别损失风险之后，第三步是衡量损失风险对跨国经营企业的影响。这包括衡量潜在的损失频率和损失程度。损失频率是指一定时期内损失可能发生的次数。损失程度是指每次损失可能的规模，即损失金额的大小。对损失频率的测定可以估算某一风险单位因某种损失原因受损的概率，如一幢建筑物因火灾受损的概率；也可以估算几幢建筑物因火灾受损的概率；或者估算某一风险单位因多种损失原因受损的概率，其概率高于因单种损失原因受损的概率。

单个风险单位同时遭受几种损失的概率相对遭受一种损失的概率要低。在得不到精确资料的情况下，可以对损失频率进行粗略估计，如分为：几乎不会发生、不大可能发生、频度适中、肯定发生。

对损失程度的衡量可分为每次事故造成的最大可能损失和每次事故造成的最大可信损失。最大可能损失是估计在最不利的情况下可能遭受的最大损失额。最大可信损失则是估计在通常情况下可能遭受的最大损失。

（四）选择应对跨国企业融资风险的方法

在衡量融资风险以后，第四步是必须结合企业的自身情况选择最适当的对付融资风险的方法或综合方案。具体的方法在上一节已经介绍，此处不再赘述。

（五）执行跨国企业融资风险管理的决策

把所选择的对付风险的方法付诸实施是风险管理的第五步。在贯彻和执行融资风险管理的决策这一阶段，相关的融资风险管理人员应当与协同部门一起，执行企业所做出的融资风险管理决策。

（六）反馈与评价

在融资风险管理的决策贯彻和执行之后，就必须对其贯彻和执行情况进行检查和评价。理由有两点：其一是融资风险管理的过程是动态的，融资风险是在不断变化的，新的融资风险会产生，原有的融资风险会消失，上一年度对付融资风险的方法也许不适用下一年度。其二是有时做出的风险管理的决策是错误的，这需要通过检查和评价来发现，然后加以纠正。

第二节　跨国企业融资的政治风险及防范策略

在了解了融资风险的基本概念、防范程序与防范思路后，下面我们重点讨论企业在国际融资中所遇到的风险。

企业在进行国际融资时，由于融资方式选择的不同会导致融资风险种类的不同，限于篇幅，这里我们并不讨论在国内融资中一般性的风险，而只讨论企业走出去过程中采用内部融资、国际股票融资、国际信贷融资、国际债券融资等方式进行融资时所面临的主要风险，主要包括政治风险、汇率风险、国际利率风险、国际税收风险等。

企业进行国际化融资，不仅获得了获取高利润的机会，同时也有可能带来巨大的政治风险。分析国际融资项目中蕴含的各种政治风险对企业特别是从事跨国经营的企业来说是极其重要的。从企业风险管理战略的要求出发，国际融资企业对政治风险的管理是一套包括融资前、融资中和风险发生后三位一体的政治风险立体规避体系，具体包括融资前的预防性策略、融资中的分散化策略以及风险发生后的缓解性策略。

一、预防性策略

对于在东道国从事跨国经营而同时在东道国国内进行融资的企业而言，为了避免东道国对国外资产的征用，应尽可能选择在政治稳定的国家进行投资经营。当跨国经营企业必须要在政治风险较高的国家投资经营，并在当地从事融资业务时，应坚持以外国投资项目的盈利作为偿还贷款的资金来源。这样可以促使债权人出于自身利益的考虑来关心投资项目的进展情况，关注东道国对项目合同的履行情况，从而将投资项目的利益与国际金融机构、客户甚至其他国家政府的利益紧密联系在一起。一旦东道国采取任何外汇管制或征用没收等行为，利益关系网上的各方面便会极力反对，从而使东道国政府有所顾虑，不敢对该投资项目采取过激行为。

而对致力于海外上市融资的企业而言，要积极关注融资地国家的经济政策的变化，并借助于国际投资咨询公司进行可行性研究，尽可能地做好上市前的准备。同时，尽量采用风险委托的方式，根据成效支付费用，这样在发行失败时可以适当地减少成本损失。而对股票的发行方式尽量采用包销方式，将发行风险尽可能地转移给国际投资银行。

二、风险分散化策略

跨国经营企业对于融资活动的风险分散化策略是指保持和扩大现有融资渠道。企业在追求低成本低风险融资来源的同时，还应放眼长远利益，保持和扩展全球范围的融资渠道，以确保稳定的资金来源和融资的灵活性。跨国经营企业应努力使资金来源多样化来分散政治风险对融资成本的影响。企业应努力拓宽融资的选择范围，不可过于依赖单一的或少数几个融资市场。这样既减少跨国经营企业融资总体的政治风险，又能通过融资活动与全球各地金融机构建立联系，增加金融和经济信息来源，从而增加全球资金融通的灵活性。此外，到国际金融市场上以发行股票方式来筹措资金，还可提高公司的知名度，扩大公司产品在销售市场上的影响力，可谓一举多得。

三、风险发生后的处置策略

在国际融资企业融资活动开始前采用预防性策略，融资中采用分散化策略，但根本杜绝政治风险是不可能的，因此还要做好政治风险发生后的风险缓解工作。一旦政治风险最终发生，亦可采用缓解策略以减少政治风险带来的损失。

（一）让步策略

当由于政治原因导致融通资金没有到位时，在搞清楚资金提供国的意图后，可以考虑给予一定的让步，比如在比较融资成本和收益之后，适当提高利率，减少融通资金数额等。

（二）放弃策略

如果让步策略不能缓解政治风险，国际融资企业应将争端诉诸资金提供国的法庭以及国际法庭解决争议。当融资企业认为获得融通资金的成本大于收益时，为了降低融资风险，使公司的利益不致遭受大的损害，可以考虑放弃从该国进行融资。

第三节　跨国企业融资的汇率风险及防范策略

一、跨国企业融资汇率风险概述

　　跨国经营企业在进行国际融资过程中，必然涉及多国货币，融资成本不可避免地会受汇率变动的影响。汇率风险又称外汇风险，是指一个经济实体或个人在一定时期内的国际经济交易中，在不同货币之间进行相互兑换和折算中，因汇率在一定时间内的意外变动给这些经济实体或个人手中持有的以外币计价的资产或负债的市场价值带来上升或下跌而获得利益或蒙受损失的可能性。企业融资过程中面临的汇率风险是指企业在融通资金过程中，由于使用不同币种的汇率发生变化，使得企业的融资成本与预期成本相背离，进而蒙受损失的可能性。

　　在中国企业走出去的过程中，由于国内人民币汇率长期保持波动率相对较小的状况，造成的汇兑损益往往不明显，所以许多跨国经营企业在进行国际融资中容易忽视汇率风率，或者对汇率风险估计不足。实际上国际外汇市场是一个变动十分剧烈的市场。我们可以通过两个例子来感受一下汇率风险对于跨国经营企业融资的影响。

　　我们首先通过人民币兑美元的例子来感受一下汇率风险大小，从2005年7月21日至2008年10月24日，人民币一路走强，中间价从1美元=8.1100人民币一直升值到1美元=6.8354人民币，升值幅度达到18.65%。这就意味着，如果企业在2005年7月21日借入1000万美元，并兑换成人民币，如果要在2008年10月24日偿还美元本金时，仅需要偿还813.5万美元即可。但如果企业在2005年7月21日借入1000万美元等值的人民币贷款，立即兑换成美元，并投资于海外，在2008年10月24日偿还时则需要多偿还186万美元。

　　我们再以英镑兑日元为例，以2008年10月24日一日内的波动情况感受一下汇率波动的剧烈。2008年10月24日，日元突然兑各系货币走强，英镑兑日元从早上6时（北京时间）的159.80日元兑1英镑急跌至17时44分时的139.27日元兑1英镑，重挫2053点后，随即展开反弹，收复1084点，最终报收于150.11日元兑1英镑。当日的波动达到创纪录的3137点。这就意味着如果一个企业在早上6时卖出100万英镑（等值1.5980亿日元），再于下午全数兑成英镑，到收盘时，其所持有的英镑数将达到114.74万英镑

（等值1.7224亿日元）。

也就是说在不考虑买卖价差的情况下，企业仅仅10月24日一天在外汇市场中就可以创造出14.74%的额外利润。图5-1展示了这一天英镑兑日元的波动情况。

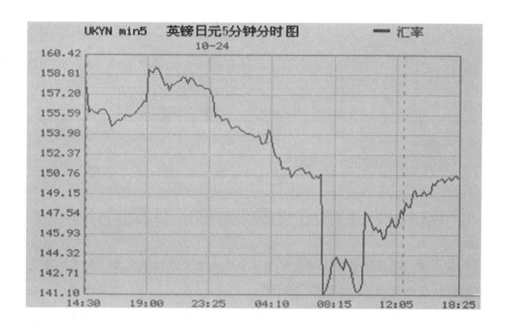

图 5-1　2008年10月24日英镑兑日元的波动情况

资料来源：新浪网，2008年10月25日，http://finance.sina.com.cn /money/forex/hq/ UKYN.shtml.

通过上述两个例子，我们可以看到，跨国经营企业在进行国际信贷融资时借用外币的偿债成本不仅受借款利率的影响，还受借款期内汇率变化的影响。如果借款期汇率发生不利的变化，以本币计值的实际借款成本就会上升，借款人就会因此遭受损失。由于汇率的经常变动性，企业以各种外币表示的交易乃至资产和负债，总是暴露在相应的外汇汇率波动的风险下。汇率变动既可能带来损失，也可能带来收益，这是汇率风险的一个主要特征。因为汇率意外变动带来的收益不会给企业造成负面影响，所以汇率风险只针对汇率变动的损失进行研究。

表5-1 融资过程中汇率风险的特点

特点	原因
风险大	(1)涉险金额大，融资金额一般都在百万美元以上 (2)双倍风险，大部分融资都涉及两次汇兑风险，既有借款货币与用款货币的风险，又有借款货币与还款来源货币的风险 (3)由于借款人既承担本金部分，又承担利息部分，只有在本金和利息全部清偿之后，汇率风险才完全消除
风险时间长	融资的期限通常是一年以上，有的长达十余年，甚至几十年，短期融资的期限也在半年左右
风险结构复杂	融资通常要涉及两种方向的、多笔的外币资金流动。有外币资金的流入、流出；本金的偿还、利息的支付，以及偿付时间的差异等

二、跨国企业融资中的汇率风险分析

专栏5-1 跨国企业融资中的汇率风险分类

一般来说，跨国经营企业融资中的汇率风险主要包括三大类，折算风险、交易风险以及经济风险。其中折算风险（Translation Exposure），指跨国经营企业在编制会计报表时出现的一种存量风险，即在编制报表时，将各种外汇按币种分门别类进行折算出来的外汇头寸。交易风险（Transaction Exposure），指跨国经营企业在其以外币计价进行跨国交易中，由于外汇汇率的变动而引起其尚未结算的外币交易发生外汇兑换损益的可能性。经济风险（Economic Exposure）也称经营风险（Operating Exposure），是指由于意外的汇率变动引起跨国经营企业未来的经营性现金流量发生变化，直至影响公司价值的可能性。通过上述三种汇率风险类型的定义，我们可以看出，跨国经营企业的汇率风险主要是由于企业在融通资金时所必须进行的外汇交易而产生的。企业从国际市场借入的外币资金通常要兑换成本国货币或其他货币使用，如果兑换前汇率发生变动，借款人就有可能造成损失。另外，在借款到期时，借款人通常要用本国货币或其他货币购买借款货币，以偿还借款。如果借款货币汇价上升，借款人就会遭受损失。如果企业在借款初期不需出售外币，借款到期时不需购买外币，那么汇率风险就不存在。所以企业在融资过程中的汇率风险形式上是由外汇买卖引起的，一些国家又称之为"买卖风险"。

企业走出去时，在融资过程中应从以下角度对汇率的风险进行考量。

（一）从风险产生的时间顺序考量

从风险产生的时间顺序上讲，借款中的汇率风险可以分为借款货币与还款货币不一致的风险及借款货币与还款来源货币不一致的风险。当借款货币兑换成本币或另一种外币使用时，会产生借款货币与用款货币不一致的风险。因为从外币融资协议签订之日到提款结束之日都要有一段时间，借款时间越长，提款时间也越长。在这段时间内，如果借款货币汇率下跌，借款人就会遭受损失。例如，借美元兑换成英镑使用，如果提款之前美元对英镑贬值，借款人就会遭受损失。

如果借款货币与还款来源货币不一致，就会产生借款货币与还款来源货币的汇兑风险。例如，某一企业借用的是英镑贷款，而拥有的外币债权是美元，如果借款到期时英镑对美元升值，公司就要遭受损失。借款货币与还款来源货币不一致的风险要比借款货币与用款货币不一致的风险大，这主要是因为提款期仅是借款期的一部分，借款的偿还期限通常要比提款期长，汇率发生变动的程度更大。

（二）从涉及的货币考量

从融资过程中所涉及的货币来看，借款中的汇率风险可以划分为本币与外币的风险和外币与外币的风险。

如果借款要兑换成本币使用，或者还本付息的外币要以本币购买，那么就会产生本币与外币之间的汇率风险。例如，中国企业借入美元资金兑换成人民币在国内使用，如果兑换之前美元对人民币汇率下跌，企业实际能够使用的资本价值减少，从而会遭受损失；如果借款到期时美元汇率上升，该企业在购买还本付息的美元时，就要付出更多的人民币，借款成本提高，从而也会遭受损失。如果借款人借入外币之后要兑换成另一种外币使用，或者它赖以偿债的外币债权是另一种货币，那么就会产生外币与外币之间的汇率风险。例如，中国企业借入日元资金使用，而它拥有的偿债资金是美元，在还本付息时，如果日元对美元升值，该企业就会遭受损失。

在外币借款中，外币与本币、外币与外币的风险经常会在同一笔借款中出现。比如，借款时把外币兑换成本币使用，到期以另一种货币购买借款货币偿还，前一过程中出现的是外币对本币的风险，后一过程中出现的是外币对外币的风险。再如，借入外币后将借款货币兑换成另一种货币使用，到期时以本币购买外币偿还，前一过程中出现的是外币对外币的风险，后一过程中出现的是外币对本币的风险。对于借款人来说，外币借款的成本最后都要以本币来衡量，因此外币对外币的风险最终要转化为外币对本币的风险。外币对本币的风险是外币借款中汇率风险的基本形式。

（三）从风险产生的来源考量

从风险产生的来源来看，借款中的汇率风险可以分为借款本金部分的汇率风险和利息部分的汇率风险。借款本金是借款人对外负债的主要部分，是汇率风险产生的主要根源。如果借款期限较长，利息在总负债中的比重也会增大，利息部分的汇率风险也会增大。

三、跨国企业融资中汇率风险的管理措施

企业只要参与国际融资活动，就不可避免地要受到汇率波动的影响。而且国际融资一般涉及金额巨大，一旦汇率向不利于融资企业的方向变动时，必然会给融资企业带来巨大损失。融资企业对于汇率的变动是无能为力的，融资企业要降低外汇风险，就必须加强外汇风险管理，采取必要的规避措施，将风险损失降到最低。

（一）预测货币汇率变化趋势

对汇率进行风险预测是为了正确采取各种汇率风险的防范方法，积极采取保值措施以使风险损失达到最低程度。影响汇率变动的因素有三个方面：一是国际收支方面，即某一国家的国际收支中经常项目的变动情况和短期资本项目的变动情况；二是国际金融方面，包括一国的经济发展动向、失业率、货币供应量、通货膨胀率、利率和证券延期履行的债务、货币购买力等计算出来的基础汇率和其他国家的情况及变动方向强度的比较；三是国际政治、军事方面的动态、外汇持有人预期心理动态及外汇市场上的供求关系动态等。对以上所述影响汇率波动的因素进行定性的定量的综合分析，判断汇率变动的趋势，进而采取防范措施，使汇率变动造成的损失最小化。

（二）国际融资货币的选择

在国际融资中选择何种货币，直接关系到融资主体是否将承担外汇风险以及承担多大的外汇风险，因此融资货币的选择是融资主体要考虑的一个重要问题。通常对于融资货币的选择可以采用以下策略。

1. 货币匹配

筹款货币与用款货币、还款货币尽量一致，或者筹借与用款、还款货币的汇率波动具有相似性的货币，如对外发行债券、债券的面值货币的币种应尽量与其使用的币

种和所创外汇收入的币种相一致，这样可避免由于汇率变动。几种货币互相兑换而产生的外汇风险。

2. 货币多元化

如果预期某种外币将贬值，则增加该种外币的负债，会使融资企业在货币贬值后减轻债务负担。相反，如果预期该种外币将升值，就应减少对该种外币的债务，以减少承担的外汇风险。然而国际金融市场变幻莫测，对一种货币的汇率走势往往很难准确把握。在这种情况下，最好采取融资多元化策略，也就是持有多种货币组合的债务。一种货币的升值导致的债务增加靠另一种货币贬值导致的负债减少来抵消。只要合理选择货币组合，就可以降低单一货币汇率波动造成的损失。这也就是所谓的"收硬付软"，即对构成债权、形成收入的经济交易，尽量采用硬货币，即汇率呈上升趋势的货币计价；对构成债务的经济交易，尽量采用软货币，即汇率呈下降趋势的货币计价。

3. 选择可自由兑换货币

选择可自由兑换货币，既便于外汇资金的调拨和运用，也有助于转移货币汇率的风险，即可以根据汇率变化的趋势或外汇资金的需要，随时在外汇市场上兑换与转移。但是跨国经营企业在进行国际融资时，应综合考虑筹措货币利率的高低与汇率发展趋势这两个因素。一般而言，借硬货币利率低，借软货币利率高。但是当还款时，要承担硬货币汇率上浮的损失和软货币汇率下浮的好处。所以在进行国际融资时，不能单纯考虑货币的"软"和"硬"，或是利率的高和低，应当合理估计汇率的发展趋势，在对货币汇率、利率市场情况进行综合权衡的基础上，再行议定。

（三）利用贷款协议中的保护性条款

跨国经营企业在进行国际融资时对所选货币在融资有效期间的汇率和利率走势要有准确的把握。如果融资主体对判断汇率走势缺乏经验或信心不足，对所选择的融资货币尚觉不够稳妥，为进一步提高保险系数，可在贷款协议中订立保护性条款，如"货币可转换条款""货币保值条款""提前还款"和"延期还款"等。所谓货币保值条款是指签订贷款协议时，规定一种货币或一组货币为保值货币，偿还贷款时按保值货币与支付货币的汇率变化调整支付货币的汇价。保值货币的选择通常是选择汇率比较稳定的货币。

如美元疲软，美元贷款可以采用瑞士法郎为保值货币。"提前偿还条款"是借款人规避风险的一种保护性措施。当筹资者融入的货币汇率趋于上升时，若筹资者仍按原协议期限还款；或是在以浮动利率融资时，若市场利率水平趋于上升；或者在固定利率融资协议下，市场利率趋于下降时，筹资者将面临利率风险。在以上三种情况下，借款者可借助在贷款协议中的"提前偿还条款"，提前偿还本息，避免汇率和利率不利变动的风险。

（四）利用金融衍生工具进行外汇管理

1. 货币掉期

货币掉期是一种货币交易，交易双方按照事先确定的汇率和时间相互交换两种货币。这项措施可用来锁定融资本金部分的风险。假设国内某公司想从美国筹集2亿美元，浮动利率为LIBOR+0.5%的贷款，同时美国的某跨国经营企业亦准备为其在中国的子公司筹措一笔16.6亿元人民币的贷款，年利率70k，两笔资金的期限同为20年，假设当时汇价为1美元=7.8元人民币，A、B两公司可通过货币掉期来防范外汇风险。国内企业利用境内企业筹资优势筹集16.6亿元人民币按7%贷给美企业，美公司则筹集2亿美元贷给中国公司，以当时现汇价计算本金相等。贷款期满时的货币本金互换汇率仍按签约时汇价计价，因此本金的外汇风险已被防范。而每期的利息支付按付息时的汇价付息。对于融资双方来说，仅承担利息部分汇率变动的风险。

2. 货币期权

货币期权是指期权持有人（期权的买方）的一种权利（而不是一种义务），即期权的持有人有权在未来的一个特定时间（或时间段内），按照一个预先确定的价格（称为期权结算价或执行价格）和数量买入或卖出一种特定的商品，另一方（期权的卖方）则有义务在持有人购买或出售时，相应地出售或购买。企业在融通资金过程中，当汇率波动幅度较大，且不能准确地判断其变动趋势时，可以购买货币期权来规避外汇风险。当汇率朝有利方向变化时，选择执行合约；当汇率朝不利方向变化时，放弃合约履行，其损失为期权费。

3. 远期外汇合约和外汇期货合约

远期外汇合约是指根据签署日期确定的汇率购买或出售某种外汇，但是实际付款和交割则是发生在未来某一特定日期；外汇期货合约在性质上与远期外汇合约相同，只是外汇期货合约的每一项交易的条款是标准化的，合约的金额也是固定的。

第四节　跨国企业融资的利率风险及防范策略

一、跨国企业融资的利率风险

在跨国经营企业融资活动中，利率风险主要是指由于不同时间、不同国际金融市场和不同的货币形成的利率变动差异所引起的企业借款成本变动的风险。存在于企业融资过程中的利率风险主要表现在利率波动带来的不确定性。

自布雷顿森林体系解体之后，国际金融市场利率逐步由固定利率向浮动利率过渡。利率风险也随着产生和发展，波动无常。尤其是20世纪80年代以后，波动更加频繁。20世纪80年代初，美国为了摆脱经济滞胀的困境，联邦储备银行于1981年初将贴现率提高到14%，商业银行的优惠利率曾创了21.5%的最高纪录。大量资金被吸引到美国，导致西方国家也纷纷提高利率。1982年，发达国家经济出现复苏，再经过讨价还价，利率开始下降。1986年利率下降趋势加快，美日等国一年中降低利率四五次。到1987年，美国利率又回升，导致了西方各国利率的普遍回升。英国最为突出，从1987年6月份开始在短短3个月内，利率提高达8次之多，引起了国际利率的广泛波动。到了20世纪90年代，各国都为维持本国利益，出现了高息国家利率水平逐步下降、低息国家利率水平逐步上调的现象。从2001年1月开始美国连续13次降低联邦基金利率，但是从2004年6月开始，美联储连续14次宣布加息25个基点，2006年3月28日更是宣布第15次加息，将联邦基金利率上调至4.75%。而进入2007年9月后，由于次贷危机，美联储又几次迅速调整利率，重新将利率从4.75%调整至1.5%。2015年后美联储又逐渐调高利息。表5-2列出了美联储的调息过程。

表5-2　美联储的调息过程（2007年9月18日—2017年12月13日）

时间	调息幅度	美国联邦基金利率
2017年12月13日	（＋）25基点	1.25%～1.50%
2017年6月14日	（＋）25基点	1.00%～1.25%
2017年3月15日	（＋）25基点	0.75%～1.00%

续表

时间	调息幅度	美国联邦基金利率
2016年12月14日	（＋）25基点	0.50%～0.75%
2015年12月15日	（＋）25基点	0.25%～0.50%
2008年12月16日	（－）75基点	0～0.25%
2008年10月8日	（－）50基点	1.50%
2008年3月18日	（－）75基点	2.25%
2008年1月22日	（－）75基点	3.50%
2007年12月11日	（－）25基点	4.25%
2007年10月31日	（－）25基点	4.50%
2007年9月18日	（－）50基点	4.75%

资料来源：根据美联储数据整理。

通过上述分析，我们可以看出：由于各国存在经济、政治、社会的差异及利益的不同，加上国际竞争和贸易摩擦，国际贸易收入的顺差和逆差不断扩大，利率波动是不可避免的。企业在通过国际信贷这种方式融通资金时，由于利率的变化导致融资成本的变化这种现象将是长期存在的，因此利率风险也将是企业在融资过程中长期面临的一种风险。

在企业主要融资方式中，借款受利率影响较大。利率的浮动性和不同国家的差异性，使企业可以筹措到浮动利率借款；而利率调换市场更允许企业通过浮动利率借款来满足所需要的固定利率借款，反之亦然。因此在企业借款过程中，利率风险体现得尤为明显。具体说来，假设企业以固定利率形式进行融资，如果在借贷期限内市场利率下跌，则企业实际支付的利息将会高于按当时市场利率计量的可能支付数，造成机会损失；如果企业以浮动利率形式进行融资，当市场利率在借贷期限内上升时，企业实际支付的利息将会高于根据借贷日利率计量的利息，也会造成机会损失，这些都将增加企业的融资成本。

假设企业3月1日借入6000万美元，借款期半年，当时年利息率为9%，每3个月调整一次。如果半年内利息率不变，该公司将支付利息276万美元（实际计息天数为184天）。如果6月1日利息率为10%，则该公司需支付利息291.33万美元。由于利息率上升，企业需要多支付利息15.33万美元。

二、跨国企业利率风险的防范策略

由于利率变动将影响国际融资的利息成本，企业在国际市场上借款时如果采用固定利率，但是借款所用货币的市场利率水平在借贷期限内下降，而债务人仍需按原定的较高利率水平支付利息，那么债务人的实际借款成本就会增加；反之，如果借贷期限内市场利率上升，则债务人就会获得相对收益。如果在借款时采用浮动利率，债务人支付的利息水平就随着市场利率的变化而变化，市场利率的上升将直接造成借款利息增加、债务人的借款成本提高。

对于跨国经营企业而言，利率风险管理的基本原则是将利率变动的不确定性降低到公司可承受的范围之内。利率风险的防范主要在于利率信息的快速获知性，因此融资企业一定要建立起本企业的利率信息快速收集反应系统，在进行融资过程中，充分利用利率调换等方式防范利率风险。现代金融衍生市场的发展为利率风险管理提供了众多金融工具。

（一）选择最优的借款结构

跨国经营企业进行国际融资时，要根据利率高低不同的特点，安排好融资的结构。

1. 科学测算融资需求

跨国融资企业首先应对融资项目的盈利和利息偿还能力进行科学的分析、测算，并保留足够的余地，以避免由于利率的变动带来的融资成本的提高。

2. 充分发掘融资渠道

应尽力争取世界银行、国际开发协会、亚洲开发银行或地区性开发基金的低息、无息贷款和捐赠。属于中等利率的外国"出口信贷"、其他属于比市场利率低的优惠贷款也要充分利用。

（二）选择适当的固定利率与浮动利率比例结构

在固定利率与浮动利率同时存在的过渡时期，固定利率借款虽然在整个偿期内利率不变，融资成本可以事先预计，不确定性要小，但是如果市场利率动较大甚至大起大落，则融资企业就有可能以比借款时更低的利率融到资金。浮动利率借款的好处是不论市场利率波动浮动有多大，利率都要按市场利率进行调整，这样使得市场利率的波动风险较合理地由借贷双方共同负担，减轻双方的利率风险。但是这种利率的浮动性，对于国际融资企业来说，也增加了它融资成本的不确定性，从而导致较高的风险。所以为了更好地规避利率风险，跨国经营企业应选择适当的固定利率与浮动利率的比例结构。

（三）选择远期利率协议

远期利率协议（Forward Rate Agreement，FRA）是指一种事先由双方协定某种利率，在将来的特定时候（即结算日），按特定的期限支付某一存款利息的合约。合约的买方选择远期利率协议是想对在将来某个时候收到的资金在今天就确定利率；合约的卖方选择远期利率协议则是为了防止在将来某一时候利率下降的风险，卖方出售一笔远期利率协议就等于发放一笔远期支付的贷款。双方在结算日根据当时市场利率（通常是在结算日前两个营业日使用伦敦同业拆放利率来决定结算日的市场利率）与约定利率结算利差。这一利差乘以商定利率，就是远期利率协议的买方从卖方那里得到的差额付款。如果结算日的市场利率低于商定利率，则卖方得到差额付款。

（四）利用金融衍生工具进行利率管理

与外汇风险管理类似，进行利率风险管理的工具可以是期货、期权与掉期。而且一般情况下，可以运用相同的衍生工具对利率和汇率风险同时进行管理。在用货币互换工具进行汇率管理的同时，可以在互换协议中添加利率互换的条款，同时进行利率风险的管理。

下面简单介绍一下利率互换。利率调换是降低融资成本和防范利率风险的最有效的工具之一。利率调换是指交易双方根据市场行情和事先约定的条件，在一定时期内相互交换货币或不同利率的债务的一种预约业务，从而实现用通常的融资方法难以得到的货币或较低的利息。20世纪80年代中期以后，利率调换业务发展十分迅速。如固定利率对浮动利率的调换，它是近年来国际金融市场上采用较普遍的新型筹资技术之一。

通过利率调换业务，使固定利率与浮动利率进行调换，可有效地将债券市场和货币市场联系起来，使交易双方都可以减轻借用资金的利息成本，且都能得到各自所需的利率结构。利率调换的形式还有多种，如固定利率对固定利率货币调换、浮动利率与浮动利率货币调换。此外还有利息期权方式、期货利率协定、欧洲货币期货合同和欧洲美元期货、期权方式等。这些货币交易工具，对于债务人来说，都可以起到降低或避免利率变化带来的损失，减少借款成本，从而起到降低融资成本的作用。企业要根据实际情况对利率互换方式加以选择，以期达到最佳防范利率风险的目的。

需要注意的是，利率互换是一个复杂的金融业务，直接寻找对家是较为困难的，所以在实际操作中，跨国经营企业应当充分发挥互换银行的作用，有效降低实际利率。

第五节　跨国企业的税务风险及防范策略

一、跨国企业税务风险概述

（一）跨国企业税务风险概述

融资作为一项相对独立的企业活动，主要借助于因资本结构变动产生的杠杆作用对企业经营收益产生影响。在国际金融市场环境下，跨国经营企业的融资主要包括从金融机构借款、发行债券、发行股票以及公司内部融资等，不同融资方式的税收待遇及其所造成的税收负担不同。各国之间税制的不同、企业融资渠道的不同、融资方式的不同都会对跨国经营企业的融资造成一定的税务风险，从而影响企业的融资成本。

（二）跨国经营企业税务风险产生的原因

1. 融资渠道和融资方式产生的税务效应差异

资本结构一般是指企业长期债务资本与权益资本之间的比例构成关系。企业在融资过程中，应当考虑以下几个问题：融资活动对于企业资本结构的影响；融资渠道和融资方式的选择对优化资本结构和减轻税负方面对企业和所有者税后利润最大化的影响。在国际金融市场环境下，企业有四种融资渠道，但大体上可以分为负债融资和资本金融资两大类，不同融资渠道的税收待遇及其所造成的税收负担是不同的。企业通过负债形式筹集资金，负债的成本即借款利息可以在税前扣除，从而减轻企业的税收负担。企业通过增加资本金的形式进行融资所支付的股息或者红利是不能在税前扣除的。因此，仅从节税的角度来讲，负债融资比权益融资更优，也就是说，企业通过获得资本金的形式进行融资存在一定的税务风险。当然不同的融资渠道，不同的融资方式还会涉及其他一些融资成本，因此不能仅仅从税收负担角度来考虑各种融资方案的优劣。

2. 税制差异

跨国经营企业的融资是在国际上进行的，不同的国家对税收管辖权、税种税率规定的不同，导致不同国家对同一笔资金征税的具体数额也不同，具体表现如下。

（1）税收管辖权的差异。税收管辖权是指一个国家行使其征税权利的范围。如果按属地原则确定本国税收管辖权，那么企业征税范围仅限于来源于本国境内的各种应税收入，而对来自本国境外的各种收入不予征税。如果按属人原则确定本国税收管辖权，那么征税范围就包括纳税人来自全球范围的各种应税收入。也有一些国家按属地原则与属人原则相结合的办法来确定税收管辖权。

（2）税基差异。在国与国之间，某种税种从征税对象上看基本相同，但在征税基数的确定方面，各国规定的减免或税收优惠各不相同，使得税基宽窄不一样，从而造成纳税人纳税负担轻重不一。企业国际间融资必然牵扯到外汇变动的问题，就会存在外汇收益和外汇损失，但是这两者在不同国家享有不同税收待遇。在英国，对贷款外汇收益的征税不允许将外汇损失作抵免扣除。相反，澳大利亚在同样情况下则允许这种扣除。很显然，贷款国的贷款成本必然会影响借款国的借款成本。所以说，税收问题也是融资决策不可忽略的一个重要因素。

（3）税种税率差异。各国对税种的设置有差异，如在对所得收益征税方面，有些国家对工资、股息、红利、财产租赁所得等分别设置税种进行征税，有些国家则综合设置税种进行征税。各国设置的税种即便名称相同，但由于纳税人和征税对象不完全相同，因此各国在税率确定方面也存在较大差异。比如，同样征收公司所得税，有的国家采用比例税率，有的国家则采用超额累进税率。在采用比例税率的国家中，比例的差异也是很大。有的国家公司所得税率高达50%，有的国家公司所得税率最高不超过30%。即使是同样采用超额累进税率的国家，各国规定的累进级距和每一级距的应税税率也有很大差别。

（4）税法有效实施上的差异。有的国家虽然在税法上规定的纳税义务很重，但由于征收管理水平低下，纳税人实际履行的纳税义务可能较低。

（5）避免国际重复征税上的差异。国际重复征税是指两个或两个以上的国家或地区，在同一时期内，对参与或被认为参与国际经济活动的同一纳税人取得同一笔所得，征收同样或类似的税收，这显然不利于发展国际经济合作，加重了企业的税务负担，使企业在融资的时候有一定的税务风险。为此，各国都采取一些措施和方式，避免或消除国际重复征税。各国税制的差异为企业寻求全球税负最小化从而实现融资成本的最低化提供了客观条件。在其他因素既定的情况下，为了降低公司自身的税负负担，企业应该通过制定一系列的措施把处于高税率国家子公司的一部分利润转移到处于低税率国家的子公司，以规避税务风险。

二、跨国经营企业税务风险的防范策略

企业对税务风险管理的具体措施有如下几种。

（一）通过对融资货币的选择减轻税务风险

国际费雪效应理论认为:不同货币利息率的任何差别都将为同期货币汇率的变动所完全抵消，即任何两种货币的利息之差基本上等于两者的远期升水或贴水。因此，从理论上讲，无论选择哪一种货币进行融资，都不会影响融资的税前成本。事实上，由于国际资本市场并非完全有效运行，国际费雪效应甚难实现。如果再考虑到税收因素以及各国对外汇损益课税规定的差异，融资货币的不同将会给企业的经营成本带来不同的影响。例如，一家美国企业在进行融资时，现在需要融资一年期100万美元，有两种货币美元和比索可以选择。美元的年利率为20%，比索的年利率为4%，1美元=10比索。根据国际费雪效应理论，未来汇率将会贬值14.3%〔（1+20%）/（1+40%）-1〕，即将来汇率会变成1美元=11.43比索，美元贬值，比索升值。所得税率为20%。用美元融资和用比索融资收益分析见表5-3。

表5-3　美元融资与比索融资的计算

	美元融资	比索融资
本金	100万美元	1000万比索
归还的本金	100万美元	1143万比索
应归还的利息	20万美元	按1美元=10.715比索的平均汇率计算得428.6万比索
税前成本	120万美元	1571.6万比索索
税后成本	104万美元	1228.72万比索(约等于107.5万美元)

由上述分析可以看出，美元融资的税后成本要明显低于比索融资的税后成本，所以企业为了防范税务风险，应选择美元进行融资。

（二）通过融资方式的选择防范税务风险

目前，在几乎所有的国家，企业子公司支付国外债务的利息，即使是支付给母公司的利息都可享受税收抵免，但股息由于是从税后利润中支付，所以股息发放不能抵免税负。因此在融资方式上，母公司若以债务融资而非股本注入的形式向其国外子公司提供所需资金，就可以使公司的总体税负得到某种程度的减少。对于企业的资金构成来说，除了权益资金，就是负债。由于负债的利息可以抵免一部分税收，企业在综合比较各种融资方式的融资成本，仅从防范税务风险的角度出发，可以通过选择信贷的方式进行融资。负债一般包括长期负债和短期负债。长期负债融资，一方面债务利息可以抵减应税所得，减少应纳所得税额；另一方面还可通过财务杠杆作用增加资本收益率。融资方式的选择有以下几种形式。

1. 尽可能利用优惠补贴贷款

企业在国外投资项目融资安排中总是尽量使用当地政府提供的各种优惠贷款。各国政府为了鼓励本国产品出口，优化产品结构，扩大劳动力就业等目的，往往提供一些优惠补贴贷款。例如，大多数国家的政府为了扩大本国出口和改善国际收支，都设置了专门的金融机构（如进出口银行），向本国境内的出口企业提供低息的长期贷款。这种优惠信贷也可给予境内生产出口产品或购买本国商品的外国企业，企业可以利用其全球经营网络，做出适当的投资与购销安排以充分利用这些优惠信贷。

2. 争取当地信贷配额

当前，各国政府都在一定范围内和一定程度上对本国的融资市场实施干预。干预的原因多种多样，或是出于限制信贷资金的增长，或是为了诱导投资方向进行某种战略性的转移，或为了使利率或汇率稳定在低水平上，以保证政府能够以较小的代价从货币市场取得资金，弥补财政赤字。当一国政府限制外国公司进入当地资金市场筹措资金时，一般的情况是当地资金和利率处于绝对低的水平上（即低于风险调整后的利率），因此争取更多的当地政府信贷配额是十分有利的。

当一国处于外资渗入过度状况时，该国政府就可能规定新借外国资金的一部分必须存入政府指定的某一机构或采取类似措施，以提高国外融资的实际成本，抑制外来资金；当一国发现资金流出过度时（通常说来，当地的利率处于过低状态），其政府便可能对外资企业在当地金融市场筹措资金实施信贷配额限制。这种资金限制往往使当地的民族公司无所适从。但是对于拥有多种融资渠道和内部资金调度能力强的企业来说，就可以轻而易举地绕过当地资金信贷机制，既可满足当地子公司的资金需要，又可降低或避免由于当地政府资金信贷机制而带来的融资成本增大。

（三）通过对融资地点的选择防范税务风险

由于各国的税制、税率有很大差距，企业可以通过选择适当的融资地点来减少纳税负担，防范税务风险。目前，世界上有许多国家（澳大利亚、印度尼西亚、南非和西德等）都不对外币交易或债务带来的外汇损益课税，但也有一些国家（英国、瑞典等）都规定对外汇损益课税，而且这些国家关于外汇损益的具体课税方法也不尽相同。因此，企业在选择融资地点时，要权衡具体的外汇损益税收因素。此处以预提税进行说明。许多国家的政府对本国居民或在本国经营的公司向国外支付的股息、许可费和利息等征收一定比例的税收，即称预提税。预提税可用来抵免税负。表5-4是部分国家（地区）的预提税率。

表5-4　部分国家（地区）对股息征收的预提税

国家和地区	股息预提税	国家和地区	股息预提税率
瑞典	30%	美国	30%
法国	25%	英国	无
加拿大	25%	菲律宾	20%
德国	25%	韩国	35%
西班牙	25%	巴西	25%
泰国	20%	阿根廷	20%
印度	20%	日本	20%
中国	10%	中国香港	无
瑞士	3.5%	列支敦士登	4%
墨西哥	无	开曼群岛	无
百慕大	无	巴林	无

注：股息预提税是指对支付给非居民、非税收协定国的股息征收的税项。

（四）利用国际避税地降低税务成本

国际避税地的发展有着深厚的历史渊源。一些具有殖民历史的国家和地区长期受别国统治和控制，没有税收自主权，从而形成了有利于资本输入国的税收制度和法规。脱离宗主国后，其制度和法规没有改变，从而成了国际避税地。除此之外，还有一些很小的国家和地区，自然资源稀缺，人口数量较少、经济基础薄弱，为了发展本地经济，当地政府另辟蹊径想出了一个吸引投资、增强地区竞争力的策略，即创造宽松的税收环境，增强配套的金融服务，把本地建设成为一个避税天堂。国际避税地没有明确的定义，但大体上避税地是指的这样一个地方，即人们在那里拥有资产或取得收入而不必负担税收，或者只负担比在主要工业国家轻得多的税收。

从避税地地域分布看，大部分避税地靠近经济发达的国家和地区，从而便于为纳税人的避税活动提供服务，如南北美洲的大西洋、加勒比海地区、欧洲地区和东南亚地区。国际避税地根据税负可以分为以下三种类型。

1. 纯国际避税地，这样的地区不征个人所得税、公司所得税和财产税，即不征直接税。属于这一类型的避税地目前世界上有：巴哈马、百慕大、开曼群岛、瑙鲁、新赫布里底、特克斯和凯克斯、新喀里多尼亚、格陵兰、索马里、圣皮埃尔和密克隆。

2. 完全放弃居民（公民）税收管辖权，只行使地域管辖权的国家和地区。这类地方有：安哥拉、安提瓜、巴林、巴巴多斯、以色列、英属维尔京群岛、列支敦士登、荷属安德列斯、蒙特塞拉特群岛、圣海伦娜、斯瓦尔巴群岛、瑞士、澳门、新加坡、中国香港、马来西亚、利比里亚、巴拿马和哥斯达黎加。这类避税地征收某些直接税，但税率低，税基窄，因而税负轻，又称为普通避税地，是国际避税中经常使用的避税地。

3. 实行正常课税，但提供某些税收优惠的国家和地区。这类地方有：加拿大、希腊、英国、卢森堡、爱尔兰、荷兰和菲律宾等。这些国家税制完备，税率也不低。之所以称之为避税地，是因为它们对某些行业或特定的经营形式提供了极大的税收优惠条件。例如，希腊以海运业和制造业、英国以国际金融业、卢森堡以控股公司、荷兰以不动产投资公司而成为特定经营形式的著名的国际避税地。

走出去的企业在全球化经营过程中，可以利用国际避税地，通过在那里设置基地公司。作为中介国际控股公司、中介国际金融公司、中介国际贸易公司、中介国际许可公司，并运用转让定价等手段，从而使跨国公司在全球经营中的总税负降到最低程度。基地公司这个概念的系统论述是由威廉·吉本斯于1956年在《哈佛法律评论》中的第一篇文章中提出的。基地公司被解释为基地国概念中的一个要素。吉本斯指出：一个公司的外国基地是一个对其国内法人的自本国之外的来源收入，只征收可以忽略不计的所得税或资产税，或干脆不征这类收入税的国家，这种国家被称为基地国；出于与第三国经营的目的，而在一基地国中组建的法人或其他责任公司被称为基地公司。基地公司实际上是受控于高税国纳税人的建立于避税地的虚构的纳税实体，其经济实体仍在其他国家。绝大部分基地公司在避税地没有实质性的经营活动，仅租用一间办公室或一张办公桌，甚至仅仅挂一张招牌，这种公司还被称为"信箱公司"或"纸面公司"。利用基地公司避税的具体手段如下。

1. 把基地公司作为虚假的中转销售公司

假如A国设有母国公司M，B国设有子公司M1，C国设有子公司M2。M1或D国非关联公司的产品实际上是直接运送到M2对外销售的。在E国设有基地公司E。它们之间的经济活动关系，实际上M2直接接受来自M2和D的产品，但是这样难于避税。于是在账面上制造了一个纸面公司，先由Ml和D向纸面公司出售产品，这时价格是低价或平价，是真实价格。然后，再由纸面公司加价售给M2，这就成了虚假的高价产品。这部分价差形成的利润就沉淀在了纸面公司的账上，而E国为避税地，税负低甚至是无税的，因此达到了避税的目的。

2. 把基地公司作为控股公司

在这种方式下，要求子公司将所获得的利润以股息形式，汇回到基地公司，以达到避税目的。例如，一家美国子公司若如实地支付给其中国香港母公司的股息则要缴纳税率为30%的美国预提税。为了避免这一预提税缴付，美国的这家子公司在荷兰建立一家对其拥有控股权的公司，由于美国与荷兰之间有税收协定，当美国子公司再向荷兰控股公司支付股息时，只需按5%的税率在美国缴纳预提税，而荷兰对控股公司收取的股息不征税。

再如，设在避税地控股公司并不仅仅被用于持有筹集来的收入，它常常是介于最终控股母公司与子公司、孙公司之间的中继站。避税地公司利用自己有利的免税条件，可以发挥一种转盘作用，通过把筹集来的资金再投资，可以赚到新的免税收入。控股公司的收入不仅限于股息，还可以有利息、特许权使用费等形式。

3．基地公司作为收付代理

由它们收取利息、特许权使用费、劳务费和贷款。而实际上，款项的借出、许可证的发放、劳务的提供与货物的出售均在别处。

4．基地公司作为信托公司

在大部分国家，信托都不具有独立的法人地位，并且对这种信托法律关系的存在都有一定的时间限制。然而在一些避税地，信托则可以作为法人存在，并允许一项信托长期存在，如列支敦士登。另一些避税地允许建立信托，但无信托法规，因而信托也可以无限期存在，如海峡群岛。

在高税国的纳税人可将其财产或其他资产委托给避税地的一家信托公司或受托银行，由其处理财产的效益。跨国纳税人利用信托不但可以在一定程度上避免财产所得和转让资产产生的资本利得的税负，由于信托资产的保密性，还可通过信托资产的分割将其财产转移到继承人或受赠人的名下，借此来规避在有关国家的继承税、遗产税或赠与税。

另外，基地公司可采取以下公司形式避税。

（1）投资公司。以从事有价证券募资为目的，主要持有其他公司优先股、债券或其他证券的公司。

（2）金融公司。为跨国公司内部的借贷充当中介人或向第三方提供贷款和投资。

（3）专利持有公司。主要经营内容是提供和转让各种专利权。

（4）贸易公司。它是专门从事货物或劳务贸易以及租赁业务的实体。

（5）受控保险公司。在跨国公司内部，为其公司集团成员提供保险和分保险业务。

（6）离岸银行。由高税国居民在避税地建立的以海外投资为目的的具有独立法人地位的离岸基金和以所在国非居民为业务对象的离岸银行。

第六节 跨国企业的套期保值风险及防范策略

一、跨国企业的套期保值风险概述

最后我们还要特别注意一个风险，就是套期保值风险。严格来讲，套期保值风险不是企业走出去融资过程中直接面对的风险，而是一种由规避融资风险行为而导致的间接风险，其根源是企业在套期保值运用了高风险的衍生工具。

专栏5-2 中信泰富澳元杠杆交易事件与套期保值风险

2008年10月20日傍晚，香港恒指成分股中信泰富突然发布公告，宣布该集团财务董事由于没有遵守对冲风险政策，在未获主席批准的情况下，越权在市场上与数家机构签订巨额的外汇合同，导致中信泰富的外汇合同产生重大损失。其投资杠杆式外汇产品的亏损高达155亿港元。其中包括约8.07亿港元的实际亏损和147亿港元的估计亏损，而且亏损有可能继续扩大。

中信泰富签订这份外汇合约，是为了对其西澳洲铁矿项目和其他投资项目面对的货币风险进行套期保值，但这些外汇合约的收益与风险完全不匹配。

按照已经披露的信息，中信泰富投资的杠杆式外汇合约主要有四种，分别为澳元累计目标可赎回远期合约（每月结算，下称"澳元合约"）、每日累计澳元远期合约（每日结算，下称"每日澳元合约"）、双货币累计目标可赎回远期合约（每月结算，下称"双币合约"）、人民币累计目标可赎回远期合约（每月结算，下称"人民币合约"）。

以上述的澳元合约为例，这是对于澳元兑美元汇率挂钩的一份合约品种，中信泰富与卖家约定中信泰富可以行使的澳元兑美元汇率为0.87。即当澳元兑美元汇率高于0.87时，中信泰富可以以0.87的比较便宜的汇率获得澳元。以2008年7月15日澳元兑美元汇率收盘价0.979计算，中信泰富可以用0.87的便宜汇率买入澳元，赚取差价;而当澳元兑美元汇率低于0.87，比如10月21日，澳元兑美元汇率盘中曾报0.6928，中信泰富也必须以0.87的高汇率水平，继续向其对家买入澳元。每份澳元合约都有最高利润上限，当达到这一利润水平时，合约自动终止。所以在澳元兑美元汇率高于0.87时，中信泰富可以赚取差价，但如果该汇率低于0.87，却没有自动终止协议，中信泰富必须不断以高汇率接盘，理论上亏损可以无限大，而双币合约则更加复杂。

受到该事件影响，2008年10月21日，中信泰富股价开盘即暴跌38%，当日收报于6.52港元，跌幅达55.1%，远远超过业界预计的20%左右的跌幅。目前估计的155亿港元亏损总额，相当于其总市值318.4亿港元的近50%。而其净资产总值为552亿港元，该可能亏损占净资产的比例也已经超过28%。

在融资市场中，由利率及汇率等波动因素衍生出的金融产品大量存在，这样的套期保值也面临着同样的风险，需要企业在运用时加以注意。

二、跨国企业套期保值风险的防范策略

（一）选择恰当的套期保值工具

套期保值并不是简单的买或卖，中国企业对于融资套期保值尚不熟悉，更需要在决策前谨慎选择恰当的套期保值工具。另外如何操作套期保值工具，更要根据对市场趋势的判断进行决策。如果对市场行情判断失误，则可能做出相反的决策。比如企业运用期货来规避融资的外汇风险时，如果企业判断借款币种的汇率上升，一般倾向于买入借款币种相对应的期货，但当判断借款币种的汇率下降时，企业倾向于卖出相对应的期货。

在实际操作中，跨国经营企业还应当了解各套期保值工具的市场。特别是对进入时机和进入点位置的判断也非常重要，即使只相差一两天，套期保值的效果差距也会非常大。

（二）准备充足的资金

企业进行套期保值时，要根据融资的金额计算最优套期保值头寸，当融资金额较大时，套期保值工具的头寸数量也较大，而且由于生产经营的连续性，头寸持有的时

间也相对较长，即使套期保值方向正确，也容易产生财务风险。

在保值期内，套期保值工具的价格可能会出现短暂的剧烈波动。在这种极端行情下，如果企业运用这种套期保值工具将面临巨大的风险。对于走出去的企业，如果进行境外套期保值，更可能面临外汇调拨困难，不得不出现被迫清仓的风险。例如，英镑兑日元一天的波动就达3000点以上，即使判断方向正确，也有可能在中间某个时点被迫清仓而无法继续实现套期保值目标。再加上有的时候虽然套期保值方向正确，但依然面临着被迫追加保证金的极大风险。所以在套期保值时，企业要做好充分的财务准备，要对未来的财务风险进行准确的估计与测算，防止意外清盘发生。

（三）与股东保持良好的沟通

在走出去时，在某些情况下需要追加保证金或者套期保值头寸暂时出现亏损，企业将有可能面临股东的压力，特别是对于一些上市公司套期保值周期没有结束，但又临近报表公布日期，企业往往被迫对套期保值头寸平仓。在融资风险的套期保值中，这样的压力更是不可忽视。所以企业在进行套期保值时，应当尽可能地保证信息披露的完整性与连续性，使股东充分了解套期保值的真实情况，以免导致不必要的结果。

（四）防止流动性风险

在企业走出去时，一般要根据一个较长时期的融资计划制订套期保值方案，但不同的套期保值工具不仅活跃程度不同，其流动性也不同。如果相对应的套期保值工具流动性差，企业只能选择比较接近的品种进行替代，到期时进行移仓。如果不同月份之间基差（与理想值之间的差距）比较小，则对保值效果影响不大；如果基差出现异常，则会严重影响套期保值效果。

在德国金属公司的原油套期保值中，其买入保值头寸庞大，保值时间要长达数年，而当期活跃的合约月份也就一两个，使得大量保值头寸必须在不同月份间频繁移仓，增大了交易成本和移仓损失。

（五）严格套期保值纪律

期货套期保值与投机在交易上并没有本质的区别，套期保值有时能够给企业带来巨额的利润，使得企业经常放弃套期保值的宗旨，或者并不严格执行套期保值方案，导致相关操作名为套期保值，实为投机，在市场方向发生变化或判断失误时给企业带来损失。

跨国经营企业在融资套期保值中，应当对融资的套期保值头寸数量做出限制，以不超过实际融资规模为限。一些企业初期进入期货市场的目的是为了套期保值，但由于后来对头寸未能进行有效控制，超出其应有的规模，导致套期保值转为了相关投资，最终损失惨重，中航油（新加坡）、储务铜事件、法国兴业银行等这样的例子比比皆是，值得中国企业引起足够的重视。

第七节　小　结

企业融资风险涉及方方面面，如果风险控制不好，轻则新一轮融资失败，重则给企业经营带来致命打击。因此，跨国企业在进行融资时，一定要做好风险把控。一方面要积极借助市场咨询机构对融资可能面临的问题做出全面考核，另一方面企业要加强风险管理，当问题出现时将损失降至最低。

·案例·

5.1　中国冶金进出口公司恰那铁矿项目融资模式

一、案情背景

1. 项目介绍

恰那位于澳大利亚的西澳洲著名铁矿产区，是中国冶金净出口公司与澳大利亚哈默斯铁矿石公司的合资项目。恰那是自20世纪70年代初期以来澳大利亚最重要的铁矿开发项目，曾被誉为"开创了澳大利亚铁矿发展史上的新时代"。恰那铁矿第一期投资2.8亿澳元，年产300万吨铁矿砂，并在随后的8年中逐步追加投资1.20亿澳元，最终形成年产1000万吨矿石的能力，在20年的矿山生产期中，恰那铁矿为中国提供大约2亿吨的高质量铁矿砂。

中国冶金进出口公司，通过在澳大利亚的全资子公司在项目合资结构中持有40%的权益，哈默斯铁矿公司持有60%的权益。合资双方按比例承担风险，支付项目建设资金、生产成本，最后分享项目产品。双方以各自的优势为项目融资提供了强有力的信用保证。

2. 恰那铁矿项目融资模式

恰那铁矿的项目融资是由合资双方联合安排的，但是融资的债务责任有合资各方分别承担。因为在融资过程中遭到了一些因素的制约，增加了融资的难度，所以恰那铁矿项目的融资顾问——美国信孚银行澳大利亚分行采用有限追索杠杆租赁融资方式，利用资源性项目通常具备的前期投资高，折旧、摊销以及税务抵免高的特点安排项目融资，实现了在项目前期相当一部分债务资金不需要使用项目的现金流量、而是通过项目的税务亏损来偿还的目标。

杠杆租赁中的债务资金由两部分组成：一是由中国冶金进出口公司与哈默斯铁矿公司按持股比例向特殊合伙制结构提供无担保贷款。这一部分实际上是项目投资者以准股本资金形势在项目中的股本投入。二是由13家银行组成的国际银团提供的银团贷款。银团贷款包括了1.7亿美元12年的项目建设贷款和6000万美元的备用贷款。由于建设期的利息资本化，采用这种方法可以形成尽可能多的税务亏损，在项目商业完工时，则用股本参与者的资金置换出相当一部分的银团贷款，从而减少了项目生产初期的债务利息负担。

在债务资金安排上使用欧洲债券市场是恰那铁矿项目融资值得注意的一点。根据澳大利亚税法规定，所有的境外融资都需要向政府支付10%的利息预提税，但是如果境外融资是通过类似欧洲债券市场、美国商业票据市场等公开募集资金，则可以获得利息预提税豁免。所以恰那项目投资者合资组建了一个项目财务公司，由13家银行组成的国际银团提供担保并通过澳大利亚西太平洋银行出面在欧洲债券市场上发行13个月的欧洲期票筹集债务资金。通过欧洲期票发行计划，恰那铁矿项目可以获得和银团贷款成本相等的资金，与此同时节约了利息预提税的成本。

还有值得关注的一点是，融资模式中的信用保证结构中的资金缺额的有限担保、项目资产以及合资结构资产的抵押、交叉担保等都对项目融资起到了意向性担保的作用，降低了银团贷款的资金风险，保证了项目融资的顺利性。

二、案情分析

恰那铁矿的项目融资结构由于采用了有线追索的杠杆阻力结构，利用项目投资前期的税务亏损和投资减免等政府税务政策大大地降低了项目的融资成本。特别是在恰那铁矿达到1000吨生产能力之前，项目起初资本投入较高，但是可用于债务偿还的项目净现金流量较少，采用杠杆租赁模式的项目融资，可以充分发挥其吸收项目税务亏损偿还债务的特点，减轻了对项目前期的现金流量压力。

杠杆租赁项目融资结构存在的一个主要问题是税务结构的稳定性问题。这里包含了两个层次的内容：首先，在杠杆租赁融资模式中的"股本参与者"获得的收益是一种被称为"事先同意的税后收益"，这个收益大部分是通过吸收项目融资结构中的税务亏损实现，不足的部分则需要从项目的现金流量中以租赁费支付。其次，杠杆租赁模式由于具有大量吸收项目税务亏损的能力，已经引起了多数工业国家税务机构的注意。许多国家对其在项目融资中的应用增加了大量的限制性条件，增加了实际操作的难度。以澳大利亚为例，澳大利亚税务机构明确表示不再批准完整项目的杠杆融资，只允许对项目的设备以及可移动设施部分进行杠杆租赁的融资安排。因此，无论是任何地方安排杠杆租赁形式的项目融资，必须在融资结构实际启动之前获得当地税务部门的书面批准。盲目采取这种融资方式将会给项目带来较大的融资风险。

三、总结与启示

1. 利用特定的融资方式实现债务分担

跨国企业在进行融资时，务必要考虑企业的债务承受能力。对于债务压力较大的融资项目，企业要尽可能地分散债务降低风险。有限追索杠杆租赁融资方式是一个很好的解决途径。

2. 选用融资方式时要考虑政府因素

政府是企业融资不可忽视的一个重要因素。如项目融资不可避免的涉及税收问题，进而直接联系到国家税务机构。不同的国家在税务安排上存在很大出入，因此企业在选定融资方式时务必提前考察当地政府对企业融资的干预程度。

· 案例 ·

5.2 英法海峡隧道项目融资风险

一、案情介绍

（一）PPP融资方式介绍

PPP是一种提供公共基础设施建设及服务的方式，由私营部门为项目融资、建造并在未来的一段时间里运营此项目。在PPP项目的实施过程中，风险对项目目标的实现至关重要，对于公共和私营部门而言，很有必要详尽地评估整个项目生命周期中的潜在风险。特别是在PPP项目合同谈判阶段，公共和私营部门必须对整个采购过程给予特别的重视，以确保风险分担的公平性和合理性。

但是现有理论不足使得仍有许多问题需要解决，例如风险分担是否有固定解决方式，如何确定风险分担的程度。另外，实践中也发现很多风险分担结果不甚理想，例如政府在合同谈判期间倾向于将尽可能多的风险转移给私营部门，特别是私营部门很难掌控的风险，如汇兑风险和利率风险。其中，英法海峡隧道是一个典型案例。本案例将探讨英法海峡隧道的实际风险分担结果与项目失败之间的对应关系，并据此提出风险分担建议和风险管理要点。

下面，我们将主要介绍一下基础设施PPP项目风险分担原则。

风险分担作为风险处置的一项选择措施，一般都是定义于合同条文中。但是合同的起草者总是试图将更多的风险转移给对方，从而导致双方在达成一致协议前所需要的谈判时间和成本居高不下，项目风险分担因此成为PPP风险管理研究中更受关注的重点内容。

实践中，很多从业人员错误地认为"采用PPP模式就是要把尽量多的风险转移给私营部门"（主要是公共部门官员）和"承担更多的风险就可以获得更多的回报，从而把承担风险看成是获得高额回报的机会"（主要是私营部门人员）。事实上，让私营部门承担其无法承担的风险，一旦风险发生时又缺乏控制能力，必然会降低提供公共设施/服务的效率和增加控制风险的总成本（包括公共部门的成本）。提供公共设施/服务的效率、控制风险的总成本与风险分担的关系不是简单的正相关或负相关，随着公共部门转移给私营部门的风险增加，项目的效率不断上升，总成本不断下降。但是当风险转移到一定程度后，项目的效率将开始下降，总成本也将开始上升。也就是说，合理的风险分担应该是围绕着最优风险分担量，将之限定在一个各方都能接受的区间内。

在以往的研究中，许多学者建议过不少风险分担原则。例如Rutgers和Haley提出风险应该分担给比自己更能管理好该风险的一方。刘新平和王守清提出风险分担应该遵循三条原则：（1）由对风险最有控制力的一方控制相应的风险；（2）承担的风险程度与所得回报相匹配；（3）承担的风险要有上限。罗春晖认为基础设施私营投资项目中的风险分担应该遵循三条主要原则：（1）风险分担与控制力相对称；（2）风险分担与收益相对称；（3）风险分担与投资者参与程度相协调。

但是，实际风险分担结果与获得利益往往不完全对称。对于先天经济性弱的项目而言，政府为了能够增加项目的财务可行性，往往放弃享有部分相应的收益权利。在这种风险分担安排下，当风险损失超过私营部门的承受范围时，政府承担超额损失；但是当风险收益超过相对范围时，政府却放弃享有对应的超额收益。除此之外，风险合理分担原则更需要项目各方以积极的态度去执行，即项目参与者的风险态度对风险分担谈判和结果有重要影响作用。张水波和何伯森认为风险分担并不存在绝对的原则，而是应该在基本原则的基础上，综合考虑双方对风险的态度和项目的具体条件。

（二）英法海峡隧道的发展过程

1994年投入运营的英法海峡隧道（Channel Tunnel）横穿多佛海峡，连接英国多佛尔和法国桑加特，全长约50千米，其中37.2千米在海底，12.8千米在陆地下面。英法海峡隧道项目堪称20世纪最伟大的基础设施建设工程，该项目的主要历史事件如下：1981年9月11日，英法两国举行首脑会晤，宣布该项目必须由私营部门出资建设经营；1985年3月2日，两国政府发出海峡通道工程融资、建设和运营的招标邀请；1985年10月31日，收到四种不同的投标方案；1986年1月20日，两国政府宣布选中CTG-FM（Channel Tunnel Group-France Manche S. A）提出的双洞铁路隧道方案；1986年2月12日，两国政府正式签订海峡隧道条约，又称肯特布（Canterbury）条约；1986年3月14日，两国政府和CTG-FM

签订特许权协议，授权建设和经营海峡隧道55年（包括计划为7年的建设期），并承诺于2020年前不会修建具有竞争性第二条固定英法海峡通道，项目公司有权决定收费定价，但两国政府不提供担保；1986年8月13日，成立欧洲隧道公司，并与TML（Trans Manche Link）签订施工合同，合同类型为固定总价和目标造价合同；1987年12月15日，海峡隧道英国段正式开挖；1993年12月10日，工程建设完成，TML将项目转交给欧洲隧道公司；1994年5月6日，英法海峡隧道正式开通；1997年7月10日，欧洲隧道公司财务重组计划审核通过；1997年12月19日，两国政府同意将特许经营期延长至2086年；1998年4月7日，财务重组完成；2006年8月2日，巴黎商业法庭表示批准欧洲隧道公司的破产保护申请；2007年1月15日，巴黎商业法庭表示批准欧洲隧道公司的破产保护计划；2007年6月28日，欧洲隧道公司宣布通过公开换股，债务重组成功；2007年7月2日，欧洲隧道集团首次在巴黎和伦敦证券交易所上市交易，将替代欧洲隧道公司负责英法海峡隧道的经营。

（三）英法海峡隧道的资金和合同结构

该项目初始投资预算为60.23亿英镑，其中10.23亿英镑为股权资金，由英国的海峡隧道集团（CTG）和法国的法兰西曼彻公司（FM）各出资79%和21%。中标之后，CTG-FM分别在英国和法国注册了Eurotunnel PLG公司和Eurotunnel S. A公司，两家公司联合成立了合伙制公司Eurotunnel General Limited（即欧洲隧道公司）。其余的50亿英镑来自于世界上最大的辛迪加贷款（超过220家银行，牵头银行是CTG-FM的股东），在签订贷款协议之前，银行要求项目公司完成1.5亿英镑的二期股权融资，英法两国议会必须通过有关协议来保证项目合同的合法性，并给予欧洲隧道公司自主营运权。TML联营体（TransManche Link，也是由CTG-FM的股东组成）作为项目的总承包商，负责施工、安装、测试和移交运行。

（四）英法海峡隧道遭遇的风险

1. 索赔争议

在项目建设期内，承包商TML联营体与项目公司欧洲隧道公司之间出现了一些争议，并提出不少索赔，其中以1991年隧道电气系统设备安装成本为代表，最终以支付预期付款的利息解决了索赔问题。据称，1994年4月之前TML

联营体获得的实际索赔额高达12亿英镑。欧洲隧道公司也向两国政府提出索赔要求，索赔范围是由于政府要求增加安全管理和环保措施而引起的额外成本增加，最终解决办法是特许经营期的延长。

2. 运营时间延迟

最初规定的货运和客运服务正式开通的时间是1993年5月，但是由于几项关键项目延误（例如，施工工期延误、英法两国政府的营运许可证书延迟发放等），正式开通时间不得不延迟到1994年5月6日，而开通当时系统并没有整体运转，部分服务尚未开通。项目运营延迟使得现金流入延迟，带来了巨大的财务负担。

3. 实际收入偏低

欧洲隧道公司的预期运营收入主要来自于穿梭列车收费、在铁路使用合同（Railfreight和Eurostar公司）规定下的铁路使用费和其他副业收入。尽管两国政府许诺不兴建第二条固定的海峡通道，但是轮渡和航空公司大幅度消减票价引发了一场价格大战，迫使欧洲隧道公司降低票价。另外，Eurostar在隧道开通半年后才开始运营，铁路利用水平比预期要低，铁路使用收入也低于预期。利润的缺口也使欧洲隧道公司违反了贷款协议中的一些条款，使其不能继续使用剩余的信用额度，更加恶化项目的现金危机。

4. 总成本增长

项目初始计划成本是48亿英镑，最后实际成本大约是105亿英镑。其中，施工成本比预期增加了近65%，实际施工成本达58亿英镑，潜在原因是大量的设计变更和设备安装及列车车辆的成本超支；初始公司成本是6.42亿英镑，实际成本到1994年5月增加到11.28亿英镑，主要原因是对项目管理上的延误以及加强安全控制所导致的成本超支；1990年增股公告时，项目融资成本已经从预计的9.75亿英镑增加到13.86亿英镑。建设成本超支、运营延期、实际现金流入偏低等因素都严重影响项目的整体现金流。

二、案情分析

（一）英法海峡隧道的风险分担失误

在英法海峡隧道项目的进展过程中发生的风险事件主要包括：项目唯一性

（没有竞争项目）、项目审批延误、成本超支、融资成本增加、工期延误、运营管理水平、运营时间延误、市场需求变化、收益不足以及项目公司破产等。我们可以看出，项目公司实际承担了部分应该由政府、承包商或者放贷方承担的风险，当这些风险事件发生后，项目公司的掌控能力不足，导致项目公司巨大的财务压力，进而面临破产的危机。以下按照风险类别划分，详细探讨英法海峡隧道项目的风险分担以及项目失败的主要原因。

1. 政治风险

回顾历史可以发现，英法海峡隧道的决策主要受欧洲一体化进程的影响，两国政府在项目前期的推动起着至关重要的作用。在特许权协议中，两国政府承诺2020年之前不兴建第二条竞争性的固定海峡通道，给予项目公司自主定价的权利。但是也明确表示不提供担保，在项目的建设和运营过程中，两国政府缺少了足够的监督管理和必要的支持。

一方面，兴建类似英法海峡隧道的固定通道造价相当昂贵，理性的私营投资者是不会参与新海峡通道建设，而由公共部门投资兴建必然会引起较大的社会争议，因此政府的所谓"项目唯一性"担保并不起实质性作用。相反地，在英法海峡隧道正式开通之后，有实质性竞争关系的轮渡、航空公司打起了价格战，迫使欧洲隧道公司大幅降低票价。两国政府在此问题上，没有提供足够的支持。

另一方面，两国政府项目前期并没有对建设方案进行足够的调查分析，在建设期间要求增加安全管理和环保措施导致了施工成本的增加和工期的延迟，在施工结束后又延迟发放欧洲隧道公司的营运许可证书，使得项目正式开通一拖再拖，项目现金流进一步恶化。在项目公司的索赔要求下，两国政府最终将特许期由55年延长至99年，但是项目公司在运营的前十几年背负着巨大的财务压力，苦苦经营，以至于2006年不得不申请破产保护。

2. 建造风险

欧洲隧道公司与TML联营体签订的施工合同分为三个部分：（1）固定设备工程，包括终点站、设备安装、所有机电系统，采用固定总价合同；（2）掘进工程，包括隧道和地下结构，采用目标费用合同；（3）采购项目，包括牵引机车、穿梭列车的采购，采用成本加酬金合同。施工合同中还规定，欧洲隧道更改系统设计、英法政府的干预行为、隧道岩床条件与所预计的不符等带来的损失不归TML联营体负责。

回顾项目建造过程可以发现，隧道和地下工程因为未知因素多、风险高，采用目标费用合同使业主和承包商的利益一致，该部分工程基本上按计划完成；采购项目采用成本加酬金合同，缺乏足够激励带来较多延迟和成本超支；而固定设备工程采用总价合同却不合理，因为项目是以设计、施工总包方式和快速推进方法建设，在施工合同签订时还没有详细设计，合同执行过程中很容易发生分歧、争议和索赔，总价合同并非真正的固定价。实际上，每笔建造成本增加几乎都成为承包商TML联营体的索赔请求，截至1994年4月，项目公司已支付给承包商高达12亿英镑的索赔额。此外，工期延误直接导致了项目正式开通延误，项目公司实质上承担了绝大部分的建造风险。

造成上述问题的主要原因在于TML联营体的成员本身也是欧洲隧道公司的股东。首先，在选择施工承包商的时候缺乏投标竞争性，导致施工合同报价高昂；其次，对于TML联营体而言，项目公司欧洲隧道公司不是一个强硬的独立的业主，导致索赔、建设谈判困难；最后，作为英法海峡隧道项目公司股东的施工承包商，主要目的只是在建设施工过程中获得可观的利润，而不是项目本身长期稳定的收入。

3. 运营风险

项目公司作为项目的运营者，承担着全部运营风险，但是由于项目公司本身的缺陷所在，项目公司的股东全是施工承办商和金融机构，没有任何运营实体项目的经验，前期运营绩效很不理想。运营时间的延迟、项目公司本身运营能力的不理想、轮渡和航空公司引起的价格战以及其他原因，导致欧洲隧道公司一直到1998年才正式全面正常运营，而此时项目公司的债务负担已经极其严重。

4. 市场收益风险

英法海峡隧道的前期市场研究结果表明项目在经济上是可行的。研究报告认为隧道将比轮渡更快、更方便和安全，比航空在时间和成本上有优势，估计在1993年隧道将占有英法海峡客运市场的42%和货运市场的17%，即客运量将达到3000万人次，货运量将达到1500万吨。

但与实际情况相比，市场研究结果发生了巨大变故。首先是正式开通时间的延迟以及项目运营前期经营管理不善等其他原因，一直到1998年英法海峡隧道才全面正常运营；其次是在海峡运输市场上的价格竞争处于被动，进一步减少利润空间，这种不利局面一直维持到1998年两家轮渡公司（P&O和Stena）合并，欧洲隧道公司才正式确定跨海峡市场中的主导地位；另外，跨海峡市场本身的客运量和货运量也并没有出现市场研究中的增长趋势，欧洲隧道公司对于该市场持过于乐观的态度。

三、总结与启示

在基础设施建设领域中，PPP模式的创新可以有效减小公共财政负担、优化财政支出配置、引进先进的技术和管理经验。但是，PPP模式本身并不是万能的，合理公平的风险分担是PPP项目成功的关键因素之一。在英法海峡隧道项目中，项目公司破产的主要原因在于过多承担无法掌控的风险。因此本节对基础设施中PPP项目的风险分担和风险管理要点提出如下建议。

1. 政府

对于政府而言，在基础设施建设领域中引入私营资本，并不意味着政府可以将所有的风险全部转移给私营部门。在PPP项目中，政府需要有足够的监管，政府监管核心在于定义对项目的输入（支持和担保等）和输出（产量、价格、质量、服务、环保等）要求，并据此在整个项目期间内执行监管。同时，政府必须确保竞标中的有效机制，提供项目公司忠于特许权协议的激励，同时能够在特许经营期间惩罚投资者的机会主义行为（包括以参与PPP项目为门槛，主要目的是在施工阶段获得足够回报的短期投资行为）。

总的来说，政府有能力影响规章制度、政策、法律和其他规定，相比私营部门对政治风险、法律变更风险、国有化风险等更有控制能力，因此这些风险应该由政府来承担。

2. 私营投资者

与政府相比，私营投资者则对项目的融资、建设和经营等相关风险更有控制能力，因此在特许权协议中通常将这些风险以条文形式转移给私营投资者。而投资者则可以将部分风险转移给其他更为专业的机构，如将建设相关风险转移给施工承包商。

对于参与PPP项目的投资者应该重视以下几点。

首先，需要谨慎选择投标合伙人，发起人组建PPP项目投标联合体时，应紧紧围绕三个目标来进行伙伴选择：（1）确保联合体在项目竞标中的竞争优势，增加竞标成功的概率；（2）确保中标后所组建的项目公司在特许期内各阶段具有足够的运作能力，保障特许权协议的顺利执行和实现预期收益；（3）尽可能优先保证发起人的个体利益。

其次，需要客观评价政府对项目的支持，注意保证项目在某一区域的垄断性，客观准确地评价市场环境，切勿过分乐观预测，高估市场前景，低估市场竞争风险、价格风险和需求风险。

最后，制订严格谨慎的融资方案和财务预算，认真对待高杠杆融资背后的潜在风险，确保项目的垄断经营和收入稳定的市场优势。

3. 金融机构

PPP模式是一种典型的项目融资，由项目的稳定收入来源作为全部融资基础，还款保证应仅限于项目资产以及项目合同协议规定的其他利益。因此，金融机构在PPP项目中应该承担的主要风险包括融资成本增加、成本超支、项目公司破产、通货膨胀、利率风险等。具体而言，金融机构需要积极参与项目的决策与为政府和企业提供必要的咨询服务，增强对项目融资的理解，放宽对PPP项目融资条件的限制，制定适合于PPP项目的项目评价标准等。

第六章 中国跨国公司
的融资策略

中国跨国经营企业在开展海外融资过程中一定要重视融资策略问题，没有一整套事先设计好的策略，在海外融资中不仅达不到预先设想的目标，而且很有可能导致融资效果不理想，增加成本与风险。

第一节　中国跨国企业海外融资的发展概况

从20世纪80年代开始，中国企业开始到海外金融与资本市场进行融资。中国企业的海外融资首先是从信贷融资开始的，随后逐步出现了债券融资、上市融资、租赁融资、基金融资、吸收外商直接投资、贸易融资、BOT融资等方式。近年来，中国企业海外融资的规模呈逐年增长趋势。

一、中国企业海外信贷融资

中国海外信贷融资主要包括政府和企业两部分，下面重点分析企业的海外信贷融资。中国企业的海外融资活动包括银行等金融机构、国有及非国有企业等开展的海外融资，融资的主要渠道有：向外国政府、国际金融组织、国外银行及其他金融机构的贷款，向国外出口商、国外企业或私人借款，以及买方信贷、国际融资租赁等方式。

在海外信贷融资各渠道中，企业间贸易信贷是企业海外信贷融资的重要途径。根据国家外汇管理局公布的数据，截至2017年12月末，中国全口径（含本外币）外债余额为111776亿元人民币（约合17106亿美元，不含中国港澳台地区）。其中，中长期外债余额为39962亿元人民币（约合6116亿美元），占36%；短期外债余额为71814亿元人民币，占64%，短期外债比例保持稳定。短期外债余额中，与贸易有关的信贷占38%。

二、中国企业海外债券融资

1982年1月，中国国际信托投资公司在日本债券市场发行了100亿日元私募债券，这是中国国内机构首次在境外发行外币债券。1984年11月，中国银行在东京公开发行200亿日元债券，标志着中国正式进入国际债券市场。1993年9月，财政部首次在日本发行了300亿日元主权外债。中国在海外发行债券以公募为主，公募和私募相结合；发行市场由开始时以东京为主，逐步扩展到了欧洲、美国、中国香港、新加坡和澳大利亚等国家或地区。

以境外发行美元债券为例，近年美元长期利率处于相对低位、美元汇率大幅度贬值，使得企业在境外市场发行美元债券融资具有低成本优势。2017年，中资企业在境外发行的美元债券共计378只，发行规模达到2159亿美元，同比增长78.7%。美元债券发行人行业以金融业、房地产业为主，其中金融债（主要包括银行债和非银行金融机构债券）共计发行126只，规模为876.55亿美元；房地产债券共计发行98只，规模为473.4亿美元。

三、中国企业海外股市融资

中国企业境外上市融资的历史较短，从1993年青岛啤酒在中国香港和美国上市算起，中国企业在境外上市融资的历史只有25年，但发展速度和规模扩大的程度却是比较快的。1993年6月29日，青岛啤酒股份有限公司在中国香港上市，同年7月在美国上市。1999年侨兴环球在美国纳斯达克市场上市，成为中国第一家境外上市的民营企业[1]。中国在香港交易所、美国纽约交易所、纳斯达克交易所、OTCBB交易所、伦敦交易所、新加坡交易所等证券市场都有企业上市，涉及的行业包括信息技术、高科技、工业制造业、地产建筑业、消费者服务业、互联网软件与服务业、消费品制造业、金融、保险、消费信贷、教育服务等。其中，香港交易所是中国企业境外市场的主战

---

[1]王怡："民营企业海外上市分析"，《对外经贸实务》2007年第10期。

场，信息技术、能源、高科技、消费信贷、教育服务等企业多在美国上市。

随着经济全球化的发展，各国之间金融与资本市场的联系日趋增强，境外上市融资已成为中国企业海外融资的重要方式。2017年，中国企业境外上市再掀高潮。根据Wind数据库，2017年全年中国企业境外IPO共74起，分布于中国香港和美国两大资本市场。其中，有24家中国公司在美国上市（纽约证券交易所上市的有9家，纳斯达克上市的有15家），涉及13个行业，共募集资金总额达35.79亿美元；50家中国内地企业在香港市场完成上市，涉及9个行业，共募集资金总额为904.78亿港元。

第二节　中国跨国企业海外融资存在的主要问题

在海外融资方面，中国企业已经走过了30多年的历程，虽取得了不小的业绩，但，仍存在一些问题。

一、企业海外融资渠道与方式过于集中

就现实状况而言，中国企业海外融资主要有五大方式，即贷款融资、上市融资、债券融资、租赁融资和基金融资。目前，采用上市融资和信贷融资方式的比较多，特别是有大批企业希望通过海外上市融资，而债券融资、租赁融资和基金融资等方式都不是很受重视，开展得比较少。如2007年，美国企业债券新发总额近6000亿美元，但中国企业同期的发债数量仅仅为600亿美元。偏重股市融资导致股权与债权融资结构失衡，偏重贷款融资又带来债权融资内部结构不合理。实际上，在愈演愈烈的全球金融危机打击下，全球IPO市场短期内将不再活跃，股市融资将会大幅度下降，进入一个相对低潮期。与此同时，债券融资（包括短期融资券、中期票据和企业债）等其他融资方式将受到重视，将会成为企业跨国经营和海外并购等业务的主要资金来源。

二、中资银行海外跟随服务作用不足

尽管近年来中国银行、中国进出口银行、国家开发银行等金融机构为中国企业实施走出去战略提供了资金支持和服务，但从整体来看，中资银行业在中国企业海外

融资中没有发挥应有的作用，大部分海外融资业务都是借助外国银行等金融机构完成的。究其原因主要有三点：一是中国银行业的国际化程度还较为滞后，境外资产的比重较低，海外分支机构和网点少，缺少在发达国家的布局，并且海外分支机构级别较低，离真正的跨国银行还有一段距离；二是一些在海外设立了网点的中国银行，其经营和提供的金融服务品种较少，并购融资业务与国际不接轨，融资业务难以满足民营企业走出去的融资需求，且尚缺乏一些专门的金融人才；三是中国开展跨国经营活动的企业与银行之间的内在联系还不尽如人意[①]。

三、企业对海外上市融资存在认识误区

不少企业对海外上市融资的作用和意义理解不正确，存在认识误区，主要表现在以下五个方面。

（一）把海外上市当成目的而不是手段

如果实现海外成功上市，企业确实可以获得一笔数额较大、近乎免费且长期使用的资金，这对企业来讲当然是求之不得的事情。所以，在这种利益驱动下，一部分上市企业对融资理念存在误区，大都热衷于"上市圈钱"，以为上市筹到的资金不用偿还，为了成功上市融得资金，将上市所必须做的战略性重组当成了应付要求的"包装"，上市公司与原有母体之间形分实合，招股说明书几乎是一纸空文，招股项目财务分析得不到完全实行，招股成功资金到位后，则自食承诺，随意改变资金用途，失信于投资者。这种错误做法的后果已经显现。近年来，中国企业在国际资本市场面临诚信危机，企业境外上市接连受挫，筹资计划达不到预期目标等就是表现。自2010年6月以来，绿诺国际、中国高速频道（CCME）和多元环球水务等多家企业由于其公司治理和信息披露不规范，被发现造假，最终均被交易所退市。实际上，海外上市只是一种途径，并不是企业发展的目标和终点。海外上市只是企业获得了一张进入国际资本市场的"通行证"。上市后要得到投资者的认同，还必须以企业良好的发展前景作为依托。对企业来说，股份制改组和筹资短期内可以完成，而上市后的规范化运作则是一项长期任务。

---

①资料来源：《中国企业全球化报告（2015）》。

（二）以上市迟早论英雄

由于不少企业把上市当成目的，因而上市本身就成了衡量企业经营状况的重要指标，以能否早上市来评价企业经营管理层是否有业绩，把企业的实际经营状况放在次要位置。受上市越早越好错误认识的影响，企业和中介机构形成利益共同体，急功近利，揠苗助长，借助行政力量对企业快速分拆包装后立即上市。最后一味求快，使企业海外招股行为短期化，其后果往往是遭遇股东"用脚投票"，最终影响企业深层改革和长远发展。

（三）轻视对企业管理制度的改革

在股票市场融资不同于在借贷市场融资，后者需要还本付息，而前者不仅不需要还本且回报也不是强制的。不少国内企业往往只看到了股票市场的融资功能，而忽略了企业必须创造效益使投资者获得投资回报的义务。上市融资被企业看成了免费且长期使用资金的一个渠道，为了达到上市的要求，也会对企业做一些必要的包装，但指导思想却是先圈到钱再说，内部管理体制却是"换汤不换药"。换句话说，仅仅把海外上市当成筹集资金的手段，而没有当成改善公司治理结构、建立现代企业制度和推动企业走出国门的有力措施。客观讲，上市成功并不意味着一劳永逸，上市后同样应严格按照海外资本市场的监管要求，努力提高公司质量，着力维护公司信誉。

（四）忽视上市前的准备工作

首先，一些中国企业对海外上市的规则不够熟悉，认识不够全面，这会造成海外上市的时机不够成熟，计划不够详尽。这不但会提高海外上市的风险，还有可能导致企业上市的失败。

其次，一部分企业上市前没有做好企业重组工作。与国内资本市场不同，国际资本市场对于上市公司有着不同的规定和要求，因此企业在海外上市之前往往要进行重组。但有些企业只是草率重组，没有认真考虑企业重组面临的内外部实际情况，这会带来重组成本高、不利于企业后续发展等一系列问题。

（五）认为中小企业只有实现海外上市才能快速成长

由于受这种错误观念的驱使，中小企业近年来一窝蜂盲目海外上市，导致融资成本高昂。中国中小企业在国内融资难的问题多年来并没有根本解决，为了加快发展，解决资金短缺，不少中小企业都把眼光瞄向了海外资本市场，希望借助海外市场解决融资难问题。由于一窝蜂地盲目追求上市，因而导致上市成本不断提高。因为到海外上市需要国际认可的著名机构的评级，这些中介机构的服务收费普遍较高。实际上，海外市场总体容量有限，一个市场每年能够成功上市的中小企业不会太多，申请的多了，必然提升上市成本。例如：海外上市的一般成本应控制在筹资额的10%以内，但一些在香港创业板上市的内地企业的融资成本已接近20%，在美国首次公开发行上市的平均筹资成本也达了15%左右。除了比较高的筹资成本外，即使上了市，每年还有一笔不菲的年费和上市维护费需要提交。所以，一般来讲，融资额低于5亿元人民币的中小企业到海外上市是不合算的。

四、海外上市融资后难以实现再融资

成功在海外上市后，企业还要面对再融资风险。再融资风险是指由于资本市场上融资方式、金融工具等的变动，企业的再融资存在各种不确定性因素，或者企业本身筹资结构不合理造成再融资困难。中国跨国经营企业海外上市后的再融资问题表现为以下两点。

第一，海外上市后，有些企业无法保持持续盈利，其经营业绩不断下降，这会使企业受到海外投资者的质疑，无法兑现上市时的承诺，进而使再融资活动难以开展。

第二，海外上市后，大多数企业无法在股权结构、融资结构、融资工具等方面实现优化，这也会带来再融资困难。特别是对于在海外上市的国有企业，其国有股份占比很高，相对于私有企业而言市场活力较弱。国有企业上市大多是为了扩大企业资产，并不注重企业治理结构的改善，这不利于再融资的进行。此外，很多企业再融资的工具单一，忽视债券市场的作用，而在海外市场的融资范围单凭股权融资无法扩大。这些问题严重影响着企业再融资能力。

五、海外融资风险防范措施欠缺

国内一些跨国经营企业只看到海外融资的积极作用和好的方面，忽视了其本身存在的风险和必须承担的成本与费用，结果要么是遇到风险时损失惨重，要么是融资项目难以为继。实际上，海外融资的风险较国内融资更大，可能遇到的风险主要有：国别政治风险、外汇汇率风险、利率风险、税务风险、法律风险、成本风险和其他风险等。如果企业不能提出恰当的解决措施，海外融资的结果就会受到影响。典型的例子是：2011年6月15日，西安宝润由于无法支付高昂的上市维护成本，不得不终止了

在美国市场的资本交易。不少企业在海外融资中遇到风险，总结原因从大的方面讲主要有三点：一是缺乏正确的融资理念与长期战略规划，二是没有尽可能规避海外融资中可能遇到的各类风险，三是在整个融资过程中缺少有效的风险防范措施或实施不力。例如，OTCBB市场就存在较大风险。美国主要证券市场的上市费用高昂、条件苛刻，致使国内众多中小企业望而却步。在一些中介商的诱导下，不少企业考虑选择到OTCBB上市，认为这不仅避免了漫长的审批过程，也节省了费用。但OTCBB市场上充斥着很多由于各种原因而形成的"空壳"公司，中介机构为了将手中的"壳"推销出去，往往不择手段，所以买到的"壳"有的可能没用。

第三节　中国跨国企业海外融资的策略

在金融全球化的进程中，资本市场的国际化表现十分突出，它的迅速发展为各国企业到海外资本市场融资创造了有利的条件。海外融资的顺利进行有利于跨国经营企业获得充裕的发展资金，加快海外业务的扩张。因此，企业必须选择正确而有效的海外融资策略。同时，在海外融资的过程中，企业经营管理者应注意及时总结经验教训，完善和提升融资策略，以确保实现海外融资的目标。总之，只要我们策略选择得当，中国企业海外融资就将拥有十分广阔的前景。

一、制订海外融资战略计划和做好前期准备

凡是计划开展海外融资业务的中国跨国经营企业，首先要确立明确和科学的融资理念，制订完备的海外融资战略计划，从战略高度和企业长远发展的视角看待海外融资的多方面作用。该战略计划的主要内容包括：海外融资的理念、战略意义、融资方式的选择、融资地点的分析、融资时机的判断、具体的融资方案设计与融资策略、企业改组改制的步骤与措施、组织机构和前期准备等。

战略计划制订后，还需要依据战略计划进行周密的前期准备，主要是做好以下一些工作：（1）组建海外融资项目小组（团队），小组人员根据不同的融资方式和融资规模进行调整，一般应包括本企业负责决策的人员、熟悉海外资本市场的财务顾

问、专业法律和会计人员、对本企业财务和管理运作熟悉的人员等。（2）准备前期运作费用，借鉴其他企业同类融资项目经验或国际惯例安排相应预算。（3）开展融资环境的调查与评估，进行融资项目的可行性分析。（4）完成政府相关管理部门要求的申请和报批，获得政府的支持。

二、中国跨国企业海外上市融资策略

中国企业到海外上市融资，应注意以下几点具体策略。

（一）明确海外上市的目标

海外上市融资本身是手段不是目的，完成上市并不意味着"万事大吉"，而是一个新的起点，最终目的是推动企业更好更快地发展，上市只是加快企业发展众多手段中的一种。企业上市后拥有了进一步发展的资本，但仍要全力保持自己的良好声誉以及发展态势，进行规范化运作，这既可以吸引未来的投资者，同样也保护了先前投资者的利益。这一点对于企业来说至关重要。另外，海外上市并不是对任何企业都有利，企业应从自身的实际出发，分析自己独特的优劣势，权衡各种资金来源的可行性和利弊，考虑筹资规模与上市费用负担的关系。

（二）推出有中国特色且符合海外投资人心理的独特上市题材

题材有时也称为概念股或板块，通常是指由于某些新事物的出现或某些政策的发布而使部分个股具有一些共同特征的现象。好的题材股就是可以引起机构投资者推崇和市场大众兴趣与跟风的股票。海外上市融资最好要有独特的题材，要有符合海外投资人心理与接受习惯的卖点。除一般的国际热点题材（如高科技概念股）外，目前比较有中国特色的题材有：持续高速增长的一些行业概念股、新能源与节能行业概念股、循环经济板块、环保行业板块、航空航天板块、交通基础设施板块、电子商务板块、资产重组板块和长三角板块等。

（三）选择恰当的海外上市时机

一般来讲，判断海外上市时机是否恰当有三个标准：一是国际经济环境。国际经济衰退或低增长的时候应谨慎上市，国际经济增速加快或高涨的时候是上市的较佳时机。二是股市环境。想在哪个市场上市，就要分析和观察这个市场的环境，关注股票交易情况并预测未来股票市场交易手法的变化。应选择股市人气较旺的时候上市，而不要在股市低迷或暴跌的时候上市。例如，1999年中华网公司在美国纳斯达克上市的时机把握得就比较好，当时网络公司在美国乃至全球受到追捧，中华网在美上市首日股价上涨至发行价的三倍，作为第一家在纳斯达克上市的中国概念的互联网公司上市发行非常成功。但随后于2000年在纳斯达克上市的几家中国网络公司（新浪网、网易、搜狐）则没有赶上好时机，上市后就赶上网络股大幅下挫，有的股价跌破发行价，有的刚刚保住发行价。三是行业发展环境。当企业所处行业生命周期位于低潮期或下降期时，进行海外融资活动就显得不明智，融资效果也会打折扣；反之，当企业所处行业生命周期位于成长期或高峰期时，择机进行融资活动可以获得较高的发行市盈率，融资目标容易实现。把握上市时机需要研究世界经济形势和宏观经济走势，需要分析资本市场状况和产业发展的规律，在变化与发展中把握机会，做有准备的企业。

（四）选择适合自己的上市地点与上市方式

目前，中国企业海外上市的股市主要包括：香港股市、美国纽约证券交易所、美国纳斯达克、美国OTCBB电子柜台市场、新加坡股市、英国伦敦股市、德国法兰克福股市等。近年来，日本、韩国、澳大利亚、加拿大和法国等国股市也对中国企业逐步开放。这些股市的上市标准、费用、流程和后续服务等各不相同，拟上市企业要比较各上市地点的优劣，并结合本企业的上市题材和发展战略综合研判，以便决定在哪里上市或在几个股市同时上市，另外还要选择最合适的上市方式。举个例子：到加拿大上市后，根据当地证券监管法的规定，中介公司必须以一种"师傅带徒弟"的方式帮助上市企业，而不是像美国，一旦上市中介公司就完成任务。

（五）选择有注册资格和业绩优良的中介机构

海外上市必须借助中介机构的服务，主要涉及的中介机构包括：财务顾问、证券公司（也称投资银行，通常担任主承销商）、会计师事务所、律师事务所和咨询公司等。海外成功上市的关键因素之一就是要拥有一个优秀的服务、咨询和策划中介团队，这个团队应当具有丰富的实战经验和成功案例，并且十分了解国内与国际市场。

（六）了解和遵守当地资本市场的政策法律规定

不论上市前或上市后，企业必须了解当地有关上市的政策法律，熟悉上市公司行为和资本市场监管规则，把握相关操作程序，并认真地遵守和执行。上市前，要根据海外市场的上市要求做好企业改制、编写上市所需文件、增强公司透明度和进行路演等事项；上市后，企业要按照国际化要求规范上市公司运作，做到定期公布财务状况、通报重大投资事项、全面履行信息披露责任、完善企业治理结构、提高上市公司素质和经营业绩、加快经营机制转换。只有得到海外投资者的广泛认同，才能树立中国上市公司的良好形象和提升企业价值，才能真正达到海外上市的目的。

（七）加强投资者关系管理

一部分中国企业在海外上市后没有很好地处理信息披露等方面的问题，导致了海外投资者特别是机构投资者的误解。投资者关系管理是一种专业管理，需要充足的人力和财力的投入以及完善的管理体系做支撑。企业可以咨询或委托海外专业的公关公司负责其投资者关系管理，并在这个过程当中不断学习，最终实现内部管理。与国内投资者相比，海外投资者更趋于理性化，因此对企业信息的透明度要求较高，倾向于投资自己了解和熟悉的企业。虽然企业在海外上市阶段在中介机构的帮助下做了很多宣传推广工作，但在后期仍应该实时把企业的发展状况和未来前景披露给投资者，否则可能会失去投资者的关注和投资，进而危害企业长足发展。

三、中小跨国企业海外融资策略

客观来讲，上面分析的几点中国企业海外上市融资策略对中小企业也是适用的，中小企业海外上市融资时也要采用这些策略。但是，在海外上市融资方面，中小企业还有两点需要特别注意：一是一定要考虑融资成本与后续费用的高低。对于广大中小企业而言，短缺资金是普遍现象，海外上市的一个目的是解决资金短缺问题，但切不可不计成本地盲目追求上市，要认真考虑上市成本负担，尽可能将海外上市的总成本控制在融资额的10%左右。所以，如果融资额过低时，可考虑暂时放弃上市融资。另外，还要考虑上市后需要交纳的各项费用，每年还有一笔数额不小的年费和上市维护费需要支出。二是选择专门针对中小企业上市筹资的证券市场。专门针对中小企业上市的证券市场包括香港创业板、新加坡创业板、美国纳斯达克、美国OTCBB等，对这些市场的要求、费用和服务等要分析权衡，然后做出选择决策。

中小企业资产不多，生产规模有限，缺乏知名品牌，因此到海外进行借贷融资和债券融资是相当困难的。除上市融资外，中小企业海外融资的方式还有租赁融资、私募股权基金融资、风险投资基金融资、引进外资融资、补偿贸易融资和一般贸易融资等（后三种方式不在这里展开介绍）。客观而言，租赁融资和各类基金融资对于中小企业来讲还是比较适合的，况且它们对中小企业也有一定的偏爱，如风险投资基金的服务对象主要是瞄向中小企业的。这说明，只要开动脑筋，广大中小企业的海外融资之路是宽阔的。中国中小企业海外融资的总体思路应是：综合分析各种方式的可行性和利弊，拓宽融资渠道，选择特定时期适合自己的方式，将投资与融资相结合，以投资带动融资。

四、跨国企业不同发展阶段的海外融资策略

一家企业开展跨国经营业务，一般要经过以下五个不同阶段：货物或服务进出口贸易阶段、技术或知识产权进出口阶段、绿地投资阶段、跨国并购阶段和建立全球性生产经营网络阶段（演变成跨国公司）等。在不同的发展阶段，跨国经营企业应选择不同的海外融资策略：①在第一和第二阶段，企业应提高效益，增加内源融资的比例，优化资本结构，同时注意侧重在国内金融市场融资。如果需要国际融资，也应尽量选择间接融资，如借用一些国际信贷资金等。因为在这两个阶段，企业的资产、规模和技术等实力还不一定很强，进行国际直接融资还有难度。当然也不排除一些高成长和高科技行业中小企业到海外直接融资。②在第三和第四阶段，企业开始对外投资，在海外直接设立生产或销售机构，对资金的需求尤其是长期资金的需求增加。此时除国内融资外，企业必须考虑扩大海外融资，特别是直接融资中的发行债券或发行股票融资。因为到这两个发展阶段，企业的实力增强了，海外网点增加了，企业和品牌的知名度也已提高，直接的股权或债券融资有人购买了。但在这个阶段，企业应高度重视信誉，对证券型融资加强管理，对债务融资要按期还本付息，对股票融资要对股东负责，努力树立良好的企业形象，确保融资渠道畅通，逐步减弱对银行信贷资金的过度依赖，促使企业资金结构的合理化。③当企业发展到第五阶段，已经初步显现出跨国公司的轮廓，此时企业应确立全球战略和全球视野，综合考虑国内外网点布局，整合包括金融资源在内的国内外资源，根据企业资本结构安排的需要采用各种有效方式融通资金，确保企业在全球范围发展的需要。

按规模划分，可将处在不同发展阶段的企业分为中小企业和大企业，针对中小企业海外融资的策略前面已经分析过，这里重点分析大企业的海外融资策略。大企业的特点通常是资产和生产规模大、具备主导产品、有一定的知名度和品牌、位居国民经济的关键行业、盈利水平有保证、从国内金融市场获得资金不是很困难、与政府的

关系比较密切等。这些大企业如果进行国际融资，更应注意策略结构的设计，原则上应把握住四点：一是要有明确的融资使用目标。因为它们的融资金额比较大，使用方向必须明确，否则后果严重。二是科学选择融资方式与渠道。由于企业已具有一定投资价值，在选择方式上具备自主权，所以可选择有比较优势的融资渠道与方式，如在一个或几个证券交易所上市融资、发债融资、票据融资、租赁融资、银团贷款、项目融资等。三是借融资之手改善公司治理结构。对于从事跨国经营活动的中国大企业来说，国际融资的过程就是推进改组改制、强化各方面管理、加快建立现代企业制度、完善公司治理结构的过程，也是企业实现脱胎换骨、升级换挡、提升质量和价值的过程。在国际融资中，要想到企业的成长，要加快企业的成长，要结合企业的成长。四是重视重大融资项目的可行性研究。凡是重大投融资项目，都应认真搞好可行性研究，保障资金使用的高效与安全，否则将严重影响企业的后续发展与后续融资。

五、与金融机构建立稳定的合作关系

银行等金融机构在企业融资的过程中，要么是资金提供者，要么是中介人或承销商。企业要想开展国际融资，就必须与海外当地、第三国和本国的银行等金融机构建立稳定和良好的关系。企业在与银行等金融机构的交往中，最重要的是树立诚信的形象，避免和减少不良记录。有了信誉，就可获得银行等金融机构的信任。当然，良好的企业经营业绩和适当的包装也是需要的。银企之间确立了密切联系，海外融资问题也就容易解决了。还有一点需要企业注意，即中国的银行业正在国际化，正在积极扩大对中国跨国经营企业的海外融资支持，因而企业特别不要忽略与本国银行和金融机构建立联系，获得它们的持久支持是重要的。

六、规避和防范海外融资风险的有效手段

众所周知，海外融资的风险通常高于国内融资，中国跨国经营企业必须认真对待。面对海外融资风险，企业需要采取以下措施应对：①树立风险意识，高度重视和充分认识海外融资中的风险。②开展充分调查研究，详细分析各种融资方式利弊，比较不同融资地点的优劣，有效区分海外投资者的类型，做好周密的前期准备，尽可能规避海外融资中的各类风险。③采取具体措施防范融资风险，如采取投保政治险、货币掉期与远期外汇合约、选择融资地点和避税地、签订远期利率协议等手段防范国际

融资风险。⑤建立国际融资风险预警与应急机制。企业应未雨绸缪，对国际融资中可能遇到的风险超前研究，早作准备，建立预警和应急机制。一旦遇到风险，则可在第一时间采取应对处理措施，以缓解冲击和减少损失。

第四节　小　结

　　跨国公司融资策略对于企业的发展至关重要，是企业发展战略的一部分。前面三节已对融资策略存在的问题以及解决方案做出了系统分析，尤其强调了中国企业海外融资的策略问题。需要重点强调的是，企业的融资战略需要服务于企业的发展战略，而不是替代。因此中国跨国企业走出去进行融资时，只能把海外融资当成企业国际化的工具，而不是目的。

· 案例 ·

6.1　网易的纳斯达克之旅

一、案情介绍

网易公司成立于1997年5月，是一家主要从事互联网信息业务的企业。网易在成立后短短一年多的时间里，连续在中国互联网历史上创造了一系列的第一：中国第一家中文全文搜索引擎、第一个大容量免费个人主页基地、第一个免费电子贺卡站、第一个网上虚拟社区等。丁磊——网易公司的创始人，1993年毕业于中国电子科技大学，1997年在广州创立网易公司，当时只有三个人支撑门户。凭免费邮箱系统，网易在1998年赚了400万元人民币。1999年初，网易迁至北京，经营绩效继续攀升。随后为扩大业务，网易开始谋划在纳斯达克上市，踏上了海外融资之路。

2000年网易在纳斯达克上市，然而恰逢美国网络泡沫，上市之初态势不容乐观，股价一路下跌。随后的2002年，网易在经过一系列的经营调整后，通过加大自主研发，创新盈利模式，终于实现了上市以来的首次盈利，此后股价也逐渐回升。网易通过不断自主研发，加大研发投资力度，逐步发展成为国内第一个成功开发并运营国产游戏的网络商。其中，全新中文搜索引擎"有道搜索"便是网易2006年自主开发出来的。而今，网易深受广大网民欢迎，曾两次被中国互联网络信息中心评选为中国十佳网站之首。

二、案情分析

自成立之初到2000年，网易的业绩一路看好。新千年伊始，网易大胆谋划在美国纳斯达克上市，进行海外融资，以加大研发投入扩大业绩。然而，想在纳斯达克上市并非易事，当时国内政策限制比较苛刻，网易要做的准备工作还很多。随后网易想到了在美国注册一个新的网易公司。这家注册地在美国，但在中国境内拥有技术软件开发及服务的新网易公司是一家纯粹的外资公司。显然，这样一种安排是出于上市的需要。根据网易公司律师提供的法律建议，网易在境外设立的公司是由境外自有资金设立的，与中国国内公司的股权结构不尽相同，也没有任何关系。但两家公司的最大股东则是同一个人，即网易总裁丁磊。丁磊在这两家公司所占的股份均为70%。

2000年4月底，网易正式向美国证监会提交上市申请，在美国发布了招股说明书。2000年6月22日，网易开始了全程路演。路演是国际证券市场在公司股票发行前常用的一种推介手段，主要是通过一系列的推介活动，让投资者对发行人有更深的了解和直观的感性认识，发行人和承销商最后根据投资者的反馈来比较客观地决定发行量、发行价和发行时机。按照上市所需要的进程，发布完招股说明书后，即将上市的公司要经过短则两周长则四周的全程路演。路演的时机、做法都非常重要，它会直接影响到公司股票的发行情况。

美国东部时间2000年6月30日上午11时，网易Netease.com，Inc.（股票代码NTES）在纳斯达克股票交易所正式挂牌交易。至此，网易成为当时继中华网和新浪网之后，又一家在纳斯达克挂牌的中国概念网络股。网易此次共发行了450万份存托凭证（每份合普通股100股），定价15.5美元，筹资6975万美元。但是，2000年网易上市的时候正值网络股从高峰直冲入海底，筹到近7000万美元的网易，股价从开盘时的15.5美元起只跌不升，从夏到冬，股价跌到2.8美元。到了2001年5月，由于网易推迟了公布第一季度的报告，一下子其股价便跌为0.53美元，还面临着被停牌的惩罚。8月，网易被发现有2040万美元的亏损，15倍于其最初的报告，于是被停牌。这次停牌持续了4个月，直到2002年初才恢复交易。2002年7月，又被警告摘牌，这一次换了一位独立董事。网易的麻烦还不止于此，2001年被投资者告上法庭，只得赔了440万美元了事。

否极泰来，进入21世纪之后，中国人的手机持有量大幅增加，这给网易带来了机会。网易开始与中国移动和中国联通进行合作。发短信息、发图片、看新闻，近2亿台手机的巨大市场，让网易同搜狐、新浪等一同迎来了网络的春天。三大门户网站从不盈利走向盈利，而且获利水平大幅攀升。随之而来的是三大门户网站的股价在纳斯达克疯狂暴涨。从2002年5月开始，三支在纳斯达克上市的中国网络股全面回升，到2003年10月初搜狐的股价已从当初的1.06美元涨到37美元，涨幅超过34倍；新浪股价从1.5美元涨到41美元，上涨约27倍。网易这个2000年时的倒霉鬼更是石破天惊，股价一度从当初的不足1美元猛涨到70多美元，涨幅接近80倍。此后，网易利用这些融资不断加大自主研发力度，保持其在国内网络行业的领先地位。

三、总结与启示

在整个美国股市陷入低迷的2002—2003年，网易的转变幅度之大、时间之短让许多分析公司都感到震惊，其增长幅度超过纳斯达克3636家上市公司中的任何一家。网易在美国纳斯达克市场上的跌宕起伏着实令人深思。网易为什么能从低谷爬起？为什么能屹立于网络行业之林？这对每一家欲走向海外融资的企业都是非常有借鉴意义的。概括起来可以从以下两个角度加以分析：

（一）网易公司本身的角度

网易将那些从纳斯达克筹来的资金进行了合理的安排和利用，在抓住了某种利润增长方式之后，不断加大对这种盈利模式的研发投入，充分发挥了这些资本的作用。传统的网络行业都是依靠广告收入保持盈利能力。但自2002年以来，网易成功的关键是将巨大的用户资源转化为收入来源的战略。在传统的网络广告业务以外，网易已经找到清晰的新的盈利模式，即互联网的收费增值服务。中国的互联网企业已经开始意识到收费增值服务的价值，在此领域中根据用户的兴趣和需要拓展各种渠道，这将进一步挖掘新的市场潜力，特别是在无线和线上游戏这两部分。这种新的盈利模式已成为网络行业新的利润增长点。网易发现这一点之后，结合其在纳斯达克的筹资优势，不断加大对收费增值服务的研发，使之保持强盛的生命力。

（二）资本市场的角度

资本市场永远都是看好那些有持续利润增长点的企业，这是我们每个欲探求海外融资的企业都需要掌握的哲学。网易上市之初的挫折归因于美国整个网络行业的萧条，然而网易在度过了这段艰难的时期之后及时抓住了国内互联网市场的特点，寻找到了新的盈利模式，开发出了新的利润增长点，从而获得了美国股市的青睐，股价持续攀升。网易利用从海外融来的资金，加大自主研发，保持利润增长点的持续，形成了一个良性循环。能否在海外成功上市并不是衡量一个企业成功与否的唯一标志。一个企业经营是否成功，说到底还是看它能否盈利。否则，即使上市融了钱也有可能亏损而最终被资本市场淘汰。因此海外上市对一个企业来说只是一个融资的机会，成功与否还在于它能否维持自己的盈利能力。只有那些有持续盈利能力的企业，选择海外上市才是一个机遇。

· 案例 ·

6.2 中国恒大逆市"吸金"

一、案情介绍

龙头房企恒大集团于1996年创立于广州，2009年在香港上市。恒大集团是以民生地产为基础，金融、健康为两翼，文化旅游为龙头的世界500强企业集团，已形成"房地产+服务业"产业格局。总资产1.5万亿元，年销售额超过5000亿元，年纳税超过450亿元，员工12万多人，解决就业220多万人。截止到2017年6月，恒大已进入全国240多个城市，项目总数超过700个，是中国房地产企业中布局最广的一个。恒大的经营理念是"民生为本、产业报国"，致力于打造高品质、高性价比的民生住宅产品，发展服务于实体、百姓和社会的普惠金融，创新打造民族品牌，提供全方位全龄化养生养老健康服务。据统计，从2006年头次从境外融资起，恒大已先后利用发行债券、IPO、配股及境外银行贷款等方式，总计融得境外资金约373亿美元，折合人民币2546亿元。

2017年6月22日，中国恒大（03333. HK）发布的公告显示，其已成功发行38亿美元债券，再算上要约交换28.24亿美元债券，共计发债达66.24亿美元。根据公告，恒大此次发行债券的最低利率为6.25%，期限长达8年。发债66亿美元，已经为中国企业在债券市场创下了历史新高，甚至超过了此前中国银行的65亿美元债。另据知情人士透露，恒大实际上获得的认购金额是原计划筹资规模的数倍，可见市场反响热烈。

二、案情分析

虽然美国加息给全球的债券市场带来了不小的压力，但在这样的背景下，恒大不仅顺利发行了很大规模的美元债券，还获得了较低的发债利率及超长的期限，这反映了市场对恒大的认可。恒大此次发债的最低利率仅为6.25%，远低于其在此之前的债券利率，其在2015年发行的一笔债券利率就为此次的2倍。利率的大幅度下降，能够很大程度上增加企业的利润，同时也表明了恒大的影响力在国际资本市场上的提升。另外，恒大此次发行债券的期限较长，以2025年到期的8年期债券为主，占比逾七成，而在此之前的企业发行无抵押、无担保的债券，最长还债期限只有5年左右。总的来说，还债期限越长越有利于企业的长久发展，此次恒大以较低的利率和超长期限融得了数十亿美元，可以预见其未来发展将因此大大提速。

恒大能够成功发行规模大、利率低、期限长的美元债券，与其降负债的巨大努力密不可分。2016年，恒大的销售总额达3734亿元，位居国内房企之首。然而，虽然其企业规模快速扩大，但恒大的负债率也明显攀升。2016年的财务报告显示，其净负债率为119.8%，与其他房企相比偏高。为此，恒大实行了种种应对举措。2017年1月，恒大成功引入305亿元的战略投资，后来又于5月底再次引入395亿元战略投资，合计吸收战略投资达700亿元。据估算，这两次战略投资能够使恒大的净负债率由119.8%显著减少至61.2%。此外，恒大赎回永续债的进程也在加快。截至2017年6月5日，恒大已累计赎回永续债共805.6亿元，共赎回了71.3%的永续债。

在债务结构优化的同时，恒大销售水平的快速提高带来持续稳定的现金流，从而再次加强其还债能力。不同于其他房地产企业，恒大获得的巨额外资全部投入于国内的房地产行业，而并不投向其他国家和地区，这实际上加速了国内的城镇化进程和经济的发展。业务集中于中国国内，这让恒大的发展进程十分迅速。历年年报显示，从2006年首年引进外资截止至2016年，恒大的各项发展指标在10年间均呈快速增长趋势，销售总额从17亿元增至3734亿元，增长了220倍，项目数量从21个增加到600多个，增长约30倍。另外，自恒大2009年上市以来，其销售总额从303亿元增至3734亿元，年均复合增长率达到43.2%之多。而从净利润来看，净利润从11.2亿元增至173.4亿元，年均复合增长率达57.9%。而摩根士丹利估算，恒大未来几年盈利的年复合增长率仍会高达56%。

恒大受市场认可的另一个重要因素则是其拥有规模庞大的土储。横向对比各个大型房地产企业的土储数据可见，截至2016年末，万科土储7278万平方米，中海4881万平方米，龙湖4147万平方米，而恒大土储高达2.29亿平方米。特别的是，恒大在一、二线城市的土储较多，占比超过七成，而在楼市调控下，一、二线城市正是销售情况最好的区域。2017年1至5月，恒大的累计销售金额达到1829.7亿元，同比增长66%。"销售表现强劲、现金流改善，现金结余倍增"，标准普尔的报告上调了恒大的评级，美林的研究报告亦表明恒大"销售高增长的同时，预计毛利率将持续改善"，维持"买入"评级。

三、总结与启示

在国际融资环境趋紧的背景下，恒大成功发行66亿美元规模大、利率低、期限长的债券，这暗示着市场对恒大的信心和更深层次的了解与认可。这也给其他企业开展融资带来了重要借鉴意义。

1. 良好的资金结构有利于企业开展融资

恒大在融资前，积极调整企业内部债务结构，合理降低负债率。对于债券投资者来说，负债率的高低通常能反映对该企业的投资是否安全可靠。因此，其他企业在开展融资业务时，首先要有效调整企业内部资本机构，增加市场对企业的信心。

2. 企业还可借助融资优化债务结构

合理的融资安排可帮助企业进一步优化财务结构，为企业后续扩张打下坚实基础。恒大凭借用长债取代短债，用低息债取代高息债，有效缓解了短期偿债压力，形成长短债合理搭配的债务结构，有利于其未来的发展扩张，是中国企业通过海外融资推动企业发展的榜样。

参考文献

[1] 廖连中. 企业融资：从天使投资到IPO[M]. 北京：清华大学出版社，2017.

[2] 李路阳. 创新企业实现产业融资要过几道关[J]. 国际融资，2017（07）.

[3] 王少雄. 中国企业海外业务融资风险防范分析——以广西海外建设集团有限公司为例[J]. 成都行政学院学报，2017（02）.

[4] 王光，卢进勇. 国际投资规则新变化对中国企业走出去的影响及对策[J]. 国际贸易，2016（12）.

[5] 邵海燕，卢进勇. 金融创新支持小微企业出口研究——基于出口新业态的视角[J]. 当代经济管理，2016（2）.

[6] 赵永亮，李大伟. 中外融资体系与融资方式比较[M]. 上海：上海三联书店，2016.

[7] 郭娅丽. 普惠金融理念下典当融资规则的理论探讨与实践求证[M]. 北京：知识产权出版社，2016.

[8] 杨立强，卢进勇等. 境外投资环境报告（2015—2016）[M]. 北京：中国社会科学出版社，2016.

[9] 曲直. 中资企业境外发行美元债券研究[D]. 对外经济贸易大学，2016.

[10] 江乾坤. 中国民营企业跨国并购融资创新与风险控制研究[M]. 北京：经济科学出版社，2015.

[11] 张卫和. 中国企业海外融资研究[J]. 科技经济市场，2015（05）.

[12] 田甜. 中国企业海外融资的现状与方式[J]. 时代金融，2015（29）.

[13] 屈晶. 中国中小企业海外上市融资途径探究[J]. 技术与市场，2015，22（03）.

[14] 李向荣. 中国企业海外上市存在的问题及对策研究[J]. 生产力研究，2014（11）.

[15] 卢进勇，郜志雄. 国际投资学[M]. 北京：中国人民大学出版社，2014.

[16] 李铮. 国际工程承包与海外投资业务融资[M]. 北京：中国人民大学出版社，2013.

[17] 卢进勇，刘恩专. 跨国公司理论与实务（第二版）[M]. 北京：首都经济贸易大学出版社，2012.

[18] 刘璐，宋琳琳. 诚信先行，重启中国企业海外上市之门——访国际资本市场联盟和智慧资本董事会主席兼CEO郭智慧[J]. 经济，2012（09）.

[19] 战扬. 中国企业海外IPO融资研究[D]. 上海交通大学，2012.

[20] 程亚男，王晶，谭江霞. 中国企业海外融资前景及策略分析[J]. 经济视角（中旬），2011（09）.

[21] 浦军，范丽，刘娟. 转轨经济下IPO发行抑价问题研究——基于中国A股市场的实证分析[J]. 管理世界，2010（07）.

[22] 浦军，刘娟. 财务状况质量与财务危机研究——基于LOGISTIC模型的实证分析[J]. 经济问题，2009（10）.

[23] 浦军. 中国企业跨国并购风险与控制策略[J]. 财会通讯（学术版），2008（10）.

[24] 李心愉，郝君富. 公司融资案例[M]. 北京：中国发展出版社，2008.

[25] 郑建明. 国际融资与结算[M]. 北京：北京师范大学出版社，2008.

[26] 卢进勇、杜奇华. 商务国际投资[M]. 北京：中国商务出版社，2008.

[27] 马建春等. 融资方式、融资结构与企业风险管理[M]. 北京：经济科学出版社，2007.

[28] 肖翔. 企业融资学（第二版）[M]. 北京：清华大学出版社，2007.

[29] 庄乐梅，韩英. 贸易融资与外汇理财[M]. 北京：中国纺织出版社，2007.

[30] 陈湛匀. 国际融资学—理论、实务、案例[M]. 上海：立信会计出版社，2006

[31] 李莘. 美国公司融资法案例选评[M]. 北京：对外经贸大学出版社，2006.

[32] 李文君. 中国企业投融资管理的核心法则与流程[M]. 北京：中国经济出版社，2006.

[33] 崔荫. 国际融资实务[M]. 北京：中国金融出版社，2006.

[34] 饶宏斌，曾艳. 公司上市实务指南[M]. 北京：中国方正出版社，2006.

[35] 严明. 海外投资金融支持[M]. 北京：社会科学文献出版社，2005.

[36] 刘舒年. 国际工程融资与外汇[M]. 北京：中国建筑工业出版社，2005.

[37] 卢进勇，杜奇华，等. 国际投资与跨国公司案例库[M]. 北京：对外经济贸易大学出版社，2005.

[38] 王英辉. 国际融资与资本运作[M]. 北京：中国市场出版社，2004.

[39] 王铁军. 中国中小企业融资28种模式[M]. 北京：中国金融出版社，2004.

[40] 斯蒂芬·罗斯等. 公司理财精要[M]. 张建平译. 北京：人民邮电出版社，2003.

[41] 郭铁民等. 中国企业跨国经营[M]. 北京：中国发展出版社，2002.

[42] 中国企业国际化管理课题组. 企业财务国际化管理案例[M]. 北京：中国财政经济出版社，2002.

[43] 尼克西国际审计事务所. 国际财务报告[M]. 叶陈刚等译. 大连：东北财经大学出版社，2000.

[44] 叶陈刚等. 财务管理学[M]. 武汉：武汉大学出版社，2000.

[45] 张建平等. 公司财务管理案例精选[M]. 北京：对外经贸大学出版社，1998.

[46] 王益民. 投资融资与资本市场化运作全书（上、下）[M]. 北京：九洲出版社，1998.

后　记

　　为适应推动形成全面开放新格局，特别是"一带一路"建设的新要求，商务部委托中国服务外包研究中心对2009年版"跨国经营管理人才培训教材系列丛书"（共7本）进行修订增补。2018年新修订增补后的"跨国经营管理人才培训教材系列丛书"共10本，其中，《中国对外投资合作法规和政策汇编》《中外对外投资合作政策比较》《中外企业国际化战略与管理比较》《中外跨国公司融资理念与方式比较》《中外企业跨国并购与整合比较》《中外企业跨国经营风险管理比较》《中外企业跨文化管理与企业社会责任比较》是对2009年版教材的修订，《中外境外经贸合作园区建设比较》《中外基础设施国际合作模式比较》《中外企业跨国经营案例比较》是新增补的教材。2009年版原创团队对此书的贡献，是我们此次修订的基础，让我们有机会站在巨人的肩膀上担当新使命。

　　在本套教材编写过程中，我们得到中国驻越南大使馆经商参处、中国驻柬埔寨大使馆经商参处、中国驻白俄罗斯大使馆经商参处、中国驻匈牙利大使馆经商参处、中国国际投资促进中心（欧洲）的大力支持，上海市、广东省、深圳市等地方商务主管部门也提供了帮助。中国进出口银行、中国建筑工程总公司、中国长江三峡集团、中国交建集团、TCL集团、华为技术公司、腾讯公司、中兴通讯股份、富士康科技集团、中国人民保险集团股份有限公司、中国电力技术装备有限公司、中国建设银行、中拉合作基金、深圳市大疆创新科技公司、中白工业园区开发公司、白俄罗斯中资企业商会、北京住总集团白俄罗斯建设公司、华为（白俄罗斯）公司、中欧商贸物流园、宝思德化学公司、中国银行（匈牙利）公司、威斯卡特工业（匈牙利）公司、波鸿集团、华为匈牙利公司、海康威视（匈牙利）公司、彩讯（匈牙利）公司、上海建工集团、中启海外集团、中国中免集团、中国路桥有限公司、东南亚电信、华为柬埔寨公司、中铁六局越南高速公路项目部、农业银行越南分行、越南光伏公司、博爱医疗公司、中国越南（深圳—海防）经济贸易合作区等单位接受了我们的调研访谈。一些中外跨国经营企业的做法，被我们作为典型案例进行剖析，供读者借鉴。在此一并表示由衷的感谢！

本套教材的主创团队群英荟萃，既有我国对外投资合作研究领域的权威专家，也有一批年轻有为的学者。除署名作者外，胡锁锦、杨修敏、李岸、周新建、果凯、苏予、曹文、陈明霞、王沛、朱斌、张亮、杨森、郭智广、梁桂宁、杜奇睿、程晓青、王潜、冯鹏程、施浪、张东芳、刘小溪、袁悦、杨楚笛、吴昀珂、赵泽宇、沈梦溪、李小永、辛灵、何明明、李良雄、张航、李思静、张晨烨、曹佩华、汪莹、曹勤雯、薛晨、徐丽丽（排名不分先后）等同志也以不同方式参与了我们的编写工作。由于对外投资合作事业规模迅速扩大，市场分布广泛，企业主体众多，业务模式多样，加之我们的能力欠缺，本套教材依然无法囊括读者期待看到的所有内容，留待今后修订增补。

最后，特别感谢中国商务出版社的郭周明社长和全体参与此套教材修订增补的团队，他们在较短的时间内高质量地完成了教材的编辑修订工作，为教材顺利出版做出了极大努力。在此表示由衷的感谢！

编著者

2018年10月15日